상위1% 블—　　　　는 Google 검색엔진 최적화 핵심 노하우!

구글SEO 상위노출 100일 정복

| 김보경 저 |

DIGITAL BOOKS
디지털북스

상위1% 블로거가 알려주는 Google 검색엔진 최적화 핵심 노하우!

구글SEO
상위노출
100일 정복

| 만든 사람들 |

기획 IT · CG 기획부 **| 진행** 양종엽 · 박성호 **| 집필** 김보경
표지 디자인 원은영 · D.J.I books design studio **| 편집 디자인** 이기숙 · 디자인 숲

| 책 내용 문의 |

도서 내용에 대해 궁금한 사항이 있으시면,
디지털북스 홈페이지의 게시판을 통해서 해결하실 수 있습니다.

디지털북스 홈페이지 digitalbooks.co.kr
디지털북스 페이스북 facebook.com/ithinkbook
디지털북스 인스타그램 instagram.com/digitalbooks1999
디지털북스 유튜브 유튜브에서 [디지털북스] 검색
디지털북스 이메일 djibooks@naver.com
저자 이메일 bk@marketingmm.co.kr

| 각종 문의 |

영업관련 dji_digitalbooks@naver.com
기획관련 djibooks@naver.com
전화번호 (02) 447-3157~8

처음 마케팅 강의를 시작한 것은 2022년 봄이었습니다. 이전까지 평범한 광고대행사 마케터였던 제가 우연히 고객사의 요청으로 중소기업 대표님들께 'DB 수집 마케팅'이라는 주제로 강의를 한 것이 강사로서 첫 시작이었습니다. 다행이 첫 강의임에도 불구하고 현직에 오래 몸담고 있었기 때문에 열정과 인사이트를 잘 전달했는지 첫 강의 이후에 연달아 4회의 앵콜강의 요청을 받았고, 이후로 강사로서 성장하기 위해 다양한 노력들을 해오며 여기까지 오게 되었습니다.

그리고 1년 남짓한 시간에 코트라(Kotra), LG유플러스 등 대기업을 대상으로 출강을 하며 마케팅 강사로서 커리어를 만들어 나가기 시작했습니다. 1년전 조그마한 강의장에서 강사로서 처음 시작했던 제가 약 1년반 만에 대기업 강연장에 서기까지 어떤 일들이 있었을까요?

스스로 마케팅 강사라는 직업에 애정이 많았기 때문에 강의를 나가기 위해 강의담당자분들에게 메일을 보내기도 하고, 코엑스 전시장에서 강의 담당자들을 만나 명함을 건네는 등의 다양한 시도들을 해보았습니다.

그리고 곧 큰 효과는 기본기에 있다는 것을 알게 되었습니다. 작고 큰 강의들을 할 때마다 강의후기를 네이버 블로그에 꾸준히 포스팅 했을 뿐인데 해당 콘텐츠가 쌓이고 쌓이면서 얼마 지나지 않아 강의 문의건수가 많아지기 시작했습니다.

아웃 바운드 전화영업(콜드콜링, Cold Calling)과 제가 먼저 영업 이메일을 발송하는 콜드 이메일(Cold e-mail)을 보낼 때는 미동조차도 없는 경우가 많았는데, 블로그를 보고 연락오는 고객들은 계약 전환이 상당히 높았습니다. 강의문의 전화나 이메일이 10통이 올 때는 그중 8~9건이 실제 강의로 이어져서 90%에 가까운 거래달성이라는 극적인 효과를 네이버 블로그를 통해 경험할 수 있었습니다.

그러나 네이버 블로그를 운영한다고 해서 누구나 극적인 효과를 얻을 수 있는 것은 아닙니다. 제가 네이버 블로그를 통해 빠른 효과를 얻을 수 있었던 이유는 2012년도부터 약 10년 동안 꾸준히 네이버 블로그를 운영했기 때문입니다. 과거 10년간 여행 리뷰나 맛집 리뷰와 같은 일상적인 글을 올리면서 상위 1%에 속하는 네이버 블로그 지수를 꾸준히 유지해 왔기 때문에, 네이버 블로그에 강의 후기를 올리면서 교육담당자들이 검색하는 강의 관련 키워드 검색 노출에 저의 강의 콘텐츠 후기들을 업로드 할 수 있었습니다.

네이버 블로그 하나만 잘 운영해도 강사로서 빠른 성장을 경험했는데, 네이버 검색 노출까지 진행하게 된다면? 모든 사업이 잘될 것만 같은 착각이 들었습니다. 그 자신감으로 시작했던 사업이 마케팅 솔루션 사업이었습니다. 글로벌에서 꽤나 인지도가 높은 허브스팟(HubSpot)이라는 CRM 및 마케팅 자동화 솔루션을 국내에 판매하고 교육할 수 있는 공식 파트너 등록 절차를 마무리하고 1~2개월 이내에 네이버 검색 노출 화면에 〈CRM〉, 〈마케팅 자동화〉와 같은 관련 키워드를 점거해 나가기 시작했습니다. 그러나 이번에는 관련 키워드로 고객 유입이 많더라도 상담문의로 이어지지 않았습니다.

조금 더 상황을 분석해보니 이유는 간단했습니다. 특정 키워드를 검색하는 고객들의 니즈가 달랐기 때문입니다. 네이버에 〈CRM〉이나 〈고객 관리프로그램〉이라고 검색하는 분들은 대부분 자영업과 같은 스몰 비즈니스를 운영하시는 분들이 많았습니다. 따라서 네이버에서는 허브스팟과 같은 고사양 소프트웨어가 아니라, 문자발송 프로그램과 같은 가벼운 고객관리(CRM) 소프트웨어에 대한 니즈가 대부분이었던 것입니다.

정작 제가 판매하고 있는 허브스팟(HubSpot)과 같은 고사양 소프트웨어를 구매하는 분들은 주로 '구글'에 검색하는 패턴을 보이고 있었습니다. 결국 같은 검색 노출이지만 강의를 찾는 고객은 네이버 검색 노출로 성과를 얻을 수 있었던 반면, 고사양 마케팅 소프트웨어는 네이버에 노출되어도 실질적인 고객을 찾을 수 없었습니다.

위와 같은 경험을 통해서 저는 구글 SEO의 중요성에 대해 깨닫고, 본격적으로 구글 SEO의 학습에 전념하기 시작했습니다.

이 책은 상위1% 블로그에 속했던 제가 구글 SEO에 도전했던 생생한 기록들을 모두 담고있습니다. 구글 SEO에 대한 많은 것들을 배우고 나니 느끼는 점이 있습니다. 나름 10년 차가 넘는 마케터인 저에게도 어려운 부분이 많았는데 주니어 마케터분들이나, 혹은 마케터는 아니지만 구글 SEO의 기술이 절실하게 필요한 사업자분들에게는 얼마나 어려울까 하는 생각들입니다.

그래서, 본 도서의 전체적인 골자는 경험을 위주로 작성할 것이고, 그 뒤에는 부연설명과 기술적인 내용들을 추가로 기재하는 형식으로 작성할 것입니다.

그리고 정확한 자료 출처가 필요한 부분은 책을 읽으시면서 별도로 학습할 수 있도록 QR코드를 활용하여 정확한 정보 출처를 기재하였습니다. 따라서 본 도서를 통해 구글 SEO에 대한 전체적인 개요는 쉽게 읽으실 수 있고, 조금 더 기술적인 내용과 심도 있는 내용이 필요하신 분들은 출처로 남겨놓은 링크들을 활용하시면 심화학습을 진행하실 수 있을 것 같습니다.

구글 SEO가 필요해서 이 책을 구매하셨겠지만 독자분들에 따라 온도차가 있을 것이라고 생각합니다. 가볍게 읽으실 분들이라면 제가 쉽게 작성해 놓은 경험 위주의 글을 읽고 넘어가셔도 구글 SEO에 대한 전체적인 개요는 충분히 이해하실 수 있을 것입니다.

다만, 조금 더 깊게 학습하고 싶으신 분들이라면, 부연설명으로 작성한 부분까지 정독하셨을 때 구글 SEO에 대한 전문성까지도 획득하실 수 있을 것입니다.

자, 그럼 저와 함께 구글 SEO로 여행을 떠나볼까요?

지은이 드림

CONTENTS

CONTENTS

CONTENTS

상위 1%
네이버 블로그가 구글 SEO를
시작하게된 이유는?

01

대한민국 구글 검색점유율 35% 이제는 구글이 뜨고 있다.

2010년도 즈음 대학생 시절, 과제에 제출할 전문내용들을 찾기 위해 혼자서 구글에 검색을 해보던 기억이 머릿속에서 떠오릅니다. 그때의 구글에 대한 인식은 과제에 제출할 수 있는 학술적이고 어려운 내용들을 검색하기 위한 수단으로 '구글' 검색 엔진을 이용했던 것 같습니다. 이후 2012년도에 블로그 마케팅을 전문으로 하는 조그마한 마케팅 에이전시에 취직했고, 그 당시 국내 마케팅 트렌드는 일명 상위노출이라고 불리는 네이버 SEO의 전성기였습니다. 네이버 상위노출, 블로그 상위노출, 카페 상위노출 등 상품과 관련이 있는 키워드로 노출만 하면 매출이 오르던 시기가 제가 처음 마케팅에 입문했던 2012년 도였습니다.

이 당시만 하더라도 구글 검색점유율은 높지 않았습니다. 대행사에서는 매년 연말에 광고주가 요청해서 전체적인 마케팅 트렌드나 인사이트를 제작하게 되는데, 그 당시 국내 구글 검색 엔진의 검색 점유율은 2~3% 정도로 기억합니다. 이후에 구글 검색점유율이 조금씩 증가하기는 했지만, 그럼에도 불구하고 국내 시장은 네이버 기반의 검색생태계로 돌아가고 있었습니다.

2023년 9월 대한민국 시장의 구글 검색점유율은 35%에 육박하고 있습니다. 구글의 자회사인 유튜브까지 포함한다면? 이미 대한민국은 구글의 검색점유율이 네이버를 뛰어넘은 것이나 마찬가지입니다.검색 엔진단일 검색 엔진으로도 10년 사이에 구글은 거의 10배가 넘는 성장을 이루었고 네이버와의 검색점유율 차이는 약 20% 내외로 좁혀졌습니다.

왜 이런 현상이 생기게 되었을까요? 저는 그 이유를 잘 알고 있습니다. 네이버 상위노출이 새로운 마케팅 트랜드로 떠오르다 보니 많은 브랜드가 너도나도 네이버 상위노출에 집중하기 시작했습니다. 그렇게 네이버 상위노출을 원하는 수요들이 많아지다 보니 네이버 블로그 상위노출을 전문으로 하는 바이럴 마케팅 대행사가 우후죽순으로 생겨났습니다. 그 결과 네이버 검색생태계는 정보가 아닌 광고로 도배된 것입니다.

실제로 '병원 마케팅'의 실무에 대해 궁금해서 네이버에 검색을 해보면 '병원 마케팅'에 대한 전문지식이 나오는 것이 아니라 '병원 마케팅 대행사' 홍보자료가 나옵니다. 네이버에 '변호사 마케팅' 실무에 대해 알고 싶어서 검색을 해보아도 해당 분야에 전문성 있는 정보가 아니라 '변호사 마케팅 대행사'의 홍보자료가 나옵니다.

이렇게 몇 페이지를 뒤로 넘기며 검색을 해보더라도 내가 원하는 정보들을 네이버에서 더 이상 찾기 힘들어졌습니다. 이러다 보니 유저들 사이에서 네이버 검색 엔진에 대한 신뢰도가 떨어지고 사람들은 점점 더 네이버를 신뢰하지 않게 되었습니다. 그 틈새를 인스타그램과 유튜브와 같은 신규 소셜미디어들이 채워 나가고 있습니다. 30~40대들은 여전히 네이버를 활용하지만, 네이버 블로그의 정석으로 여겨졌던 '맛집' 검색 조차도 10대와 20대는 상황이 좀 다릅니다. 어떤 정보를 검색할 때에 주로 인스타그램 해쉬태그를 통해 검색하거나, 아니면 구글에 검색하는 10대와 20대늘이 갈수록 증가하고 있습니다.

그리고 구글의 검색점유율이 높아진 결정적인 계기가 한가지 있습니다. '아이폰'과 더불어 스마트폰의 양대산맥으로 불리우는 '안드로이드'에 구글 검색 기능이 자동으로 탑재된 것이 검색점유율에 큰 영향을 주었습니다.

실제로 안드로이드는 구글이 개발한 모바일 운영 체제입니다. 구글은 안드로이드를 2007년에 인수한 이후에 본격적으로 안드로이드를 기반으로 한 스마트폰 및 태블릿 디바이스를 개발하고 배포해 왔습니다. 안드로이드 운영 체제는 오픈 소스로 제공되어 다양한 제조사와 디바이스에서 사용될 수 있도록 설계되어 있어 확장성이 매우 높은 플랫폼입니다. 그리고 안드로이드 운영체제에는 초기 세팅부터 구글 검색 기능이 내장되어 안드로이드 사용자들이 스마트폰에서도 쉽게 구글 검색을 할 수 있게 되었습니다. 첫 번째 상용 버전인 안드로이드 1.0이 출시된 기간이 2008년 9월인데, 해당 버전부터 구글 검색 기능이 기본 앱으로 포함되어 있었기 때문에 국내에 안드로이드 스마트폰 보급률이 높아짐에 따라 자연스럽게 구글 검색점유율 까지도 높아지는 현상이 생겼습니다.

상황이 이렇게 되자 네이버에서도 검색 신뢰도를 회복하기 위해 검색 엔진의 로직을 꾸준히 개편했지만, 이미 상업화되어버린 지 오래된 블로그 영역 때문에 로직이 업데이트 되더라도 금방 다시 광고로 뒤덮이게 되는 현상이 지금까지 반복되어오고 있습니다.

네이버 블로그를 하시는 분들은 아실 것입니다. 정보성 콘텐츠가 아닌 광고성 콘텐츠만 업로드하는 블로그들을 제재하고자 네이버는 주기적으로 네이버 검색 개편과 함께 콘텐츠의 품질이 떨어지는 블로그들에게 일명 '저품질 블로그'라고 하는 검색 노출 페널티를 주기도 하지만, 이미 잃어버린 검색 신뢰도는 회복하기 어려운 수준으로 진입하게 된 것 같습니다.

기간	검색엔진	설명
2012	리브라	좋은문서, 나쁜문서의 알고리즘 (이미지, 글자수 등)
2013	소나	유사문서, 유사 이미지를 제외하고 원본문서에 가산점 (해비업로 더 패널티)
2016	씨랭크	특정 주제에 대한 전문화된 정보와 일관성
2018	다이아(D.I.A)	개인적인 경험 위주의 후기, 전체적인 글의 맥락
2019	VIEW 검색	현장성, 시의성, 일상성
2020	다이아 + (D.I.A)	사용자의 경험 위주의 후기
2021	에어서치	스마트블록

▲ 시기 별 네이버 검색로직의 변화

그럼에도 불구하고 국내에서 워낙 오래된 검색 엔진이기 때문에, 편의성 때문에 습관적으로 사용하는 사람들이 여전히 많습니다. 그러나 적어도 고관여 서비스나, 높은 기술력을 요구하는 서비스, 금융이나 의료와 같이 구입에 실패했을 때 기회비용이 큰 서비스들은 단순히 네이버 검색으로만 끝나는 것이 아니라 '네이버'와 '구글' 검색을 병행하는 패턴들이 발생하고 있습니다.

02

네이버에서는 안되고
구글에서는 되는 많은 것들

국내에서도 구글 검색점유율이 갈수록 높아지는 것은 분명한 사실입니다. 그러나 아직 네이버를 배제하고 마케팅을 진행할 수는 없습니다. 따라서 구글 SEO를 효율적으로 사용하기 위해서는 네이버 검색 노출의 생태계와 구글의 검색 노출 생태계를 분석한 후에 나에게 알맞은 검색 노출 전략을 기획하는 것이 좋습니다. 아래에 소개한 내용들을 통해 알맞은 전략을 기획해 보시기 바랍니다.

네이버와 구글의 틈새를 활용해 마케팅의 성과를 높일 수 있습니다.

네이버는 한국에서 가장 많은 광고비를 사용하고 있는 미디어입니다. 대표적으로 네이버 검색광고와 쇼핑광고가 있습니다. 그리고 비공식적으로 네이버 view탭 영역은 이미 수많은 바이럴 마케팅 업체에 의해 점거되고 있습니다.

구글 SEO를 통해 극적인 마케팅 효과를 얻을 수 있는 경우를 소개해 보고자 합니다. 네이버에서 경쟁이 치열한 서비스의 경우 틈새시장인 구글을 통해 마케팅 효과를 높일 수 있습니다. 예를 들어 구글과 네이버에 똑같은 키워드로 각각 검색광고를 진행하더라도 네이버는 구글보다 광고 클릭당 단가(Cost per click)가 약 5배 정도 저렴합니다. 따라서 네이버에서 경쟁이 과도한 서비스의 경우에는 할당된 광고비 중 일부를 돌려서 구글에서 광고하는 것이 효율적인 경우가 많습니다. 이는 검색 노출 최적화(SEO)의 영역에서도 똑같이 적용됩니다. 네이버 검색 노출의 경쟁이 과도하다면 구글 SEO를 통해서 같은 노력으로 조금 더 쉽게 마케팅을 진행할 수도 있습니다. 이는 키워드의 경쟁현황과 모수(검색량)을 통해서 어떤 전략이 더 효율적인지 분석해 보실 수 있습니다.

네이버는 검색 노출 화면이 정해져 있지만 구글은 자유롭습니다.

네이버는 자체적으로 블로그, 카페, 모두 홈페이지, 웹툰 등과 같은 플랫폼을 모두 보유하고 있습니다. 따라서 네이버는 외부 콘텐츠보다는 내부 콘텐츠를 우호적으로 판단합니다. 그러나 구글은 검색 엔진 본연의 기능에 가장 충실한 운영을 하고 있습니다. 구글도 물론 지메일, 캘린더, 구글 드라이브 등의 다양한 서비스를 제공하기는 하지만, 어디까지나 부가서비스에 불과합니다. 구글의 검색 엔진은 별도의 콘텐츠들을 큐레이션(Curation)하여 제공하기보다 제공된 콘텐츠를 잘 노출시키는 검색 엔진 본연의 기능에 충실합니다. 이는 검색 노출화면(SERP, Search Engine Results Pages)을 살펴보면 극명하게 알 수 있습니다. 네이버는 자체 콘텐츠를 보유하고 있기 때문에 검색광고의 영역이나 기타 자사 콘텐츠의 영역이 명확하게 지정되어 있습니다. 그러나 구글은 검색 엔진으로써 본연의 기능만 제공하기 때문에 검색 노출되는 화면이 매우 유연하게 설정되어 있습니다. 물론 구글의 검색 화면에도 광고 영역이 존재하지만, 네이버처럼 고정적인 광고영역이 있는 것이 아니라 상황에 따라 유연하게 바뀌게 됩니다. 따라서 구글의 경우 콘텐츠가 검색 니즈에 알맞은 명확한 정보를 제공하고 있다면? 상황에 따라서 구글에서 제공하는 광고 영역보다도 더 높은 상위에 노출될 수 있습니다.

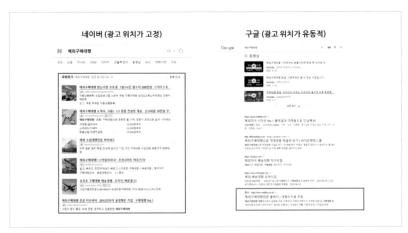

▲ 구글과 네이버 광고노출 위치의 차이점

구글은 국내시장뿐 아니라 글로벌 진출이 가능한 플랫폼입니다.

구글은 특정 국가에서만 지원하는 서비스가 아니라 글로벌에서 제공하는 서비스입니다. 따라서 중국이나 북한과 같이 국가정책에 의하여 일방적으로 접속이 제한된 국가가 아니라면 전 세계 240개국 이상의 국가에서 모두 접속할 수 있습니다. 사실, 구글 SEO의 꽃은 해외 마케팅이라고 생각합니다. 글로벌 시장 전체로 보았을 때 한국 시장은 매우 일부에 불과합니다. 따라서 같은 노력을 투자한다면? 저는 한국 시장보다는 글로벌 시장을 대상으로 SEO를 진행했을 때 더 높은 성과를 얻을 수 있다고 생각합니다. 실제로 구글에 마케팅이라고 한글로 검색해 본다면? 약 76,800,000개의 웹 문서가 검색됩니다. 그러나 영문으로 'Marketing'이라고 검색한다면? 5,500,000,000개의 웹 문서가 노출되는 것을 보실 수 있습니다. 따라서 마케팅이라는 키워드만 놓고 보더라도 국내시장과 글로벌시장은 약 71.6배가 차이가 납니다. 따라서 영문 콘텐츠를 꾸준히 발행할 수 있는 인력과 여건이 되는 상황이라면, 글로벌 SEO를 통해 국내 시장보다 훨씬 더 넓은 전 세계 고객들을 대상으로 기하급수적인 브랜드 노출을 하실 수 있게 되는 것입니다.

네이버에 비해 다른 페이지를 자유롭게 링크할 수 있습니다.

네이버 블로그를 운영해 보신 분들은 늘 '저품질 블로그'에 대한 불안감이 있습니다. 네이버 저품질 블로그란 정보성이 아닌 광고성 콘텐츠만 지속적으로 올리는 블로그에 검색 노출 누락이라는 치명적인 페널티를 주는 것을 말합니다. 그중에 한 가지 요소에 해당하는 것이 네이버 이외의 외부 링크를 지나치게 사용하는 것입니다. 네이버는 자체적으로 다양한 콘텐츠 플랫폼들을 보유하고 있기 때문에 네이버 생태계 내에서 자사의 콘텐츠들 위주로 소비되기를 원합니다. 네이버에 있는 트래픽이 구글과 같은 다른 플랫폼으로 넘어가는 것을 선호하지 않는 것입니다. 그런데, 구글은 상황이 좀 다릅니다. 구글 SEO에는 오히려 일명 '내부 링크'와 '외부 링크'가 적절하게 반영되어 있을 때, 검색 노출 최적화에 더 많은 도움이 됩니다. 따라서 네이버는 외부 링크를 선호하지 않지만, 구글은 적절한 외부 링크를 선호하기 때문에 다양한 웹 페이지의 URL을 활용할 수 있습니다.

구글 검색 노출에 반영되는 모든 데이터는 공개되어 있습니다.

네이버와 다르게 구글 데이터는 상당 부분 누구에게나 공유되고 있습니다. 네이버 블로그 지수를 체크할 수 있는 툴 중에는 대표적으로 엔데브(Ndev)라는 유료 소프트웨어가 있습니다. 엔데브에서 참고할 수 있는 데이터는 네이버 키워드 경쟁과 현재 블로그 노출현황을 중심으로 파악할 수 있는 네이버 블로그의 최적화 정도입니다. 실제로 네이버 블로그를 운영하다 보면 다양한 추측들이 난무할 뿐 참고할 수 있는 데이터가 매우 제한적입니다. 그러나 구글 SEO의 생태계로 넘어오게 되면 상황이 달라집니다.

글로벌에서 많이 사용하는 아레프스(Ahrefs)나 셈러시(SEMrush)와 같은 툴들을 사용하면 특정 웹 페이지에 대한 도메인 지수, 도메인에 생성되어 있는 백링크[*], 경쟁사 트래픽, 경쟁사 노출 키워드 등을 모두 분석할 수 있습니다. 해

---

[*]   웹 리소스의 경우 웹 리소스를 가리키는 다른 일부 웹사이트로부터의 링크

당 자료들이 100% 신뢰할 수 있는 데이터는 아니지만 꽤 높은 수준의 정확성을 나타내는 자료들로 구글 SEO를 진행하고 있는 많은 마케터분들이 사용하고 있는 툴입니다. 그리고 구글에서 제공하는 가이드 문서에서도 구글 검색 엔진 최적화와 관련된 내용들이 타 플랫폼에 비해 상세하게 공유되고 있습니다. 다만 가이드 문서에서 제공하는 내용의 분량이 많기 때문에 전문적인 마케터가 아닌 이상 구글 가이드 문서를 학습하면서 구글 SEO를 진행하기에는 너무나 내용이 방대하기 때문에 입문자나 초급자분들에게 추천 드리는 방법은 아닙니다.

구글 SEO 로직이 변해가는 과정들을 체계적으로 알 수 있다.

네이버 블로그의 검색로직은 네이버 공식 블로그팀의 자료를 살펴보더라도 모호한 부분이 많습니다. 많은 네이버 블로그 전문가들도 공통적으로 말하는 것이 워낙 네이버의 검색개편이 잦기 때문에 앞으로의 상황을 예측할 수 없다고 하기도 합니다. 네이버 블로그는 워낙 시기나 업종별로 차이가 있기 때문에 상황에 따라 결과가 다른 일명 '케이스 바이 케이스(Case by case)'가 많습니다. 구글 SEO도 일부 불확실한 부분이 있지만, 네이버에 비해서는 비교적 상위노출에 대한 가이드와 기준이 명확합니다. 따라서 네이버 SEO와, 구글 SEO를 모두 학습해본 입장에서는 네이버는 시기나 상황에 따라 편차가 있지만, 비교적 구글 SEO는 기본기만 탄탄하게 익힌다면 비교적 안정적으로 검색 노출을 진행할 수 있습니다. 구글 SEO는 감각이나 시기적인 운보다는 꾸준함이 더 중요하기 때문에 누구나 묵묵히 진행한다면 마케팅 성과를 얻을 수 있는 분야입니다. 아래에는 구글 SEO로직이 변해가는 과정을 체크할 수 있는 다양한 웹페이지를 소개했습니다. 구글 SEO에 대해 이해도가 있으신 분들이라면 모든 페이지를 한번씩 열람하는 것을 추천 드리지만, 입문자분들이라면 MOZ에서 운영하는 검색 로직 변경 기록 웹 페이지인 5번만 열람하시는 것을 추천 드립니다.

웹사이트		설명
구글 웹마스터 블로그		구글이 공식적으로 알고리즘 변경사항이나 다른 중요한 업데이트에 대한 정보를 발표하는 공식 블로그입니다.
구글 SEO 가이드 문서		구글에서 공식적으로 업데이트 하는 SEO 가이드문서 입니다. 다만, 분량이 방대하기 때문에 입문자나 초보자 분들에게 추천하지는 않습니다.
Search Engine Land		SEO 및 SEM 관련 뉴스를 제공하며, 구글의 알고리즘 변경사항에 대한 분석과 리포트를 제공하는 웹사이트입니다.
Search Engine Journal		SEO 및 SEM에 대한 최신 뉴스와 튜토리얼, 연구 등을 제공하는 웹사이트 입니다. 구글의 알고리즘 업데이트 뉴스도 포함됩니다.
Moz's google Algorithm Change History		구글의 알고리즘 업데이트에 대한 주요 기록을 정리하여 제공하는 Moz에서 운영하는 웹페이지 입니다.

▲ 구글 SEO로직의 변화를 체크 할 수 있는 웹페이지들

03

네이버 블로그를
구글에서 노출하는 방법이 있다?

구글 SEO를 시도하시는 분들 대부분은 네이버 블로그를 통해서 SEO의 성과를 경험하고 구글 SEO로 넘어오시는 분들이 많습니다. 저 역시도 처음에는 네이버 블로그를 통해 SEO를 시작했다가 구글 SEO까지 넘어오게 된 경우에 해당합니다. 그런데 구글에 검색을 해보면 유난히 검색되는 네이버 포스트의 수량이 적다는 것을 아시게 될 것입니다. 이에 대해 짧게 설명하고 넘어가도록 하겠습니다.

네이버 블로그 포스트가 구글에 노출되지 않는 이유

아래의 이미지는 네이버의 PC 포스트의 스크립트를 개발자 도구에서 열람하시게 되면, 'noindex'라는 문구를 보실 수 있습니다. noindex 인덱스라는 표현은 외부 검색 엔진이 해당 문서를 크롤링(crawling)할 수 없도록 명령어가 추가된 것입니다. 반대로 index 처리가 된 경우에는 검색 엔진이 해당 문서를 크롤링할 수 있습니다. 이처럼 네이버 블로그는 외부 검색 엔진에 대해 폐쇄적인 운영 정책을 펴고 있기 때문에 구글과 같은 검색 엔진에 노출이 잘되지 않습니다.

```
                         1개 일치   Q noindex                    ⊗ < >   완료
 1
 2
 3    <meta name="robots" content="noindex,follow"/>
 4
 5
 6
 7
 8    <!DOCTYPE html PUBLIC "-//W3C//DTD XHTML 1.0 Transitional//EN"
      "http://www.w3.org/TR/xhtml1/DTD/xhtml1-transitional.dtd">
 9    <html lang="ko">
10    <head>
11    <meta http-equiv="Pragma" content="no-cache"/>
12    <meta http-equiv="Expires" content="-1"/>
13    <meta name="robots" content="noindex,follow"/>
14    <meta name="referrer" content="always"/>
15    <meta http-equiv="content-type" content="text/html;charset=UTF-8"/>
16    <meta http-equiv="X-UA-Compatible" content="IE=edge,chrome=1" />
17    <link rel="shortcut icon" type="image/x-icon" href="/favicon.ico?3" />
18    <link rel="alternate" type="application/rss+xml" href="https://rss.blog.naver.com/marketingmm.xml"
      title="RSS feed for marketingmm Blog"/>
19    <link rel="wlwmanifest" type="application/wlwmanifest+xml"
      href="https://blog.naver.com/NBlogWlwLayout.naver?blogId=marketingmm" />
20
21
22
23
24    <title>허브스팟(Hubspot) 한국 공식 파트너 : 네이버 블로그</title>
25    </head>
26    <script type="text/javascript"
      src="https://ssl.pstatic.net/t.static.blog/mylog/versioning/Frameset-478668353_https.js"
      charset="UTF-8"></script>
```

▲ 네이버 블로그 포스팅 PC URL의 개발 스크립트 화면

그러나 특정 네이버 포스트 주소의 서브도메인 앞에 m이라는 알파벳을 추가하면 해당 도메인(https://m.blog.naver.com/)은 모바일 전용 URL로 바뀝니다. 같은 콘텐츠이지만 도메인의 알파벳(m)의 추가 여부에 따라 PC URL과 모바일 URL이 다르게 적용되는 것입니다. 모바일 URL에 있는 개발자 페이지의 소스를 검색해 보시면, 모바일 URL과 PC URL의 다른 점을 확인하실 수 있습니다.

PC URL은 'noindex' 처리가 되어 있지만 모바일 URL은 'index' 처리가 되어 있다는 것을 확인하실 수 있습니다. 모바일 포스팅 URL은 구글과 같은 외부 검색 엔진에 크롤링이 될 수 있도록 설계된 것입니다.

▲ 네이버 블로그 포스팅 PC URL의 개발 스크립트 화면

따라서 구조적으로 같은 네이버 블로그 포스팅이지만 PC URL은 구글과 같은 외부 검색 엔진에서 크롤링할 수 없도록 설정되었고, 모바일 URL은 크롤링될 수 있도록 설정되었습니다. 그런데 구글 검색 엔진에서도 간혹 네이버 포스팅들을 심심치 않게 발견하실 수 있습니다.

이는 몇 가지 경우의 수가 있습니다.

- 어떤 검색 엔진도 100% 완벽하지 않기 때문에 'noindex' 처리가 되어 있지만, 에러 등의 이슈로 인해서 구글에 노출되어 있는 경우가 있습니다.

- 'noindex' 처리된 포스팅이지만 구글에 색인 되어 있는 다수의 웹 문서에서 특정 블로그 문서를 언급했을 경우 구글에 색인되는 경우가 있습니다. 따라서 구글에 검색되는 네이버 블로그를 다수 분석해 보면, 구글에 노출되어 있는 다른 웹 페이지에서 링크시킨 일명 '백링크'가 연결되어 있는 경우 네이버 포스팅이 노출되어 있는 경우가 많았습니다.

- 따라서 일부 SEO 컨설턴트들은 네이버 블로그 포스팅을 구글에 노출하기 위해 기존 구글에 노출되어 있는 네이버 블로그 포스팅에 노출하를 원하는 블로그 포스팅 모바일 URL을 추가하거나, 아니면 이미 구글에 노출되어 있는 웹 문서에서 특정 블로그 포스팅을 URL을 추가하는 전략을 활용하여 네이버 블로그를 노출하고 있습니다.

이런 전략은 성과가 있는 경우도 있지만, 100% 노출이 보장되는 것은 아닙니다. 노출된다고 하더라도 검색 노출 화면 상단에 노출되어야 유입이 발생하기 때문에 색인과 상단노출은 별도의 문제로 바라보는 것이 합당합니다.

나의 네이버 블로그가 구글에 노출이 되었는지 체크하는 방법은 구글 검색 화면에 site:blog.naver.com/marketingmm와 같이 site: 이후에 원하는 네이버 블로그 주소를 검색하시면 구글에 노출되어 있는 콘텐츠들을 검색해 보실 수 있습니다. 구글 고급 검색기능에 대해서는 추후 다른 장에서 상세하게 다루도록 하겠습니다.

04

남들이 하지 않는 곳에서 차별성을 찾아라!
아무나 구글 SEO를 시작하지 못하는 이유

국내 기업들이 구글 SEO를 시도하지 못하는 이유는 CMS[*](Contents management system)의 영향이 가장 크다고 생각합니다. 워드프레스는 구글이 좋아하는 크롤링[*] 요소들을 가장 손쉽게 반영할 수 있는 플랫폼이기 때문에 구글 SEO에 매우 유리합니다. 이러한 이유로 글로벌에서는 압도적으로 많은 이용자 수를 확보한 CMS가 바로 '워드프레스'입니다.

2023년 9월에 W3Techs에서 리서치한 자료에 의하면, 글로벌 웹사이트 중에서 30%는 자체 제작이나 소규모 유저가 사용하고 있는 CMS를 사용하고, 전세계 웹사이트의 43.2%는 워드프레스로 제작되어 있습니다. 전체 홈페이지에서 워드프레스가 차지하는 비중이 43.2%로, CMS 솔루션을 사용하는 홈페이지 중 워드프레스를 사용하는 비중은 63.1%이기 때문에 글로벌에서는 워드프레스의 이용 비중이 압도적으로 높습니다.

---

* 저작물 관리 시스템
* 웹 페이지를 가져와서 데이터를 추출해 내는 행위

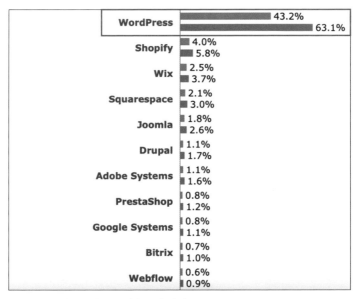

▲ 글로벌 CMS 점유율 분석자료 (자료출처: W3Techs.com, 7 September 2023)

그뿐만이 아닙니다. 글로벌에서 워드프레스로 제작되어 있는 주요 사이트들을 나열하자면 너무나도 많습니다. 대표적으로 국내 대기업은 물론 쇼핑몰 솔루션을 제공하는 IT기업의 홈페이지들도 워드프레스로 제작된 경우가 많습니다.

미국으로 넘어가면 더 다양한 사례들이 존재합니다. 미국의 백악관 공식 홈페이지가 워드프레스로 만들어져 있습니다. 국내에서는 워드프레스가 보안에 취약하다는 평가가 있지만 실제로 사용해 보면 워드프레스는 보안에 대해 강화할 수 있는 요소들이 상당히 많습니다. 단면적으로 보아도 보안에 취약하다면 미국의 백악관 웹 페이지를 워드프레스로 만들 수는 없을 것입니다.

확장성과 자율성이 높아서 워드프레스의 매력에 금방 빠지게 되지만, 국내에는 워드프레스보다 더 쉽고 편리한 국산 솔루션들이 많기 때문에 워드프레스에 대한 진입장벽이 상대적으로 높은 것 같습니다.

국가	브랜드	URL
대한민국	삼성전자 뉴스룸 (Samsung Newsroom)	https://news.samsung.com/kr/
	제일기획 매거진 (Cheil Magazine)	https://magazine.cheil.com
	카카오 · 테크(Kokao · Tech) 기술 블로그	https://tech.kakao.com
	카페 24 (Cafe24) 공식 홈페이지	https://www.cafe24.com
미국	미국 백악관 공식 홈페이지 (The White House)	https://www.whitechouse.gov
	루이뷔통 모엣헤네시 그룹 (LVMH Moet Hennessy Louis Vuitton)	https://www.lvmh.com
	스탠포드 대학교 (Stanford University) 공식 홈페이지	https://www.stanfore.edu

▲ 한국과 미국에 운영되고 있는 유명한 워드프레스 웹 페이지 모음

국내 워드프레스 이용자 수에 대해 정확한 통계는 없지만 몇 가지 자료를 통해 유추해 볼 수는 있을 것 같습니다. 매년 발표하는 중소벤처기업부의 통계를 참고해 보면 국내의 중소기업은 약 700만 개 정도로 추산되고 있습니다. 이 중 50%가 기업 홈페이지를 보유하고 있다면? 우리나라에 있는 웹 페이지는 약 350만 개 정도로 추산할 수 있을 것입니다. 'Codemshop'의 통계에 따르면 2023년 대한민국에는 약 5만 개의 워드프레스 웹 페이지가 있는 것으로 추정됩니다.

물론 이 중에는 개인이 운영하는 워드프레스도 있겠지만 단순 비교를 했을 때 350만 개의 웹 페이지 중에서 워드프레스 웹 페이지가 5만 개라면 국내 워드프레스 비중은 약 1.43%로 추산할 수 있습니다. 즉, 국내에는 아무리 높게 잡더라도 전체 홈페이지 이용자 수 중 5%도 안되는 유저들이 워드프레스를 운영하는 것입니다.

상황이 이렇다 보니 워드프레스는 국내에서는 유독 아는 사람만 사용하는

'엘리트 시스템'처럼 여겨지게 되었습니다. 구글 SEO에 가장 유리한 워드프레스 이용자수가 한국에서는 유독 적다 보니 구글 SEO를 정확히 이해하고 있는 마케터들도 상당히 적습니다. 기존에 워드프레스 생태계에 진입하여 구글 SEO를 적극적으로 활용하고 있는 기업들은 광고비를 전혀 투자하지 않고도 양질의 트래픽을 꾸준히 얻고 있는데, 그렇지 못한 기업들은 갈수록 효율이 떨어지는 유료 광고에 의존하고 있기 때문에 기존에 구글 SEO를 통해 마케팅 안정권에 진입한 기업들은 워드프레스와 구글 SEO에 대한 높은 진입장벽이 앞으로도 유지되기를 기대하는 것도 무한 경쟁사회에서는 어느 정도 이해가 됩니다.

따라서 저는 많은 기업들이 구글 SEO에 진입하지 못하는 가장 큰 이유는 워드프레스에 대한 정보의 비대칭 때문이라고 생각합니다. 다음으로 구글에 크롤링 될 수 있도록 웹 페이지를 잘 구축하는 기술적인 영역인 '테크니컬 SEO'에 대해서도 제대로 이해하고 있는 사람들이 적습니다. 실제로 테크니컬 SEO를 해결하기 위해 컨설팅 견적을 받아보면 페이지에 따라 기본 500만 원 1,000만 원이 훌쩍 넘어갑니다.

요즘은 웹 제작 단가가 많이 저렴해졌기 때문에 프리랜서 마켓을 통해 홈페이지를 쉽게 구축할 수 있지만, SEO 컨설팅의 영역은 아직도 정보의 비대칭이 심하기 때문에 고가의 가격이 유지되고 있습니다.

다음으로는 구글 SEO 성과가 나올 때까지 최소 3-6개월 정도의 시간이 걸리기 때문에 기업 마케터 분들께서도 선뜻 도전하기 어려운 부분이 있습니다. 왜냐하면 대부분의 회사조직은 보고와 성과측정의 체계로 운영되는데, 구글 SEO를 위해 묵묵히 3~6개월을 기다려 주기에는 현재 마케팅과 경쟁 구도의 변화가 너무 빠르기 때문입니다.

담당자분들 입장에서도 서서히 성과가 나오는 SEO는 나중에 최적화가 잘

되더라도 본인의 실적으로 만들기가 애매하기 때문에 비교적 성과가 빠르게 나오는 소셜미디어나 프로모션에 집중하는 경향이 있습니다.

본 글에서 소개한 다양한 이유들 때문에 구글 SEO 캠페인은 CEO나 부서장 정도의 직급에서 리드를 해야 하지만, 앞서 언급했듯 시장내에 구글 SEO에 대한 정보의 비대칭 때문에 지금처럼 신규 사업자가 진입하기 어려운 구조가 만들어진 것입니다. 위에서 소개한 모든 과정은 저 역시 똑같이 겪었던 과정으로 앞으로는 이 책을 통해서나마 많은 기업이 구글 SEO를 적극적으로 활용해 볼 수 있기를 기대합니다.

05

구글 SEO 기술을 통해서
얻을 수 있었던 많은 것들

제가 처음 SEO를 시작하게 된 것은 '절실함' 때문이었습니다. 거의 무자본에 가깝게 시작한 강의사업을 네이버 SEO만으로 꾸준한 수요를 만들다 보니 구글 SEO까지 이루게 된다면? 금방이라도 사업이 성장할 것만 같았습니다. 하지만, 10년간 시행착오를 거쳤던 네이버 블로그가 있었기 때문에 네이버 SEO로 성과를 얻을 수 있었듯이, 구글 SEO도 초기 단계에서 또 다른 노력과 경험이 필요했습니다. 그러나 다양한 시행착오 끝에 저는 양질의 트래픽을 얻을 수 있게 되었습니다. 제가 구글 SEO를 통해서 얻은 것은 크게 2가지입니다.

제로에 가까운 광고비를 통해서 양질의 고객정보를 얻었습니다.

네이버 SEO를 통하여 소정의 성과를 얻은 이후에 집중한 것이 구글 SEO였습니다. 구글 SEO를 위한 웹 페이지는 2개를 운영을 했는데 하나는 강의사업을 홍보할 수 있는 강의사이트였고, 다른 하나는 허브스팟 솔루션을 판매할 수 있는 웹 페이지였습니다.

두 개의 웹 페이지 중에서 반응이 빠르게 온 것은 강의 홍보용으로 사용하고 있는 웹 페이지였습니다. 아무래도 강의사업의 경우에는 마케팅 솔루션 사업에 비해서 타겟이 조금 더 넓었기 때문입니다. 강의사업의 경우에도 B2B* 마케팅 강의는 특정 소수의 기업에게 필요한 교육이기 때문에 상대적으로 수요가 적지만, 블로그 마케팅이나, 유튜브 마케팅, 소셜미디어 마케팅의 경우, 소규모 사업자부터 공공부문까지 다양한 곳에서 수요가 발생합니다. 따라서 이두 가지 특성을 파악하여 '네이버 SEO'와 함께 '구글 SEO'를 적절하게 병행했더니 확실히 많은 상담문의를 받을 수 있었고, 문의 중 대부분은 실제 강의로이어졌습니다.

이렇게 2개의 블로그를 운영했을 때 얻을 수 있는 효과는 2가지입니다. 네이버 외에 구글도 포스팅했기 때문에 당연히 노출도 많아지고 유입량도 많아집니다. 이 부분은 마케팅에 대한 지식이 없더라도 쉽게 유추할 수 있는 부분입니다.

효과는 여기서 끝나는 것이 아닙니다. 네이버 블로그의 경우에는 제한된 프레임 안에서 수정해야 하기 때문에 브랜딩 측면에서 제약이 있습니다. 네이버블로그는 원하는 구조나 기능들을 넣기에 한계가 있다는 것입니다. 다만, 워드프레스의 경우에는 블로그 기능이 있는 홈페이지로 보는 것이 적합하기 때문에 웹 페이지 내에서 자유롭게 브랜딩을 할 수 있습니다. 따라서 아래와 같은고객 이동 현상이 발생합니다.

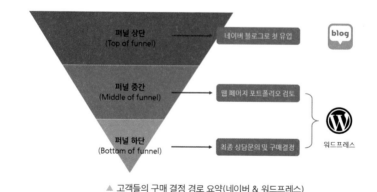

▲ 고객들의 구매 결정 경로 요약(네이버 & 워드프레스)

---

* 　기업과 기업 사이의 거래를 기반으로 한 비즈니스 모델

고객들이 처음에는 네이버를 통해 유입되어 특정 브랜드나 서비스를 인지했다면, 최종 상담문의나 구매 결정을 달성하는 것은 워드프레스와 같은 웹 페이지였습니다. 네이버 블로그의 경우 대부분 검색유입으로 들어오기 때문에 유입에는 적합하지만, 블로그의 내용들을 쭉 둘러보기에는 프레임이나 기능을 자유롭게 구현할 수 있는 워드프레스에 비해 부족한 부분이 있기 때문입니다. 따라서 고객 유입에 있어서는 네이버가 유리하지만, 구매 전환을 유도하기에는 워드프레스가 더 적합하기 때문에 이 두 가지의 밸런스를 적당히 유지한다면 높은 마케팅 효과를 얻을 수 있습니다.

추가로 네이버 블로그만으로도 성과를 얻을 수 있는 경우도 있습니다. 고객들이 제품을 보고 직관적으로 구매할 수 있는 저관여 서비스, 그리고 법률이나 변호사 마케팅 분야처럼 고관여 서비스에 해당하지만, 이용하는 고객이 불특정 다수인 경우에는 네이버 블로그만 잘 공략하더라도 많은 상담문의를 얻을 수 있습니다. 하지만 기존에 네이버에서 성과가 높았던 업종에서도 마케팅 트렌드에 발빠르게 대응하는 곳들은 이미 구글 SEO를 주의 깊게 주시하고 있습니다.

네이버 블로그와 워드프레스를 동시에 운영하는 경우에는 어떻게 해야 할까?

구글 SEO와 관련하여 이야기를 나누다 보면 흔히 질문하시는 부분이 있습니다. 바로 네이버 블로그와 워드프레스를 각각 운영해야 하냐는 것입니다.

이 부분에 대해서는 다양한 견해가 있습니다. 저는 시간과 정성이 많이 들어가지만, 성과도 가장 높은 방법을 선택했습니다. 바로 같은 소재를 네이버 블로그에도 포스팅하고, 워드프레스에도 포스팅을 진행하되 2개의 콘텐츠를 중복되지 않도록하는 것입니다. 중복문제는 SEO의 기본 중의 기본으로 어떤 검색 엔진이든 중복문서를 선호하는 곳은 없습니다. 강의 후기 콘텐츠들은 직접적인 상담문의로 이어지기 때문에 내용과 사진 중복 없이 네이버 블로그와 워드프레스에 모두 업로드 하였습니다. 제가 운영했던 블로그 사례가 궁금하신 분들은 아래의 QR코드를 통해서 참고해 보시기 바랍니다.

▲ 네이버 블로그 참고사례

▲ 워드프레스 블로그 참고사례

SEO 강의 및 컨설팅 서비스 확장

약 1~2년 전부터 마케팅 강사로 활동하게 된 것은 맞지만, 처음부터 SEO 컨설팅 확장을 고려했던 것은 아닙니다. 처음 구글 SEO에 입문했을 때에 이 분야는 마케터가 시도할 수 없는 또 다른 영역 같다는 생각이 들었습니다. 지금 돌이켜 생각해보면 개발을 이해해야 하는 '테크니컬 SEO'에 대한 압박이 컸던 것 같습니다. 구글 SEO에 대해 자신감이 생기기 시작한 것은 구글 SEO를 시작한 지 6개월 정도가 지난 시점이었습니다. 그 간 워드프레스 블로그에 적지 않은 시간을 투자하면서 꾸준히 콘텐츠를 발행하였는데도 불구하고 뚜렷한 성과가 없었는데, 6개월이 지나면서 갑자기 방문자 수 유입이 많아졌습니다. 실제로 2개의 웹 페이지 중 허브스팟 세일즈를 위한 웹 페이지에서 성과가 더 크게 나타났습니다. 과거에 네이버 블로그를 운영하면서 가장 중요하게 생각했던 부분은 꾸준함이었습니다. 네이버 블로그는 '필력'과 '성실함'만으로도 정상의 궤도에 올라갈 수 있습니다. 왜냐하면, 네이버 블로그 플랫폼은 누구에게나 동등한 조건으로 제공되기 때문입니다.

그러나 구글 SEO는 조금 다릅니다. 워드프레스와 같은 웹 페이지를 운영한다는 것은 도메인, 호스팅, CMS(Contents management system), 구글색인(indexing) 등 고려해야 할 부분이 너무도 많기 때문에 단순히 글쓰기만 꾸준히 진행한다고 해서 이룰 수 있는 분야가 아니었습니다.

허브스팟 세일즈를 위한 웹 페이지
https://hubspot.marketingmm.co.kr

[자료 출처] 구글 서치 콘솔 - 2023년 8월 초 측정

▲ 허브스팟 웹 페이지의 고객 유입 추이

구글 SEO를 시작한 지 거의 9개월 만에 꾸준한 학습과 개선을 통해서 위와 같이 운영하는 워드프레스의 트래픽이 급성장하는 것을 경험한 후 B2B 마케터분들을 대상으로 특강을 진행하여 이때까지 제가 알고 있는 다양한 노하우들을 공개하였습니다. 아래의 QR 코드에 처음으로 진행했던 SEO 강의 후기를 소개합니다.

▲ B2B 마케터 대상의 구글 SEO 강의후기

그리고 이때 참석했던 워드프레스 블로그를 담당하는 마케터 분들과 커뮤니티를 구성하여 해외에는 흔하지만, 국내에는 좀처럼 찾아보기가 어려운 SEO 정보교류 및 백링크 교환 네트워킹을 진행하였는데, 이 모임이 커지게 되면서 지금은 기업 마케터를 위한 구글 SEO 커뮤니티 '마수오'로 성장하였습니다. 구글 SEO 커뮤니티와 관련된 내용은 책의 끝부분에 소개가 되어 있으니 궁금하신 분들께서는 참고해 보시기 바랍니다.

백링크는 글의 후반부에서 언급하겠지만, 구글 SEO에 도움이 되는 중요한 요소 중 하나입니다. 백링크 부분은 배경지식부터 다양한 부분을 함께 소개해야 하기 때문에 글의 후반부에서 자세히 다루도록 하겠습니다.

제가 구글 SEO에 대해 어느 정도 궤도에 올라오고 나서 느끼는 부분은 2가지였습니다. SEO 마케팅이 유료 광고에 성과가 높더라도 반드시 SEO만 고집할 필요는 없습니다. SEO는 유료 광고에 비해 실질적인 광고비는 들어가지 않더라도 인력이 들어가기 때문에 인건비 투자를 고려한다면 오히려 유료 광고의 성과가 더 좋은 경우도 있습니다.

그런데 SEO만 고집하는 사업자분들은 구글에서 공식적으로 유료 광고를 집행할 수 없는 법적인 테두리 외에서 진행하는 사업인 경우가 많았습니다. 구글에서 유료 광고를 집행할 수 없기 때문에 유일한 마케팅 방법은 SEO 밖에 없는 상황인 것입니다. 따라서 지속성장성보다 한번 노출하고 페널티가 생기면 또다시 다른 도메인으로 웹 페이지를 만들어 단타성으로 운영하는 경우가 많다 보니 일시적으로는 SEO에 도움이 될 수 있지만, 지속성장성이 없는 방법들이 난무하게 소개되고 있었습니다.

SEO 컨설턴트라면 기술적인 부분과, 콘텐츠, 그리고 백링크 총 3가지 영역을 두루 다룰 수 있어야 하는데 한 분야의 지식에 편파 되어 있는 경우가 많았습니다. 대표적으로 SEO 전문이라고 하지만? 양질의 콘텐츠는 꾸준히 발행하지 않고 백링크 작업만 한다거나, SEO 전문가가 운영하는 홈페이지치고 기술적인 SEO 부분이 현저하게 떨어지는 경우도 많았습니다.

마지막으로 진정한 SEO 컨설턴트라면 유료 광고 보다는 콘텐츠에 의한 검색 노출 트래픽으로 고객들을 유입해야 하는데, SEO에 비해 유료 광고로 유입되는 비중이 압도적으로 높은 경우도 많이 보았습니다. 고객들은 이러한 업체들을 분류하기 힘듭니다. 이는 앞서 언급한 바와 같이 구글 SEO에 대한 정보의 비대칭이 만들어낸 현상입니다.

처음에 SEO 특강을 진행했던 이유는 구글 SEO를 진행하고 있는 담당자분들과 네트워킹을 하기 위함이었습니다. 실제로 해당 특강을 통해서 구글 SEO를 진행하고 있는 브랜드 마케팅 실무자분들과 네트워크를 만들었고, 커뮤니티 내에서 발생하는 정보와 백링크 교환을 통해 커뮤니티 구성원들 모두 소정의 성과를 얻을 수 있었습니다. 이렇게 다양한 부분을 직접 학습하고 개선하면서 제가 시도한 방법들에 대한 성과를 검증할 수 있었고, 이런 노하우를 기반으로 강의 및 컨설팅 서비스를 제공할 수 있게 되었습니다.

결국 처음 시도는 제 사업을 위한 절실함으로 시작하게 되었지만, 그 기술을 모두 학습하고 나니 'SEO 컨설턴트'라는 또 다른 사업아이템을 만들 수 있게 된 것입니다. 그러나 한번 학습한 SEO지식이 영원한 것이 아닙니다. 구글은 지속해서 SEO 알고리즘을 업데이트하고 있기 때문에 꾸준한 학습이 필요합니다. 저는 네이버 블로그 1개와 워드프레스 블로그 2개, 그리고 그 외에도 워드프레스 학습을 위한 테스트 웹 페이지를 7개를 함께 운영하고 있기 때문에 시기별로 바뀌고 있는 구글 SEO 로직들을 발 빠르게 테스트하고 있습니다. 어떤 분야든 꾸준한 관심과 노력 외에는 정도가 없다는 것은 구글 SEO 영역에서도 통용되고 있습니다.

구글 검색 엔진이
작동되는 기본원리

구글 검색 엔진과 알고리즘의 구조에 대해서는 외부에 알려진 정보가 많지 않습니다. 그러나 우리는 구글의 탄생스토리와 구글 가이드문서에서 몇 가지 힌트를 얻어 구글 검색 엔진의 구조와 프로세스를 예측해볼 수 있습니다.

Google 검색의 3단계 소개

- **크롤링**: 크롤러라는 자동화된 프로그램을 사용하여 인터넷에서 찾은 페이지로부터 텍스트, 이미지, 동영상을 다운로드합니다.
- **색인 생성**: 페이지의 텍스트, 이미지, 동영상 파일을 분석하고 대규모 데이터베이스인 Google 색인에 이 정보를 저장합니다.
- **검색결과 게재**: 사용자가 Google에서 검색하면 Google에서는 사용자의 검색어와 관련된 정보를 반환합니다

▲ Google 검색의 작동 방식에 대한 상세 가이드

위의 구글 공식 가이드 문서에 따르면, 구글 검색 엔진에서는 크롤링, 색인 생성, 검색결과 게재 총 3단계 과정을 중심으로 정보들을 처리합니다. 더 구체적으로 들여다보게 되면 수집된 웹 문서들을 비슷한 콘텐츠의 페이지 그룹으로 묶는 작업인 '클러스터링'이라는 작업을 하게 되는데, 우리는 해당 작업을 통틀어 색인작업(인덱싱)이라고 부르고 있습니다. 결국 구글 SEO의 핵심은 나의 웹 문서가 제대로 색인 되어 구글 검색 상단에 노출될 수 있느냐가 관건이고, 이는 인덱싱이라는 업무 프로세스에서 이루어집니다.

▲ 구글 검색 엔진에 웹 문서가 색인되는 프로세스

01

논문으로 알아보는
구글 검색 엔진의 구조

    구글 검색 엔진과 검색 노출 알고리즘에 대해서는 구글에서도 보안 사항으로 관리하는 내용들입니다. 그러나 우리는 1998년 구글 공동창업자인 'Sergey Brin'과 'Lawrence Page'에 의해 작성된 'The Anatomy of a Large-Scale Hypertextual Web Search Engine' 이라는 논문을 토대로 구글 검색 엔진의 초기구조(아키텍처)에 대해 유추해 볼 수 있습니다.

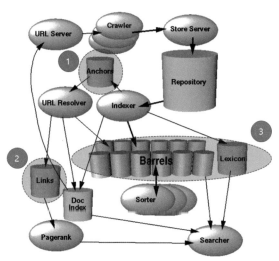

▲ The Anatomy of a Large-Scale Hypertextual Web Search Engine

구글 창업자들은 1998년에 스탠포드 대학교 학생들을 대상으로 하여 백럽(BackRub)이라는 이름으로 검색 서비스를 시작하였고, 해당 서비스가 지금 구글의 전신이 됩니다. 해당 논문이 처음 출시되고 약 25년이 지났지만, 해당 논문은 백럽(BackRub)의 초기 모델을 구조화한 유일한 이미지 자료이기 때문에 구글 검색 엔진을 이해하는 중요한 단서가 됩니다.

논문에 있는 내용을 정독하다 보면 구글 검색 엔진 초기에는 특정 URL을 하이퍼링크로 추가한 앵커 텍스트(Anchor text), 그리고 해당 하이퍼링크에 해당하는 URL인 백링크(Backlink) 그리고 그 외의 문서를 분류할 수 있는 구문검색과 Barrels(문서저장소), Lexicon(어휘집)을 활용하여 검색결과에 특정 웹 문서를 노출할 수 있는 시스템을 개발하였습니다. 위에 언급한 3가지 개념들은 25년이 지난 지금까지도 구글 SEO에 많은 영향을 주고 있습니다.

논문을 조금 더 정독해 보면 구글 초기에는 특정 도메인에 등록되어 있는 도메인정보(DNS, Domain Name System)를 식별하는 데 많은 리소스가 투여되고 있다고 기재되어 있는데, 실제로 도메인에 포함되어 있는 텍스트 정보는 아직까지도 구글 SEO에 많은 영향을 주는 요소로 알려져 있습니다. 즉, 초기에 DNS 분석 외에 도메인에 포함되어 있는 텍스트 정보들도 함께 분석했을 것으로 추측됩니다.

그리고 크롤링한 문서들을 종류에 맞게 분류한 Barrels(문서저장소)과 단어의 정렬에 해당하는 Lexicon(어휘집)은 구문분석을 기반으로 운영되었습니다. 따라서 초창기 구글 검색 엔진의 기본원리는 '구문 분석'과 '링크 분석' 시스템으로 이해할 수 있습니다. 이 당시 구글의 혁신은 키워드 빈도수를 바탕으로 검색결과를 반영하는 방법 외에도 'PageRank'라는 링크시스템 알고리즘을 적용한 것입니다.

구글 이전까지 전 세계 검색 엔진시장을 선도했던 기업은 야후(Yahoo)였습니다. 구글의 빠른 성장에 힘입어 구글은 2010년도부터 야후(Yahoo)를 넘어 전세계 검색 엔진의 최강자로 자리잡게 되었습니다.

구글이 야후를 앞지를 수 있었던 이유는 초기 운영방식에서 해답을 찾을 수 있습니다. 그 당시 구글은 크롤링과 링크시스템을 활용하여 검색 엔진 서비스를 운영하고 있었고, 초기 야후(Yahoo)는 웹 디렉터리 서비스로 시작되었습니다. 검색 엔진이 웹 문서를 크롤링하는 구조가 아니라 사람들이 웹사이트를 카테고리별로 분류하고 설명을 추가하는 수동적인 방식이었습니다. 나중에는 야후도 자체 검색 기술을 보강하여 검색 엔진 기능을 강화하였지만 구글의 성장을 앞지르기에는 부족했습니다.

야후의 인지도를 넘어선 구글은 이후에도 25년동안 검색 품질을 높이기 위해 꾸준히 개선과 진화를 거듭해왔습니다. 그러나 위의 논문에 기재된 내용들은 구글 검색 엔진의 뿌리에 해당하는 내용들이기 때문에 여전히 중요한 요소들로 알려져 있습니다. 앞으로 다룰 내용들은 학습과 실전을 통해 실제로 구글 검색 엔진에 웹 문서를 노출시키기 위한 다양한 노하우들을 설명 드려보도록 하겠습니다.

그때는 알지 못했던
'도메인'과
'구글 SEO'의 상관관계

01

도메인의 원리만 알았더라면
6개월의 시간은 줄일 수 있었다.

막상 구글 SEO에 도전하시는 분 중에 초창기에 포기하시는 분들이 상당히 많습니다. 제가 처음 구글 SEO에 올인 하기로 마음먹고 2개의 워드프레스에 180일간 발행한 콘텐츠가 거의 90건 정도 되었습니다. 거의 이틀에 한번씩 발행을 했고 1개의 콘텐츠당 3시간 정도의 시간을 할당했다고 가정한다면, 약 270시간 정도를 투자한 것입니다. 그럼에도 불구하고 초기에는 별다른 성과를 얻지 못했습니다. 이는 앞서 소개했던 허브스팟 솔루션을 세일즈했던 워드프레스 웹 페이지도 마찬가지고 2023년 1월부터 콘텐츠를 꾸준히 발행했던 '마름모연구소'라는 퍼스널 브랜딩 강의사이트도 마찬가지였습니다.

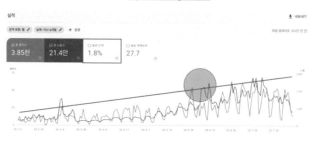

[자료 출처] 구글 서치 콘솔 · 2023년 8월 초 측정
▲ 마름모연구소 강의사이트 웹 페이지의 고객유입 추이

마케팅에 대해 큰 지식이 없더라도 웹 페이지를 구글에 노출시키기 위해서는 구글 서치콘솔, 그리고 네이버는 서치어드바이저 웹 페이지에 생성되어 있는 URL들이 정리되어 있는 사이트맵을 등록해야 한다는 것 정도는 쉽게 아실 수 있는 정보일 것입니다. 하지만 막상 구글 서치 콘솔에 사이트맵을 등록하더라도 오랜 기간 노출되지 않는 것을 경험할 수 있을 것입니다.

▲ 웹 페이지 사이트맵을 등록
할 수 있는 구글 서치 콘솔

▲ 웹 페이지 사이트맵을 등록할 수 있
는 네이버 서치어드바이저

문제는 구글 웹 페이지 생성 후 서치어드바이저에 사이트맵을 등록하더라도 초기에는 콘텐츠가 노출되지 않는다는 것입니다. 여러 가지 이유가 있지만 뒤늦게 구글 SEO에 대한 원리를 이해하고 나니 처음 어떤 도메인으로 시작하느냐에 따라서 초기 노력의 성과에 막대한 영향을 준다는 사실을 알게 되었습니다. 처음 생성된 웹 페이지가 구글에 노출이 안 되는 부분을 어떤 SEO 컨설턴트분들은 속칭 '구글 샌드박스(Sand box)' 기간이라고 합니다.

샌드박스(Sandbox)는 외부로부터 들어온 프로그램이 보호된 영역에서 동작해 시스템이 부정하게 조작되는 것을 막는 보안 형태로서, 구글 SEO 생태계에 신규로 진입한 웹 페이지에서 발행한 콘텐츠가 신뢰할 수 있는 정보인지 판가름할 수 있도록 일시적으로 검증하는 과정이기 때문에 이 시기에는 검색 노출이 이루어지지 않습니다.

구글 '샌드박스'에 대해서는 구글이 공식적으로 인정하고 있는 부분은 아니지만, 국내/국외의 수많은 SEO 컨설턴트들이 테스트를 해본 결과 실제로 신규 웹 페이지는 초기에 아무리 많은 콘텐츠를 업로드 하더라도 일정 시간 동안은 색인이 잘 이루어지지 않거나 검색 노출에 반영되지 않는 현상들이 지속적으로 일어나고 있습니다.

초기 워드프레스 블로그에 업로드 되는 콘텐츠들이 구글 검색 노출 화면에 노출이 되지 않는 것은 공식적이든 비공식적이든 실제로 존재하는 일이었습니다. 비공식적으로 언급하는 샌드박스(Sandbox) 기간은 해외의 경우 짧게는 2~3개월부터 6개월, 그리고 길게는 1년까지도 지속되고 있습니다. 국내의 경우 한글로 워드프레스를 운영하시는 분들을 글로벌 시장으로 본다면, 매우 소수에 해당하기 때문에 외국보다는 샌드박스 기간이 짧은 경우가 더 많은 것 같습니다. 외국엔 1년가까이 노출이 안되는 사례도 있으나 국내에서 생성된 신규 도메인 웹 페이지는 비공식적으로 통상 3개월에서 6개월 정도로 존재한다고 알려져 있습니다. 저의 경우 위의 이미지에서 보시는 바와 같이 초기 반년 정도는 콘텐츠 노출이 잘 안되었기 때문에 국내 기준으로는 샌드박스 기간을 거의 꽉 채운 이후에 구글 검색화면에 콘텐츠를 노출할 수 있었습니다.

제가 워드프레스를 통해 구글 SEO를 진행하면서 가장 어려웠던 순간이 초기 5개월가량 이어졌던 샌드박스 기간이었던 것 같습니다. 꾸준함이 모든 것을 이길 수 있다고 생각하면서 5개월 동안 2일에 1개라는 매우 공격적인 포스팅을 진행하였지만, 노출이 되지 않을 때 제가 할 수 있는 방법이 없었습니다. 노출이 안 되더라도 더 열심히 하면 된다는 마음만으로는 부족했고, 그때 누군가 구글 SEO에 대한 검증된 알고리즘을 알려줬더라면 저의 비즈니스는 지금 상황보다 더 빠르게 성장했을 것이라고 생각합니다.

결국, 구글 SEO에 대해 많은 시도와 시행착오를 경험한 이후에 구글봇이 가장 초기에 식별하는 요소는 웹 페이지가 아니라 '도메인'이라는 것을 이해하게 되었습니다. 도메인은 영원하지만, 도메인과 연결되어 있는 웹 페이지(CMS)는 수시로 바뀔 수 있기 때문입니다. 워드프레스 운영 초기에 도메인만 제대로 선정했더라도, 저는 반년이라는 긴 시간동안 외로운 고군분투를 하지 않아도 되었을 것이라고 생각합니다.

02

구글이 좋아하는
도메인은?

국내와 해외의 다양한 자료를 통해 학습하면서 도메인이 SEO에 영향을 준다는 사실을 알게 되었습니다. 초기에 가장 주의해야 할 것은 구글이 싫어하는 도메인을 사용하지 않는 것입니다. 구글은 수많은 특허를 통해서 자사의 기술을 보호하고 있고, 그 특허는 구글 특허 검색페이지에서 누구나 열람하실 수 있습니다.

도메인과 관련된 구글 특허를 찾다 보면 유심히 보아야 할 특허가 하나 있습니다. Domain age registration alert(특허 번호: US10382469B2)라는 특허입니다. 번역기를 통해서 번역하게 된다면 아래의 내용으로 참고하실 수 있고, 더 정확한 내용을 원문으로 열람하실 분들이 있을까 싶어서 원문을 QR코드로 첨부합니다.

도메인 연령 등록 경고

초록

짧은 기간 내에 등록되어 **도메인에** 액세스하려는 시도를 식별하고, **도메인의** 등록 날짜를 받고, **도메인의** 등록 날짜를 기반으로 보안 위험을 감지하는 것을 포함하여 "고위험"으로 식별되는 웹 도메인에 액세스하려는 시도를 모니터링하고 경고를 생성하여 보안 위험을 식별하는 시스템 및 방법.

이미지 (19)

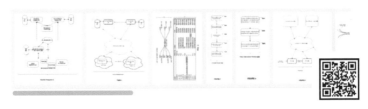

▲ Domain age registration alert(특허 번호: US10382469B2)

구글과 같은 모든 검색 엔진이 평생 고민해야 할 사항은 스팸성 웹 페이지 혹은 콘텐츠를 필터링하여 구글 이용자들에게 높은 검색 신뢰도를 제공하는 것입니다. 구글이 전 세계를 통틀어 가장 많이 사용되는 검색 엔진으로 등극되면서, 구글을 통해 광고하려는 무리와 이를 필터링 하려는 구글 검색팀과의 샅바싸움은 오래전부터 지속되어 왔습니다. 따라서 구글은 비공식적으로 '샌드박스'라는 검토 기간을 두어 시스템적으로 신규 웹 페이지가 구글 검색 생태계에 진입하려고 할 경우 일정 시간 해당 웹 페이지의 콘텐츠를 평가한 후 이를 승인하는 프로세스를 적용하고 있는 것입니다. 이를 식별할 수 있는 것이 바로 도메인이고, 구글이 가장 싫어하는 도메인이 콘텐츠의 품질에 대해 검증되지 않은 신규 구입 도메인입니다.

결국 구글은 특정 웹 페이지 도메인의 생성 날짜나 만료 날짜 등의 다양한 데이터를 활용하여 신규 진입하는 웹 페이지들을 검증하고 있는 것입니다. 그리고 여기서 끝나는 것이 아닙니다. 특허에 도메인으로 검색을 해본다면, 유독 도메인과 관련된 구글의 특허를 많이 발견하실 수 있습니다.

▲ 도메인과 관련된 구글의 다양한 특허들

몇 가지 주요한 특허들을 더 살펴보면 '특정 도메인의 매크로나 로봇 활동을 감지', '교차 도메인 클러스터 가능성 평가'등 서로 다른 데이터 도메인들 사이에서 비슷한 패턴이나 구조를 찾아 그룹화할 수 기술들을 이미 오래전부터 적용하고 있습니다.

도메인과 관련된 특허 중에 유심히 살펴봐야 할 특허가 한 가지 더 있습니다. Domain classification and routing using lexical and semantic processing (특허 번호: US9979748B2)입니다. 해당 특허에 대해 요약하자면 아래의 내용으로 풀이할 수 있습니다.

웹 도메인의 이름 또는 URL을 체크하고 그 안의 언어나 단어들을 분석한 뒤, 만약 악의적으로 보이는 단어나 구문이 발견된다면, 해당 도메인은 악성 도메인으로 표시되어 특정 목록에 추가되거나 차단될 수 있습니다.

구글은 도메인에 포함되어 있는 텍스트를 기반으로 차단하거나 반대로 노출할 수 있는 기술들을 활용하고 있다고 유추할 수 있습니다.

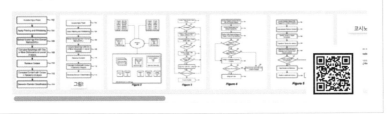

어휘 및 의미론적 처리를 사용한 도메인 분류 및 라우팅

초록

대상 도메인의 어휘 및 의미론적 처리를 기반으로 한 도메인 분류가 제공됩니다. 대상 도메인 이름 또는 URL은 맬웨어와의 잠재적인 연관성을 나타내는 언어를 식별하기 위해 어휘 분석을 거칠 수 있습니다. 긍정적인 식별에 대응하여, 시스템은 도메인 이름을 잠재적으로 악의적인 것으로 식별하거나 추가 분석을 수행할 수 있습니다. 대상 도메인 이름과 관련된 콘텐츠의 의미 분석이 수행될 수 있습니다. 맬웨어와 관련된 콘텐츠에 대한 정보 모음이 제공됩니다. 대상 도메인 이름과 관련된 웹 페이지의 콘텐츠를 분석하고 코퍼스와 비교하여 악성 콘텐츠와의 잠재적 유사성을 식별할 수 있습니다. 대상 도메인 이름의 콘텐츠가 코퍼스의 악성 콘텐츠와 임계 유사성을 충족하는 경우, 도메인 이름은 악성으로 플래그가 지정되어 차단 목록에 추가될 수 있습니다.

이미지 (13)

▲ Domain classification and routing using lexical and semantic processing
(특허번호: US9979748B2)

도메인과 관련된 자료들은 여기서 끝이 아닙니다. 우리는 글로벌 SEO 분석 소프트웨어 중에 SEMrush와 더불어 가장 많은 사용자 수를 확보한 아레프스(Ahrefs)의 통계자료를 참고할 필요가 있습니다.

아래의 통계 자료를 보시면 구글 검색결과 5위 이상에 진입해 있는 페이지의 도메인들은 대부분 750일 이상 된 웹 페이지들입니다. 일반적으로 구글 SEO를 고려하지 않는 경우에는 웹 페이지 생성 시점에 도메인을 구입하기 때문에, 구글 SEO를 새로 시작하실 분들께서 구입 연령이 높은 도메인을 사용해야 하는 이유가 여기에 있습니다.

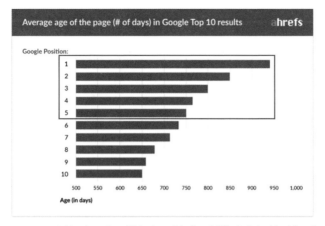

▲ How long does it take to rank in Google?(A study by Ahrefs) – 1

구글 검색 상위 10위 이내의 콘텐츠 중에서 1년 미만의 도메인에 해당하는 경우는 22%에 불과했습니다. 따라서 대부분 2~3년 정도 지난 웹 페이지에서 발행한 콘텐츠가 상위에 노출되고 있으며, 1년 미만의 도메인이 10위 이내에 진입하는 경우는 상대적으로 낮습니다.

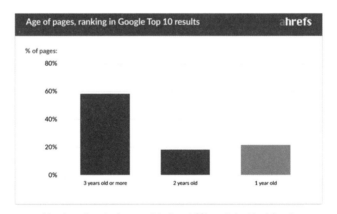

▲ How long does it take to rank in Google?(A study by Ahrefs) – 2

마지막으로 검색 노출 순위별로 1년 미만 도메인의 검색 점유율을 분석해 본 결과, 1위에 노출되어 있는 경우는 1% 불과했고, 10위의 경우도 최대로 잡아 4% 정도이기 때문에 도메인의 나이는 여러 방면으로 검토해 보았을 때 구글 SEO에 반영된다고 유추할 수 있습니다.

　다만, 도메인 나이가 많다는 것은 콘텐츠를 발행할 수 있는 시기가 길었다는 것이기 때문에 해당 자료만으로 도메인의 나이와 구글 SEO의 상관관계를 분석하기가 어려운 부분도 있으나, 특허와 통계들을 포괄적으로 유추해 보았을 때 도메인의 생성 연도는 직/간접적인 관계가 있는 것으로 판단해 볼 수 있습니다.

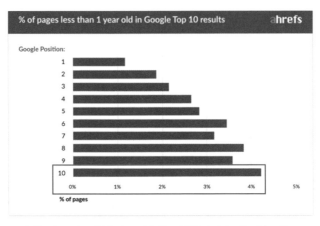

▲ How long does it take to rank in Google?(A study by Ahrefs) - 3

　그렇다면 온라인에 공개된 구글의 도메인과 관련된 다양한 특허들, 그리고 아레프스(Ahrefs)의 통계자료를 포괄적으로 분석해 본다면? 구글이 어떤 도메인을 선호할 것인지 유추해 볼 수 있습니다.

- 구글은 신규 도메인을 경계합니다. 따라서 도메인 생성 연도가 오래되고 도메인 만료일자가 오래 남은 도메인들을 선호합니다. 특히, 1년 이내에 생성된 도메인은 확률적으로 다소 불리한 부분이 있는 것으로 판단됩니다.

- 도메인에 포함되어 있는 특정 텍스트를 기준으로 도메인을 분류하고 식별할 수 있기 때문에 신뢰도 있는 텍스트가 들어있는 도메인을 선호합

니다.

　안타깝게도 저는 위의 2가지 사항에 대해 이해하지 못한 후 SEO를 시작했기 때문에 제가 적용할 수 있는 가장 최선의 방법은 도메인의 만료 일자를 최대한으로 늘려 10년의 비용을 미리 결제하는 것이었습니다. 보통 도메인의 경우 1년당 1만 원 내외의 비용으로 운영되기 때문에 10년을 미리 결제한다고 하더라도 10만 원 남짓한 비용으로 선결제할 수 있기 때문에 바로 도메인 만료 일자를 늘리는 조치를 하였습니다.

　제가 만약 과거로 돌아갈 수 있거나 앞으로 새로운 웹 페이지를 운영하여 SEO를 진행하게 된다면, 저는 신규 도메인을 구입하는 것보다는 기존 도메인을 구입하는 것을 고려할 것입니다. 신규 도메인은 샌드박스 기간의 적용을 받기 때문에 비교적 샌드박스 기간을 일찍 끝낼 수 있는 기존 도메인을 사용하는 것이 훨씬 유리하기 때문입니다.

03

도메인을 활용한 다양한
SEO 전략을 이해하기

구글 SEO를 고려하여 웹 페이지를 제작해야 한다면, 도메인 구입부터 신경을 써야 합니다. 위에서 언급한 바와 같이 신규 도메인을 구입하는 것보다는 기존에 누군가 구입해 놓았기 때문에 도메인의 나이(Age)가 오래된 것이 유리합니다.

따라서 SEO 컨설턴트들은 기존에 트래픽이 발생했지만, 시간이 지나면서 자연적으로 만료된 도메인들을 가장 1순위로 구입합니다. 대표적으로는 자연스럽게 사업을 철수하거나 폐업하면서 만료된 도메인을 구입하는 경우가 있고, 두 번째의 경우에는 특정 기간에만 활발하게 운영되는 '세미나' 혹은 '컨퍼런스'와 같은 행사나 이벤트 도메인이 만료되기까지 기다렸다가 구입하는 경우도 좋은 방법입니다. 특히, 세미나 혹은 컨퍼런스, 행사, 콘서트와 같은 웹 페이지의 도메인들은 과거 꾸준한 트래픽 발생은 물론, 다른 웹 페이지에서 해당 웹 페이지를 URL로 연결했던 일명 '백링크(Back link)'가 남아있는 경우가 있기 때문에 구글 SEO에 상당히 유리합니다.

백링크에 대한 부분은 설명해야 할 부분이 방대하고, 구글 SEO에서도 매우 중요한 부분이기 때문에 다른 장에 상세하게 설명하려고 합니다. 따라서 지금 단계에서 백링크는 다른 웹 페이지에서 나의 웹 페이지를 링크시키는 경우로 간단하게 이해해주시면 될 것 같습니다.

그런데 이런 도메인들은 이름을 통해서 나의 비즈니스의 정체성(Identity)을 어필할 수 없기 때문에 브랜딩 측면에서는 약하다는 단점이 있습니다. 따라서 비즈니스를 새로 시작하시는 상황이라면, 아래의 3가지의 중심으로 도메인을 선정하는 것을 추천 드립니다.

고려 사항	내용	비고
도메인 구입 연도	도메인의 나이(Age)가 얼마나 되었는가?	후이즈와 같은 웹 페이지의 도메인 이력을 검토해보면 구입 연도를 알 수 있음
EMD(Exact Match Domain)	도메인의 이름에 나의 비즈니스와 정확하게 매칭되는 텍스트가 들어 있는 경우	예를 들어, SEO 컨설팅 사업을 한다고 하면? www.seoconsulting.co.kr과 같은 도메인에 해당
PMD(Partial Match Domain)	도메인의 이름에 나의 비즈니스가 부분적으로 포함되어 있는 텍스트가 들어 있는 경우	예를 들어, SEO 컨설팅 사업을 한다고 하면? www.seoconsultingworld.co.kr과 같이 부분적으로 비즈니스와 관련된 키워드가 포함된 도메인에 해당

EMD(Exact Match Domain)와 PMD(Partial Match Domain)은 국내에서는 다소 생소한 개념이지만, 글로벌에서는 이미 많은 SEO 컨설턴트들이 도메인 주소를 활용하여 SEO의 혜택을 얻고 있습니다.

제가 워드프레스를 처음 시작했을 때는 이 부분을 알지 못했지만 결론적으로, 제가 갖고 있는 도메인의 경우에도 PMD(Partial Match Domain) 도메인의 혜택을 보았다고 할 수 있습니다. 저의 도메인(www.marketingmm.co.kr)에는 간접적으로 마케팅이라는 키워드가 포함되었기 때문입니다.

도메인 이름에 특정 키워드가 포함되어 있는 루트 도메인을 구입하기 위해서는 국내는 '가비아' 예약 도메인을 통해 만료된 도메인을 구입할 수 있고, 해외에서는 '고대디'라는 도메인 입찰 사이트를 통해서 구입하실 수 있습니다. 그러나 국내 플랫폼이나 해외 플랫폼 모두 원하는 도메인을 구입할 수 있다는 점에 있어서는 비슷하지만 '가비아' 예약 도메인은 만료 예정인 도메인을 구입하는 형태로 구매가 이루어지고 '고대디'의 경우에는 도메인 경매 및 입찰 방식을 통해 주로 구매가 이루어지고 있어서 구매하는 방식에 있어서는 일부 차이가 있습니다.

▲ 가비아 예약 도메인 구입사이트　　　▲ 고대디 도메인 입찰 사이트

▲ 만료 도메인을 구입할 수 있는 '가비아' 예약 도메인

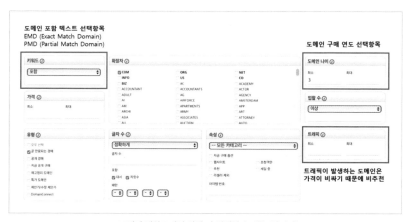

▲ 고대디 입찰도메인 검색 시 선택할 수 있는 필터기능

▲ 고대디 필터기능을 활용한 도메인 검색기능

　　제가 워드프레스를 처음 시작했던 시점으로 돌아간다면, 단언컨대 저는 3년 이상의 도메인 중 저의 사업과 관련이 있는 'marketing' 혹은 'marketing automation' 등의 키워드가 포함된 도메인으로 구입할 것입니다. EMD(Exact Match Domain)의 경우에는 다소 도메인이 비싸기 때문에 부분적으로 원하는 키워드가 포함된 PMD(Partial Match Domain) 도메인의 형태를 고려할 것입니다.

실전 사례로 제가 운영하는 2개의 워드프레스 도메인을 분석해 보겠습니다. 구조를 설명할 수 있는 아래의 이미지를 참고해보시면 도메인과 구글 SEO의 관계를 이해하시는 데 도움이 되실 것 같습니다.

▲ 도메인의 구조요약

마름모연구소 웹 페이지 _ https://marketingmm.co.kr

우선 마름모연구소 강의 사이트를 보자면, marketingmm.co.kr 영역은 루트 도메인에 해당합니다. 그중에서 도메인에 'marketing'이라는 텍스트가 들어가 있기 때문에 구글 SEO 검색 시 마케팅 관련 키워드에서는 소폭 이점을 얻을 수 있었습니다.

허브스팟 솔루션 웹 페이지 _ https://hubspot.marketingmm.co.kr

그리고 허브스팟 솔루션을 세일즈하는 페이지의 경우에는 루트 도메인에는 마찬가지로 'marketing'이라는 키워드가 들어가 있고, 이를 보강하기 위해 도메인 앞에 서브 도메인으로 'hubspot'이라는 텍스트를 추가하여 별도의 웹 페이지를 운영하고 있습니다. 따라서 허브스팟 솔루션 사업을 진행하는 웹 페이지는 루트 도메인에 'marketing' 텍스트와 서브 도메인에 있는 'hubspot'라는 키워드가 추가되어 있어서 두 개의 키워드는 PMD(Partial Match Domain) 도메인의 혜택을 받고 있다고 보실 수 있습니다.

실제로 저는 서브도메인에 'Hubspot'이라는 키워드를 넣는 것만으로도 얼마 지나지 않아 구글에서 한글 '허브스팟' 영문 'Hubspot' 검색 시 검색 노출 화면에서 순위가 상승하는 것을 경험할 수 있었습니다. 도메인에 포함되어 있는 텍스트는 구글에서 공식적으로 인정하지 않지만 SEO 컨설턴트들 사이에서는 SEO에 도움이 되는 요소로 알려져 있습니다.

서브도메인을 설정하는 방법은 개발적인 지식이 필요하기 때문에 간략하게만 설명해 드리겠습니다. 현재 사용하고 있는 호스팅 사의 DNS(Domain Name System) 설정에서 아래의 요소들을 간단하게 수정하여 사용하실 수 있습니다. 개발에 대한 이해도가 적은 비마케터분에게는 다소 어렵게 느껴질 수 있으나, 호스팅이나 개발을 이해하고 있는 분들이라면 간단한 복사 붙여넣기 정도로 해결하실 수 있는 일이기 때문에 큰 부담이 없는 일입니다.

- A 레코드(도메인을 IP 주소로 지정)
- CNAME 레코드(도메인 별칭 지정)

A 레코드는 도메인 또는 서브도메인을 IP 주소에 직접 연결하는 방법이고, CNAME 레코드는 도메인 또는 서브도메인을 다른 도메인에 연결하는 방법이지만, 우리가 SEO를 진행하는 데 있어서 크게 다른 점은 없습니다. 따라서 둘 중 어떤 방법이라도 괜찮으니 편하신 방법으로 진행하시면 됩니다.

실제 사용하고 있는 블로그 포스트 도메인 분석

https://hubspot.marketingmm.co.kr/blog/seo-메타태그/
실제로 제가 발행했던 실제 포스트 도메인을 분석해보자면, 위의 도메인은 총 4개의 이점을 받는 것으로 추측할 수 있습니다.

- **hubspot**: 서브도메인의 이점
- **marketingmm.co.kr**. 루트 도메인에서 PMD(Partial Match Domain)의 이점
- **blog**: 디렉터리 도메인의 이점

- **seo-메타태그**: 문서명의 이점

실제로 해당 문서는 아래의 조합 키워드로 검색 시 비교적 상위에 검색되고 있습니다.

- SEO 메타태그
- 허브스팟 블로그

따라서 도메인명만 잘 활용하는 것이 아니라, 디렉터리명과 문서명을 도메인에 적절하게 활용한다면? SEO에 더 좋은 효과를 보실 수 있습니다. 간혹 문서명의 경우 숫자나 일련번호 및 난수 번호로 자동 발행되는 경우가 있는데, 이는 도메인의 이점을 100% 활용하지 못한 경우라고 보시면 될 것 같습니다.

마지막으로 구글 SEO는 복잡한 알고리즘에 의해서 작동되는 시스템입니다. 따라서 도메인에 특정 키워드를 추가했다고 해서 검색 노출에 100% 반영되는 것은 아니지만 아무래도 노출의 확률이 더 높아진다고 볼 수 있습니다.

'https://' 보안 프로토콜을 사용하지 않는 웹 페이지는 SEO에 페널티가 있습니다.

'https://'는 웹 브라우저 기반의 인터넷 통신을 안전하게 보호하도록 사용되는 프로토콜입니다. 이 프로토콜의 주요 목적은 사용자와 웹 서버 사이의 데이터 전송을 암호화하여 제삼자가 데이터를 해킹하거나 변조할 수 없게 하는 것입니다.

다만 요즘은 대부분의 웹 페이지 도메인에 'https://'이 적용되고, 도리어 https를 적용하지 않은 웹 페이지를 찾는 것이 더 어렵기 때문에 자세한 설명은 생략하겠습니다. 중요한 것은 https를 사용하지 않는 도메인들은 확실히 페널티가 있다는 점입니다.

SEO에 도움되는 도메인 구입을 위한 참고 페이지

보통 도메인을 구입해서 SEO를 시작하는 경우에는 고대디를 많이 사용합니다. 그러나 평소 눈여겨본 한국 도메인이 있다면, '고대디의 WHOIS' 페이지를 통해서 조회하실 수 있습니다. 많은 SEO 컨설턴트들이 만료되는 도메인을 눈여겨보았다가 구입하는 전략을 많이 사용하고 있습니다.

'고대디의 WHOIS' 페이지에서 도메인 만료 날짜를 조회할 수 있고, 'Expireddomains' 웹 페이지에서 만료되는 KR 도메인을 조회 후 구입할 수 있기 때문에, 두 개의 페이지를 참고해 보시면 도움이 되실 수 있습니다.

▲ 고대디의 WHOIS

▲ 만료 도메인 조회 'Expireddomains'

04

[인터뷰] 높은 도메인 지수가
구글 SEO에 주는 영향력은 어떨까?

이번에는 이메일 뉴스레터 서비스 '스티비'에서 마케터로 근무하며 온/오프라인의 전반적인 캠페인을 기획하고 있는 '이루리 님'과 콘텐츠 발행 및 크리에이터 커뮤니티를 운영하는 '한세솔 님'의 인터뷰 내용을 소개해 보도록 하겠습니다. 두 분의 매니저님께서는 온/오프라인의 다양한 마케팅 활동과 '구글 SEO' 캠페인을 병행하면서 얻은 다양한 인사이트를 전달해 주셨습니다.

Q1 현재 '구글 SEO'를 어떤 목적으로 진행하고 있고 어떤 콘텐츠를 제작하고 있는지?

A1 초기 목적은 서비스 신규 가입을 늘리는 것이었습니다. 단순히 고객분들에게 구매 메시지만 전달하면 고객들이 구매하지 않을 것 같아서, 일단 우리 고객들이 많이 검색할 수 있는 키워드를 최대한 선점해야겠다고 생각했습니다. 초기에 콘텐츠를 작성할 때는 너무 길게 고민하지 않고 일단 서비스와 관련된 정보를 계속 발행했고, 성과를 측정한 결과 블로그를 통해서 들어온 사람들의 가입 전환이 높았기 때문에 지금까지 꾸준히 블로그에 콘텐츠를 발행하고 있습니다.

▲ 스티비 블로그

Q2 스티비 블로그에서는 고객들에게 어떤 메시지를 전달하고자 노력하고 있는지?

A2 브랜드를 강하게 언급하는 대신 '좋은 뉴스레터를 만드는 팁'이나 '이메일 마케팅의 효용'을 중심으로 정보성 콘텐츠를 발행하고 있습니다. 그래서 이메일 마케팅이 얼마나 고객과의 관계를 단단하게 만드는 데 유용한지와 같은 정보성 소재들을 중심으로 콘텐츠를 제작하고 있습니다. 저희가 발행하는 뉴스레터 <스요레터>의 코너 중에서 '스요일의 꿀팁'이라는 이메일 마케팅 팁이 있는데, 이때 효과적인 스티비 사용 방법을 덧붙이는 방식으로 고객님들과의 관계를 단단하게 구축하고 있습니다.

▲ 스티비 〈스요레터〉

Q3 스티비 블로그는 도메인 지수(DR, DomainRating)가 매우 높은 75로 집계되는데, 높은 도메인 지수가 구글 SEO에 주는 영향은 어떠한지?

A3 사실, 내부적으로 도메인 지수 같이 구체적인 사항을 염두하고 콘텐츠를 발행하지는 않았습니다. 그런데, 스티비를 사용하는 고객들이 저희 콘텐츠를 링크로서 언급했기 때문에 도메인 지수가 높게 측정되는 것 같습니다. 이러한 이유 때문인지 블로그 포스트를 발행할 때, 키워드 검색 시 1페이지 이내에 대부분의 콘텐츠들이 노출되었던 것 같습니다.

Q4 블로그에 발행하는 콘텐츠를 어떤 방식을 통해 기획하고 있는지?

A4 저희는 정기적으로 나가는 콘텐츠와 비정기적으로 발행되는 콘텐츠가 있습니다. 아무래도 수요일마다 고객한테 보내야 하는 뉴스레터가 있다 보니 매주 1개의 콘텐츠는 발행이 됩니다. 그리고 '쇼핑몰 사업자분들에게 이메일 마케팅 활용성'을 강조하거나, '이메일 마케팅을 통한 브랜딩의 중요성'에 대한 콘텐츠도 발행하고 있는데 이런 콘텐츠들은 비정기적으로 발행하고 있습니다.

Q5 콘텐츠 마케팅을 활용한 구글 SEO의 성과를 체감할 수 있었던 사례가 있는지?

A5 내부의 인프라를 기반으로 서비스 가입 전환이 높은 유입 경로를 확인해 보니 구글 검색인 경우가 가장 많았습니다. 그래서 내부적으로도 구글 검색을 통한 서비스 유입을 늘리기 위해 노력하고 있습니다. SEO를 진행하면서 키워드에 관심을 두다 보니 구글 서치 콘솔을 통해 '뉴스레터 디자인'이라는 키워드의 인기가 많은 것을 확인할 수 있었고, 이후 해당 키워드로 콘텐츠를 만들어 지속적인 유입 효과를 보고 있습니다. 유료 광고의 경우 광고를 중단하면 고객 유입이 떨어지게 되지만, SEO를 잘 고려해 만든 콘텐츠는 지속적으로 노출되고 유입됩니다. 스티비가 이메일 마케팅에 특화된 솔루션이다 보니 관련된 키워드가 적어서 새로운 키워드를 발견하는 데는 어려움이 있습니다. 하지만 이러한 구글 SEO 성과를 경험했기 때문에 계속해서 여러 키워드를 발견하려고 노력하고 있습니다.

Q6 현재 발행했던 콘텐츠 중에서 가장 인기가 좋았던 콘텐츠는 어떤 것이 있는지?

A6 6개월 이내에 저희가 발행한 콘텐츠 중 가장 조회수가 높았던 콘텐츠는 <발행 목적에 따른 뉴스레터 디자인 유형 3가지>였습니다. 아무

래도 브랜드를 강조한 콘텐츠가 아니라 사용 사례나 정보성을 높였기 때문에 좋은 반응을 보였던 것으로 예상됩니다.

▲ 발행 목적에 따른 뉴스레터 디자인 유형 3가지

Q7 구글 SEO를 진행하면서 가장 어려웠던 부분은 어떤 부분이 있는지?

A7 초기 단계에 구글 SEO를 어떻게 시작해야 하는지가 어려웠던 것 같습니다. 그런데 막상 시도해 보면 예상했던 것보다 어렵지는 않으니 구글 SEO를 고려하신다면 주저하지 마시고 우선 시작해 보시는 것을 추천 드립니다.

구글 SEO를 진행할 수 있는 CMS를 선택하는 방법

Search. 🎤 📷

01

구글 SEO는 워드프레스와 그 외 플랫폼으로 귀결된다.

구글 검색 엔진에 웹 페이지가 노출되기 위해서는 CMS(Contents management system)가 반드시 필요합니다. 우선 CMS에 대해 정의를 하자면 콘텐츠를 관리할 수 있는 웹 기반의 플랫폼을 말합니다. 국내 기준으로는 네이버 블로그와 아임웹, 그리고 자체 제작한 웹 페이지까지도 모두 CMS에 해당합니다.

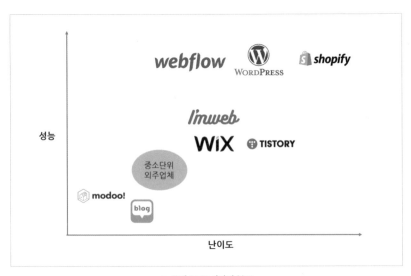

▲ 국내 CMS 시장의 분포

국내의 CMS 시장을 보게 된다면 위의 도표로 표현할 수 있을 것 같습니다. 우선 가장 제작 난도가 낮은 것들이 네이버 블로그와 같은 CMS입니다. 그리고 대부분의 중소기업에서는 자체코딩(Hard Coding)을 통하여 외주를 맡기는 경우가 많습니다. 그리고 국내에 이용자 수가 많은 아임웹과 설치형 블로그로 유명한 티스토리 블로그가 있습니다.

그리고 가장 성능이 좋은 CMS는 웹플로우, 워드프레스, 쇼피파이를 꼽을 수 있을 것 같습니다. 그런데 이는 성능과 제작난이도로 도표를 그렸을 때 해당합니다. 다만, 웹 제작과 SEO 최적화는 별개이기 때문에 우리는 SEO 관점에서는 어떤 CMS가 유리할지 검토를 해봐야 합니다.

CMS	SEO 최적화	비고
네이버 블로그	불가능	PC에서 발행한 페이지는 구글에 색인이 되지 않도록 설정이 되어 있으나, 모바일 페이지의 경우 별도의 우회 방법을 통해서 색인을 시킬 수 있음
직접 코딩	가능	SEO에 장점이 되는 요소들을 모두 자체 개발해야 하므로 비용이 매우 비쌈
아임웹, 티스토리	불가능 (매우 제한적)	구글에 색인은 가능하지만, 별도로 테크니컬 SEO세팅은 매우 제한적임
웹플로우, 쇼피파이	가능	일부 테크니컬 SEO 세팅이 가능하지만, 국내에는 전문가가 적음
워드프레스	가능	다양한 테크니컬 SEO 세팅을 할 수 있기 때문에 최적의 컨디션을 만들 수 있음.

만약 구글 SEO를 고려하여 CMS를 선택하신다면 국내에서는 현실적으로 워드프레스를 제외한 선택지가 없다고 보는 것이 적합할 것입니다. 그러나 아임웹이나 티스토리의 경우는 구글 SEO를 위한 세팅이 어느 정도 되어 있기 때문에 최상의 컨디션을 만들지는 못하지만, 나쁜 선택지는 아닙니다. 다만 하드코딩으로 자체 제작한 웹 페이지들은 구글 SEO에 가점이 될 수 있는 요소들을 모두 자체개발 해야 하기 때문에 비용상승은 물론, 추후 생길 수 있는 기능 업데이트나 에러와 같은 호환성 문제 때문에 SEO 최적화를 시키기가 매우 어렵습니다.

▲ SEO 관점에서 바라본 CMS별 특징

따라서 구글 SEO를 고려하시어 CMS를 선택하신다면, 1순위 워드프레스, 2순위 아임웹, 3순위 자체 개발 정도로 판단해 볼 수 있습니다. 다만 자체 개발의 경우 난이도와 비용문제 때문에 SEO최적화를 제외하고 웹 페이지를 운영하는 경우가 많습니다.

아임웹과 같은 경우에는 나쁘지 않지만 최상의 컨디션으로 운영되는 워드프레스와 비교했을 때, 체감상 성과 차이가 꽤 발생하기 때문에 길게 보신다면 가급적 워드프레스를 사용하시는 것이 좋습니다.

그러나 웹 페이지의 영역과 블로그 포스트가 완전히 통합된 형태의 웹 페이지가 아니라, 매거진의 기능만 별도로 활용하고자 하는 기업이 있다면 다른 선택지도 있습니다. 제가 추천드리는 매거진형 CMS는 '인블로그'와 '고스트' 블로그입니다. 서브도메인을 활용하여 별도로 매거진 페이지를 구축하기 때문에 홈버튼 클릭 시 메인 웹 페이지로 이동해야 한다는 단점이 있지만, 구글 검색 엔진 최적화를 진행하기에 좋은 컨디션을 제공하는 플랫폼이기 때문에 해당 플랫폼들도 고려해 보시는 것도 좋습니다.

▲ 워드프레스의 대안이 될 수 있는 매거진 형태의 플랫폼들

이와 같은 이유로 구글 SEO를 고려한 '통합형 웹 페이지'를 선택하시려면 현실적으로 워드프레스 외에는 대안이 없으며, 윅스(Wix)의 경우 통합 홈페이지 플랫폼으로서, 해외에서 출시된 플랫폼이기 때문에 구글 SEO 생태계에 진입하기 위해 필요한 조건들을 상당부분 갖추고 있습니다. 그러나 워드프레스와 같이 최상의 컨디션을 구축하기 위해서는 커스텀에 제한적인 부분이 있을 수 있으니 참고해 주시기 바랍니다.

02

워드프레스로 구글 SEO를 시작할 때 장점과 단점은?

워드프레스는 구글 SEO를 시작하기 위한 최고의 선택지입니다. 그러나 국내와 같이 웹 페이지를 쉽게 만들 수 있는 국가에서 워드프레스는 다소 번거로울 수 있습니다. 우선 도메인이나 호스팅 등의 기초 작업을 모두 직접 세팅해야 하기 때문입니다. 또, 워드프레스 호스팅은 플러그인 지원이 되어야 하기 때문에 국내의 웹 환경과 다소 차이가 있어서 워드프레스를 안정적으로 지원하는 국내 호스팅 사가 매우 적은 상황입니다. 워드프레스를 지원하는 대표적인 국내 호스팅 사로는 '카페24'가 있지만 해외 호스팅 사에 비해 적은 용량 등의 애로사항이 있기 때문에 오랜 기간 워드프레스를 사용해 온 유저들은 대부분 해외 호스팅 사를 선호하고 있습니다.

문제는 여기서 발생합니다. 국내의 빠르고 신속한 IT 인프라에 적응되었던 유저들에게 워드프레스와 같이 영문으로 되어 있는 해외 사이트에서 호스팅을 직접 결제해서 사용하기에는 진입장벽이 너무 높습니다. 그리고 국내 CMS의 경우에는 템플릿이 워낙 잘되어 있기 때문에 클릭 몇 번 만으로도 근사한 홈페이지를 뚝딱 만들 수 있지만, 워드프레스는 테마 설치 후에도 일부 템플릿 세팅을 수동으로 해야 하므로 국내 환경에 적응되어 있는 이용자에게는 매우 낯설게 느껴질 수 있습니다.

국내 CMS의 경우 템플릿의 완성도가 대부분 상향평준화 되어 있기 때문에 처음 시작하더라도 대부분 높은 수준의 웹 페이지를 쉽게 구현할 수 있지만, 워드프레스는 작업자의 숙련도에 따라 퀄리티 차이가 매우 크게 발생하기 때문에 제대로 웹 페이지를 만들기 위해서는 스스로 긴 시간 학습하거나 외주 제작자에게 제작의뢰해야 하는 상황이 발생합니다. 결국 워드프레스는 모든 세팅을 자율적으로 진행할 수 있는 고사양 CMS이지만, 진입장벽 때문에 워드프레스의 매력을 알고 있는 유저들만 꾸준히 사용하는 형태로 이어오고 있습니다.

최근에 워드프레스에서도 새로운 바람이 생기고 있습니다. 구글 애드센스를 활용한 자동화수익(패시브인컴, Passive income)이 유행하면서, 워드프레스를 활용하여 구글 애드센스 수익에 도전하시는 분들이 많아지는 것입니다. 누구나 쉽게 시작할 수 있을 거라는 마음으로 강의를 듣지만, 진입장벽이 높기 때문에 금방 포기하시는 분들도 많습니다.

하지만 국내에 전문가조차 부족해 외주제작을 맡기기에도 어려웠던 상황에 비하면, 요즘에는 마음만 먹으면 고퀄리티의 유료 강의나, 유튜브 강의도 많이 공개되어 있고, 프리랜서 시장에도 비교적 합리적인 가격으로 워드프레스 웹 페이지를 제작을 해주는 작업자들이 생겼기 때문에 조금만 노력을 들인다면 웹 페이지 구현을 생각보다 쉽게 해결하실 수 있습니다.

저도 맨 처음 독학으로 시도한 워드프레스 제작은 실패하였습니다. 도메인과 호스팅 등의 초기 세팅이 매우 어려웠기 때문입니다. 이후에 2번째 시도를 했을 때는 유료 강의 + 일부 외주제작을 통해서 워드프레스 생태계에 진입하게 되었습니다.

지금은 많은 실수와 시행착오를 거쳐서 워드프레스를 어느정도 다룰 수 있는 정도로 성장하게 되었습니다. 그래서 간단한 웹 작업들은 직접 수정하고, 비교적 난이도가 있는 작업의 경우 전문가에게 일부 제작 의뢰하는 하이브리드(hybrid)방식으로 웹 페이지를 개선해 나가고 있습니다.

워드프레스 웹 페이지의 최대 장점은 제공되는 플러그인이 무척 많다는 점입니다. 블로그, 웹 페이지, 쇼핑몰, 강의사이트(LMS), 그리고 커뮤니티까지 구현이 안되는 부분이 없을 정도입니다. 따라서 초기에 워드프레스로 진입을 하신다면 비즈니스 성장에 따라 매칭되는 더 다양한 요소들을 추가할 수 있다는 것입니다.

03

그 외 플랫폼으로 SEO를 시작할 때 장점과 단점은?

그 외 플랫폼으로 SEO를 시작한다면, 아임웹이나 티스토리의 경우도 고려해 볼 만합니다. 다만 아임웹과 티스토리는 다소 성격이 다릅니다. 아임웹은 국내에서 이용자 수가 많은 CMS입니다. 템플릿도 상당히 다양함과 동시에 디자인 퀄리티가 높고, 호스팅이나 도메인 세팅도 매우 간편하기 때문에 가성비 면에서는 최고라고 볼 수 있습니다. 이런 플랫폼들은 사용자가 별도로 고민을 하지 않을 수 있도록 플랫폼 내에 이미 기본 선택지가 모두 세팅이 되어 있기 때문에 간단한 클릭만으로도 쉽게 시작하실 수 있습니다.

그러나 CMS가 간편하다는 말은 역으로 자율도에 제약이 있다는 말과도 같습니다. 아임웹으로 구글 SEO를 시작할 때는 속도가 높은 호스팅 사를 선택할 수 있는 정도의 기초적인 작업만 진행할 수 있기 때문에, 기술적인 '테크니컬 SEO'를 보강하기에는 매우 제한적입니다. 그러나 저는 최상의 SEO 환경을 구축할 것이 아니라면 '아임웹'도 좋은 선택지라고 생각합니다. 최적화가 안된 워드프레스보다는 두리어 기본형으로 만들어져 있는 아임웹의 성능이 더좋은 경우도 있기 때문에 제대로 관리할 수 있는 상황이 아니라면 아임웹으로 시작하는 것도 합리적인 방법이라고 생각합니다.

티스토리의 경우는 한국판 설치형 블로그라고 생각하시면 될 것 같습니다. 기능 구현 면에서 워드프레스보다는 자유롭지 못하지만, 그럼에도 플러그인과 같은 커스텀 기능을 일부 활용할 수 있기 때문에 자율성 면에서는 아임웹과 같은 CMS에 비해서 커스텀할 수 있는 요소가 있습니다. 워드프레스와 비교했을 때는 아쉬운 부분이 있지만, 티스토리도 차안으로 고려해 볼 만합니다. 실제로 구글 검색 엔진에 노출되어 있는 많은 포스트 중에 티스토리 블로그도 상당수 포함되어 있기 때문에 콘텐츠만 꾸준히 발행할 수 있다면 괜찮은 선택지가 될 수 있습니다.

04

자체 제작 홈페이지를 활용하여 구글 SEO를 진행한다면?

자체 제작한 웹 페이지는 SEO 최적화가 매우 어렵습니다. 웹 페이지에 생성된 URL들을 관리하는 사이트맵 구성과 같은 기본적인 부분들도 수동으로 구축해야 하는 경우가 있기 때문입니다. 게시판이나 포스트 기능들도 오픈소스를 활용하여 구축한 경우가 많기 때문에 웹 페이지 내에서 기능들이 서로 연결되지 않거나 충돌로 인한 버그가 생기는 경우도 있습니다.

그러나 국내 기업들은 자체 제작을 선호하는 경우가 많은 것 같습니다. 자체 제작한 하드코딩은 개발자와 퍼블리셔가 모두 100% 수작업을 진행하기 때문에 고객사가 원하는 부분을 제작자가 모두 반영해 줄 수 있기 때문입니다. 국내 기업문화 특성상 회사의 얼굴에 해당하는 웹 페이지 제작의 경우 중간관리자, 부서장, CEO 등의 다양한 구성원들의 의견을 수렴해야 하기 때문에 해당 업무를 수행해야 하는 실무자 입장에서는 비용이 많이 들더라도 자체 제작을 하는 것이 가장 속 편한 선택지인 것은 부정할 수 없습니다.

다만, 이러한 선택들은 디자인과 퍼블리싱과 같은 외적인 부분만 고려했을 때 이야기입니다. IR이나 대외적인 브랜딩 용도로 사용하는 그룹사의 웹 페이지라면 검색 노출이 잘 안되더라도 크게 문제가 생기지 않지만, 고객상담문의를 받거나 서비스를 팔아야 하는 비즈니스 페이지의 경우에는 꾸준히 고객들을 유입할 수 있는 양질의 방문자를 만드는 것이 가장 중요하기 때문에, 검색 노출이 원활하게 이루어지지 않는 웹 페이지는 결국 상품명이나 서비스명과 같이 브랜드 관련 키워드로 유입되는 상황을 제외하고는 대부분의 마케팅을 유료 광고에 의지해야 하는 상황이 발생합니다. 따라서 당장은 체감할 수 없지만, 장기적으로 꾸준히 투자해야 하는 광고비 등의 매몰 비용을 생각한다면 웹 페이지 제작 시 SEO에 대한 부분들도 고려하고 시작하시는 것이 좋습니다.

자체 제작 홈페이지의 SEO 작업을 양복에 비유하자면?

자체 제작 페이지는 100% 맞춤이고, 아임웹의 경우에는 선호도 높은 제품들이 잘 선별되어 있는 기성품으로 보시면 됩니다. 단, 자체 제작이기 때문에 비싼 것은 제작만에만 국한되는 것이 아니라 기술적인 SEO 최적화 부분에서도 똑같이 적용됩니다. 자체 제작 홈페이지의 경우 SEO 컨설팅 견적을 받아본다면, 아무리 페이지 수가 적더라도 기본 1천만 원부터 수천만 원까지 발생하는 것이 일반적입니다. 따라서 자체 제작 홈페이지의 경우 가격의 부담 때문에 SEO 최적화 없이 콘텐츠를 발행하거나 유료 광고에 의지하는 경우가 훨씬 더 많은 것이 현실입니다.

6개월 동안 이틀에 하나씩 콘텐츠를 발행했어도 구글 검색 노출이 되지 않았던 이유는?

01

구글 SEO를 시작할 때
알아야 하는 3가지 관점

저는 네이버 블로그 중에서 제법 순위권에서 활동했고, 그 당시에 구글 SEO에 대한 의지도 충만했기 때문에 마음먹고 진행하면 금방 성과가 나올 것 같았습니다. 그래서 '강의사이트' 오픈 후 '허브스팟' 세일즈를 위한 웹 페이지를 추가로 만들어 서브도메인(https://hubspot.marketingmm.co.kr)의 형태로 연결했는데, 같은 루트 도메인에 연결이 되었지만, 두 번째로 만든 웹 페이지에도 초기에 일부 콘텐츠 노출이 되지 않는 일명 '샌드박스(Sandbox)' 기간이 적용되어 잘 노출되지 않는 현상이 발생했습니다.

같은 루트 도메인이지만, 서브도메인을 만들기 위해 도메인 DNS에 A 레코드(A Record)나 CNAME을 추가하는 경우에는 초기에 콘텐츠가 노출되지 않는 일명 샌드박스 기간이 똑같이 적용되는 것이었습니다.

이에 따라 초기에 웹 페이지에서 발행한 콘텐츠가 검색 노출되지 않는 샌드박스 기간이 길어지면서 꾸준함과 필력 외에 다른 개선 사항이 있지는 않을까 다양한 부분들을 학습하기 시작했습니다. 결국 구글 SEO를 효과적으로 하기 위해서는 구글이 웹 페이지를 좋아하도록 세팅하는 기술적인 개발 영역에 해당하는 테크니컬 SEO(Technical seo)가 매우 중요하다는 것을 알게 되었고, 꾸준한 콘텐츠 작성 외에도 관련이 있는 내부 콘텐츠들끼리 링크로 연결해 주는 온-페이지SEO(On-page SEO)와 외부 콘텐츠와의 링크를 연결해 주는 오프-페이지 SEO(Off Page SEO) 등의 다양한 부분이 두루 필요하다는 사실을 알게 되었습니다. 그 전까지만 하더라도 양질의 콘텐츠만 꾸준히 발행한다면 구글 SEO를 성공시킬 것으로 생각했지만, 현실은 그렇지 않았습니다.

구글 SEO에 대해 검색해보면 너무 어려운 용어와 설명들이 많습니다. 처음 들어서는 이해가 안되는 '온-페이지 SEO', '오프-페이지 SEO' 등의 너무 전문적인 용어들이 난무합니다. 혹시라도 앞으로 전문적인 SEO 컨설턴트로 활동할 분들이라면 제대로 된 FM이론을 배우는 것도 도움이 될 수 있습니다. 그러나 이제 막 구글 SEO에 입문하시는 분들이라면 어려운 용어보다는 쉬운 개념으로 이해하시면 좋을 거 같아서 간단하게 위의 이미지를 도식화해 보았습니다.

▲ 구글에 나의 콘텐츠가 노출되는 가장 기본원리

구글 SEO는 주전자에 차를 끓여서 잔에 내놓는 과정으로 비유하면 이해가 쉬울 것 같습니다. 우선 차 한잔을 준비하기 위해서는 주전자와 내용물만 있더라도 이를 구현할 수 있습니다. 실제로 구글 SEO도 똑같습니다. 가장 간단하게 차를 준비한다면, 주전자에 내용물을 담아 우려내기만 하더라도 차 한잔을 준비할 수 있습니다. 그러나 어떤 주전자에 내용물을 준비하느냐에 따라서 차의 맛이 달라질 수 있습니다. 끓는점도 달라지고 보이는 것도 달라지기 때문에 주전자는 차를 준비하기 위한 가장 기본적인 역할을 합니다.

이를 구글 SEO에 비유한다면, CMS(Contents management system)는 가장 기본인 주전자에 해당합니다. 주전자가 있어야 콘텐츠를 담을 수 있는 것과 마찬가지입니다. 주전자가 어떤 재질로, 또 어떤 모양으로 생겼느냐에 따라서 차의 전체적인 부분에도 영향을 줄 수 있기 때문에 주전자는 가장 기본이 되면서 가장 중요한 부분이라고 할 수 있습니다.

그러나 주전자가 낡았더라도 내용물만 좋으면 근사한 차 한잔을 만들 수 있습니다. 따라서 콘텐츠는 내용물에 해당합니다. 이렇게 주전자와 내용물만 있다면 당장이라도 차 한잔을 내어올 수 있듯이 우리도 주전자에 해당하는 웹 페이지와 꾸준히 업로드 할 의지만 있다면 언제든지 구글 SEO를 시작하실 수 있습니다.

다만, 누구나 구글 SEO를 시작한다고 해서 모두 좋은 결과를 얻을 수 있는 것은 아닙니다. 더 좋은 성과를 위해서는 주전자의 내용물에 해당하는 콘텐츠의 품질, 그리고 웹 페이지 내에 있는 콘텐츠들을 서로 잘 섞어주는 역할을 하는 내부 링크, 그리고 외부에서 링크를 걸어 줌으로써 내용물이 가열되어 잘 우려지도록 하는 역할을 하는 것이 외부 백링크입니다.

구글 SEO를 효율적으로 하기 위해서는 위에서 언급한 다양한 요소들이 잘 어우러져야 빠르고 좋은 성과를 낼 수 있습니다. 위의 도식화한 이미지를 조금 더 쉽게 설명할 수 있도록 표로 정리해 보았습니다.

구분	도식화	SEO 전략
1	주전자 (테크니컬 SEO)	웹 페이지를 노출이 잘 되도록 웹 페이지 세팅 전략
2	내용물 (콘텐츠 SEO)	구글이 좋아하는 콘텐츠를 제작하는 콘텐츠 전략
3	내부 저어주기 (온페이지 SEO)	내부 콘텐츠들을 유기적으로 연결해주는 내부 링크 전략
4	외부 열가열 (오프페이지 SEO)	외부 콘텐츠를 유기적으로 연결해주는 외부 백링크 전략

제가 5개월 이상 막대한 시간을 쏟았음에도 좋은 성과를 낼 수 없었던 것은, 구조적으로 CMS에 해당하는 워드프레스 웹 페이지가 구글이 좋아하는 형태가 아니었기 때문입니다. 콘텐츠의 품질은 읽는 사람마다 다르겠지만, 웹 페이지는 구글 인공지능이 식별하는 것이기 때문에 구글이 좋아하는 구조로 개선하는 작업이 필요했습니다. 그런데 저는 그 방법을 몰라서 초기에 노출에 제약이 있는 일반적인 샌드박스 기간을 약 5개월가량 겪었습니다. 이때는 웹 페이지에 어떤 문제가 있는지조차도 알 수 없었기 때문에 콘텐츠 발행만 꾸준히 진행했습니다. 아마 이 시기에 테크니컬 SEO를 해결하지 못했다면 저의 웹 페이지는 지금과 같은 극적인 유입을 얻지 못했을 것으로 생각합니다.

테크니컬 SEO가 중요한 이유는 여러 가지가 있습니다. 최근 구글의 SEO 트렌드는 테크니컬 SEO보다 콘텐츠적인 부분들을 더 많이 고려하고 있습니다만, 그렇다고 해서 테크니컬 SEO에 대한 가점을 반영하지 않는 것은 아닙니다. 예전에 비해 테크니컬 SEO에 대한 부분을 조금 덜 반영할 뿐 아직까지도 웹 페이지의 최적화 정도는 구글 검색 노출에 있어서 중요한 요소입니다. SEO 업무 특성상 광고비보다는 시간 투자가 많이 이루어지는 분야이기 때문에 테크니컬 SEO에서 감점이 있다는 것은 앞으로 제작하는 모든 콘텐츠에 저반적으로 감점이 되는 것이기 때문에, 매출에 기여 해야 하는 기업용 웹 페이지를 운영 할 때는 초반에 테크니컬 SEO에 대한 부분부터 해결하고 콘텐츠를 발행하는 것이 좋습니다.

　테크니컬 SEO를 개선한다고 해서 결과가 바로 나오는 것이 아닙니다. 웹 페이지를 최적화 하더라도 최소 약 2~3개월이 지나면서 천천히 콘텐츠 순위가 상승하는 효과가 생기기 때문에 물리적으로 성과를 기다려야 하는 시간도 있습니다. 따라서 테크니컬 SEO를 해결했다는 것은 SEO 최적화 점수에 가점에 있다는 것 외에도 새로운 경쟁사가 구글 SEO에 진입했을 때 물리적인 시간 격차까지 만들 수 있는 것이기 때문에 이를 해결하는 것이 유리합니다. 누구나 테크니컬 SEO를 개선한다고 해도 효과가 반영되는 2~3개월의 시간이 동일하게 발생하기 때문에 진입 시간의 부분에서도 경쟁우위를 확보할 수 있습니다.

02

테크니컬
SEO

결론부터 말씀드리자면 저는 테크니컬 SEO의 효과를 톡톡히 보았습니다. 구글 SEO는 크게 3가지 전문가가 있습니다. 개발자와 퍼블리셔 입장에서 컨설팅하는 '테크니컬 SEO'의 관점, 그리고 콘텐츠 마케팅의 관점에서 접근하는 '콘텐츠 SEO' 마지막으로 백링크와 같은 링크빌딩 전략에서 접근하는 '오프-페이지 SEO'의 관점이 있습니다. 그런데 생각보다 위의 3가지 요소들을 두루 진단할 수 있는 컨설턴트분들이 매우 적습니다. 그 이유는 컨설턴트가 운영하는 웹 페이지를 보면 알 수 있습니다. 테크니컬 SEO를 전문으로 하는데 정작 본인이 운영하는 웹 페이지는 최적화가 안되어 있거나, 백링크를 전문으로 하는데 정작 본인의 웹 페이지는 콘텐츠 마케팅이 아닌 유료 광고만 집행하는 경우도 심심치 않게 발견할 수 있습니다. 테크니컬 SEO는 간단합니다. 우리의 웹 페이지는 구글 입장에서는 숫자와 코드로 이루어진 텍스트에 불과합니다. 구글은 수많은 텍스트로 이루어진 웹 페이지를 식별하여 검색 친화적인 웹 페이지에 가산점을 주는 것이기 때문에 그 로직을 제대로 이해해야 합니다.

Q1 테크니컬 SEO를 가장 직관적으로 해결할 수 있는 방법은?

A1 구글 SEO를 가장 직관적으로 해결할 방법은 구글에서 제공하는

PageSpeed Insights에서 90점 이상의 점수를 획득하는 것입니다. PageSpeed Insights로 제가 운영하는 웹 페이지를 조회했을 때, 대부분의 항목에서 90점 이상의 점수를 획득하고 있습니다.

해당 점수는 같은 날에 측정하더라도 시기나 웹 페이지의 컨디션에 따라 5-10% 내외로 변동이 있을 수 있지만 아래의 점수가 모두 90점 이상으로 측정되어야 구글 노출에 가점이 있습니다.

▲ Google PageSpeed Insights 조회화면

우선 가장 중요한 부분은 구글 <Google PageSpeed Insights>조회 시 대부분 90점 이상의 높은 점수를 취득했을 때, 구글 SEO에서 가점을 얻을 수 있습니다. Google PageSpeed Insights는 구글에서 직접 운영하는 웹 페이지이기 때문에 구글 생태계를 가장 잘 이해하고 있는 페이지로 나름 공신력이 있는 지수라고 보실 수 있습니다.

Google PageSpeed Insights에서 주로 판별하는 것은 아래의 총 6가지 항목으로 성능, 접근성, 권장 사항, 검색 엔진최적화 항목을 평가합니다.

No	측정항목	설명
1	Largest Contentful Paint(LCP)	Largest Contentful Paint(LCP)는 웹 페이지 로딩 성능을 측정하는 지표입니다. 페이지 로드 시작부터 용량이 가장 큰 이미지와 텍스트가 웹 브라우저에 완전히 표시되기까지의 시간을 나타냅니다. LCP는 실제 사용자 경험과 밀접한 관련이 있습니다.
2	First Input Delay(FID)	First Input Delay(FID)는 웹 페이지의 상호작용 반응성을 측정하는 지표입니다. 사용자가 처음으로 상호작용을 하게 되는 '버튼클릭' 실행 시 브라우저가 해당 상호작용에 응답하기 시작할 때까지의 지연시간을 나타냅니다. FID는 실제 사용자 경험의 반응성과 밀접하게 연관되어 있습니다.
3	Cumulative Layout Shift(CLS)	Cumulative Layout Shift(CLS)는 웹 페이지의 시각적 안정성을 측정하는 지표입니다. 페이지 로딩 중 콘텐츠 요소들이 얼마나 자주 혹은 많이 움직이는지를 나타냅니다. 높은 CLS 점수는 원치 않는 레이아웃 변경을 나타내며, 사용자 경험을 저하할 수 있습니다. 동적 콘텐츠 삽입, 이미지 크기 지정 누락 등이 CLS를 증가시킬 수 있습니다.
4	First Contentful Paint(FCP)	First Contentful Paint(FCP)는 웹 페이지 로딩 성능을 측정하는 지표입니다. 페이지 로드 시작부터 브라우저가 첫 번째 콘텐츠 요소에 해당하는 텍스트, 이미지의 로딩 시간을 나타냅니다. FCP는 사용자가 페이지 로딩이 시작됨을 인지하는데 중요한 첫 번째 시점을 나타냅니다. 서버 지연, 리소스 로드 시간 등이 FCP에 영향을 줄 수 있습니다.
5	Interaction to Next Paint(INP)	INP는 전체 페이지에서 일어난 모든 상호작용에 대한 지연을 기록합니다. 가장 많은 상호 작용이 있는 페이지의 경우 가장 높은 값에 가까운 값이 페이지의 INP로 기록됩니다. INP가 높은 경우 지연속도도 높다는 것을 의미하고 반대로 INP가 낮은 경우 페이지가 항상 안정적으로 응답할 수 있다는 것을 의미합니다.
6	Time to First Byte(TTFB)	Time to First Byte(TTFB)는 웹 페이지 응답성을 측정하는 지표입니다. 사용자의 요청을 시작으로 서버가 응답하기까지의 시간을 나타냅니다. TTFB는 서버 지연, 네트워크 문제 및 리소스 준비 상태에 민감하게 반응합니다. 빠른 TTFB는 효과적인 서버 성능과 웹 최적화의 첫걸음을 나타냅니다.

▲ [Google PageSpeed Insights에서 측정하는 6가지 항목들]

구글 페이지 스피드에서 측정하는 방법은 위와 같이 페이지 반응속도
및 안정성과 관련된 6가지 항목에 해당합니다. 우리가 보기에는 각각
다른 웹 페이지이지만 구글이 보기에는 위와 같은 요소를 통하여 웹
페이지를 식별하고 있었던 것입니다.

- **성능(Performance)**

  성능 점수는 웹 페이지의 로딩 속도와 사용자 경험을 측정합니다.
  이 항목에서는 First Contentful Paint, Largest Contentful Paint, Time
  to Interactive와 같은 중요한 성능 지표들을 고려하여 점수를 측정
  합니다. 성능 개선을 위한 구체적인 제안 사항도 제공됩니다. 예를
  들어, 미사용 CSS[*] 제거, 이미지 최적화, 브라우저 캐싱[*] 개선 등의
  개선 사항을 제공받을 수 있습니다.

- **접근성(Accessibility)**

  웹 페이지가 장애를 가진 사용자들에게 얼마나 접근하기 쉬운지
  평가합니다.
  예를 들어, 화면 판독기를 사용하는 시각 장애인이 웹사이트를 쉽
  게 이용할 수 있는지, 대체 텍스트가 이미지에 제대로 제공되었는
  지 등의 다양한 요소들을 식별합니다. 구글은 미국 기업이다 보니
  해당 사항에 대해서는 미국 장애인법(ADA)과 같은 규정의 영향을 받
  지만, 접근성 부분은 그 외에도 편리한 접근성을 만들어 줄 수 있는
  다양한 개선 사항을 점검합니다.

- **권장 사항(Best Practices)**

  웹 페이지에서 공통적으로 적용되는 좋은 웹 개발 관행을 따르고
  있는지 평가하는 부분입니다. HTTPS 사용, 자바스크립트 오류, 브
  라우저 호환성 문제 등을 전반적으로 점검합니다.

---

[*] 문서가 실제로 웹사이트에 표현되는 방법을 정해주는 스타일 시트 언어
[*] 서버 지연을 줄이기 위해 웹 페이지, 이미지, 기타 유형의 웹 멀티미디어 등의 웹 문서들을 임시 저장하기 위한
정보기술

- 검색 엔진 최적화(SEO)

  웹 페이지가 검색 엔진에서 콘텐츠를 효과적으로 발견하고 인덱싱할 수 있게 최적화되어 있는지 평가합니다. 메타 태그의 존재, 적절한 HTML 구조, 페이지의 모바일 친화성 등을 전반적으로 점검합니다.

위의 항목들을 보시면 공통으로 페이지의 반응속도와 관련된 내용들이 많습니다. 페이지 반응속도는 그만큼 구글 검색 노출 최적화에도 중요한 요소가 될 수 있습니다. 저의 웹 페이지에서 테크니컬 SEO를 개선하기 위해 진행했던 작업들은 아래와 같습니다. 웹 페이지내에 아래의 사항을 두루 점검하시면 대부분 테크니컬 SEO에 대한 요소들은 모두 해결 하실 수 있습니다.

특히 아래의 요소 중에서 가장 중요한 부분은 사이트 속도 개선 작업에 해당하는데, 더 자세한 내용들은 '5장의 테크니컬 SEO'에서 자세히 다룰 예정이니 이번 페이지에서는 테크니컬 SEO에 대한 간단한 개념 정도로 학습해 주시면 좋을 것 같습니다.

- **사이트 속도 개선 작업**
    - CDN 서비스(서버 호스팅 분산 서비스)
    - 사용하지 않는 자바스크립트 정리
    - WEBP 형태의 이미지로 변환
    - 레이지 로딩
    - AMP(Accelerated Mobile Pages)
- **사이트맵**
- **인덱싱**
- **보안 프로토콜**(Https://)

Q2 사이트 속도 개선 작업이 이루어지는 원리는?

A2 사이트 속도 개선작업의 경우 가장 1순위로 고려해야 하는 부분은 호스팅 사의 선택과 CDN(Content Delivery Network) 서비스의 지원 여부입니다. 국내에도 다양한 호스팅 사들이 있지만 워드프레스 이용자들의 경우 대부분 해외 호스팅 사를 사용하고 있습니다. 그 이유는 워드프레스에선 국내와 조금 다른 형태의 플러그인을 제공해야 하는 이유도 있고, 두 번째는 CDN 서비스와 같은 부가 기능의 지원 여부가 결정되기 때문입니다.

국내 호스팅 사들의 경우 국내에 서버가 위치하기 때문에 국내의 접속 속도는 대부분 높게 측정됩니다. 다만, 구글 SEO의 경우 전 세계를 대상으로 서비스가 제공되기 때문에 전 세계 어느 곳에서 접속해도 속도가 일정해야 하는데, 이런 면에 있어서는 해외 호스팅 사에게 더 유리합니다. 제가 페이지스피드를 높이기 위해 다양한 방법들을 시도했지만, 생각보다 Google PageSpeed Insights에 영향을 주는 것은 호스팅의 속도보다는 웹 페이지 및 플러그인의 최적화 부분이 더 중요하게 반영 되고 있는 것 같습니다. 실제로 페이지 스피드 개선을 위해 AWS와 같은 고가형 서버를 사용하여 페이지 스피드를 측정해 보기도 했으나 호스팅 사의 변경은 생각보다 많은 영향을 주지 못했습니다.

우선 구글은 네이버와 같이 특정 지역을 기준으로 비즈니스를 하는 기업이 아니라 전 세계를 대상으로 비즈니스를 하고 있습니다. 따라서 국내뿐만이 아니라 전 세계 어느곳에서 접속하더라도 높은 페이지 스피드를 유지하는 것은 구글 검색 엔진이 매우 중요하게 보는 요소입니다. 따라서 구글 SEO를 고려하신다면 전 세계 어느 곳에서 접속해도 페이지 속도가 균등할 수 있도록 서버를 전 세계에 분산하는 작업에 해당하는 CDN(Content Delivery Network)이 필요합니다.

Q3 CDN(Content Delivery Network)이란?

A3 전 세계의 사용자들에게 웹 콘텐츠를 빠르고 안정적으로 전달하기 위해 설계된 서버 네트워크 시스템을 말합니다. 기본 원리는 사용자의 위치에 가장 가까운 서버에서 콘텐츠를 제공함으로써 응답 시간을 줄이고 트래픽을 분산시키는 시스템으로, 웹사이트나 웹 애플리케이션에서 이미지와 같은 멀티미디어 파일을 효과적으로 제공하는데 사용되고 있습니다. CDN의 주요 기능 및 특징은 다음과 같습니다:

- 〈**성능 향상**〉: 사용자가 웹사이트의 콘텐츠에 더 빠르게 접근할 수 있게 합니다.

- 〈**트래픽 분산**〉: 다수의 사용자가 동시에 콘텐츠에 접근할 때 원본 서버의 트래픽 과부하를 줄여줍니다. 일부 서버에 문제가 발생해도 다른 서버가 콘텐츠를 제공할 수 있기 때문에 콘텐츠의 가용성을 높입니다.

- 〈**지역 최적화**〉: 사용자의 위치에 가까운 서버에서 콘텐츠를 제공하므로 콘텐츠 로딩 시간이 줄어들고, 트래픽이 효율적으로 분산되므로 원래의 서버의 트래픽이 분산되는 효과가 있습니다.

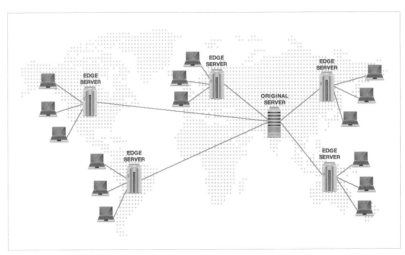

▲ CDN 서비스의 구동 프로세스 요약

자료출처 - https://www.aalphanetsolution.com/blog/what-is-cdn/

위와 같이 웹 페이지 스피드와 CDN은 주로 호스팅 업체의 영향을 많이 받기 때문에 초기 구축 때 위의 요소만 고려하고 웹 페이지를 개선한다고 하더라도 구글 SEO측면의 상당 부분을 개선하실 수 있습니다.

다만, 테크니컬 SEO와 관련해서 초보자에게 이정도 내용 이상을 설명하게 된다면, 난이도가 꽤 높아질 것 같아서 테크니컬 SEO에 대해 상세하게 설명하고 있는 5장에서 부연설명 할 예정이니 참고해 주시기 바랍니다.

03

콘텐츠
SEO

성공적인 구글 SEO를 위해서는 꾸준히 콘텐츠를 발행하는 것이 중요합니다. '우선 양이 곧 질이다'라는 조세프 스탈린의 말을 되새겨볼 필요가 있습니다. 우선 다수의 콘텐츠를 발행함으로써 구글 검색 생태계에 콘텐츠를 노출시킬 수 있는 확률 자체를 높일 수 있습니다. 구글 검색 엔진은 특정 웹 페이지에서 얼마나 콘텐츠를 꾸준히 발행했는지 여부로 웹 페이지의 신뢰도를 판단하기 때문에 양질의 콘텐츠를 꾸준히 발행한 웹 페이지의 경우 전체적인 검색 순위가 높아질 확률이 증가한다고 보실 수 있습니다.

그러나 콘텐츠만 꾸준히 발행한다고 해서 SEO에서 높은 점수를 얻을 수 있는 것은 아닙니다. 콘텐츠 SEO를 제대로 이해하기 위해서는 구글의 검색 생태계와 키워드 기반 마케팅의 핵심을 이해해야 합니다. 콘텐츠 SEO에서 가장 중요한 것은 나의 웹 페이지에서 상위노출이 될 확률이 높은 일명 '황금 키워드'를 찾는 것입니다.

구글 SEO에서 말하는 황금 키워드란? 경쟁은 다른 키워드들에 비해 덜 치열해서 비교적 상단에 노출하기 쉬우면서도 나의 제품과 서비스와 연관성이 높아 상담문의나 구매 전환이 높은 키워드를 말합니다. 한번 노출되면 비교적 오랫동안 노출될 수 있는 키워드를 찾는 것이 가장 중요한데, 이는 학습과 훈련을 통해서 누구나 빠른 시간 안에 습득할 수 있습니다.

키워드 기반의 마케팅에서 중요하게 판단하고 있는 숏테일 키워드(Short-tail Keywords)는 검색량도 많지만, 경쟁도 치열한 키워드를 말합니다. 우리가 일상 생활에서 가장 익숙한 맛집을 예로 들자면 '맛집'과 같은 메인 키워드나 '강남 맛집'과 같이 조회수도 매우 높지만 경쟁도 치열한 키워드를 말합니다.

반면에 롱테일 키워드(Long-tail Keywords)란, 대부분 2~3문단이 조합되어 만들어져 있고, 진행하고 있는 서비스의 핵심을 관통하기 때문에 구매 전환이 매우 높은 키워드들을 말합니다. 예를 들어, '강남 설렁탕 맛집'이나, '강남 주차 맛집' 등 메인 키워드인 '강남 맛집'에 비해서 조회수는 덜하지만 서비스의 핵심을 관통하고 있기 때문에 실질적인 매출 상승의 효과가 높습니다.

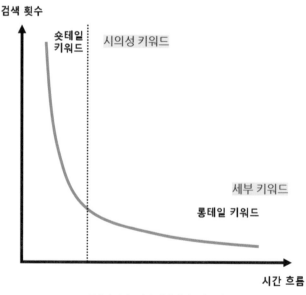

▲ 롱테일 키워드와 숏테일 키워드의 요약

구분	조회수	경쟁	예시) 맛집 키워드	예시) 금속 키워드
숏테일 키워드	많다	높다	강남 맛집	Rivet
롱테일 키워드	적다	보통	강남 설렁탕 맛집	a rivet for clothing
니즈 반영 키워드	매우 적다	적다	강남 주차되는 설렁탕 맛집	a clothing rivet manufacturer

▲ 롱테일 키워드와 숏테일 키워드 예시

초기에 콘텐츠 SEO를 진행할 때는 비교적 경쟁이 덜 치열한 롱테일 키워드를 중심으로 검색 노출(SERP, Search Engine Results Page)의 영역을 조금씩 점거해 나가는 과정이 필요합니다. 제가 10년 넘게 네이버 블로그를 운영했으며 이후 1년 가까이 구글 SEO를 진행해 본 결과, 구글 SEO는 선천적인 감각이 필요한 영역이 아닙니다. 현실적으로 페이스북이나 인스타그램의 경우에는 콘텐츠를 제작하거나 시의성 요소들을 발굴하는 선천적인 감각이 일부 필요합니다. 그리고 유튜브 마케팅의 경우에도 편집이나 콘텐츠적인 감각에 따라 성과가 천차만별로 달라집니다.

그런데 구글 SEO는 성실함과 꾸준함만 있으면 누구나 성과를 얻을 수 있는 분야이기 때문에 다른 마케팅에 비해서 위험 손실이 적은 분야이기도 합니다. 따라서 글쓰기에 대해 훈련이 되지 않았더라도 지금부터 꾸준하게 콘텐츠를 작성하신다면 원하시는 성과를 얻으실 수 있습니다.

Q1 구글 SEO에 도움되는 롱테일 키워드는 어떻게 발굴해야 하는가?

A1 우선 콘텐츠 SEO에서 가장 중요한 부분은 '롱테일 키워드'를 찾는 것이 가장 중요합니다. 이를 SEO 과정에서는 '키워드탐색'이라고 부릅니다. 키워드를 조회할 방법은 대표적으로 구글 트렌드를 많이 사용하고, 누구나 회원가입을 할 수 있는 구글 애즈를 필수로 활용하는 것이 좋습니다.

대략적인 키워드 분석이 필요할 때는 '구글 트랜드'를 통해서 키워드 동향을 분석해보고, 세부적인 키워드를 확정할 때는 '구글애즈'에 있는 키워드 플래너를 사용하여 실제 키워드 검색량을 조회해본 후 알맞은 키워드를 확정하는 것이 좋습니다.

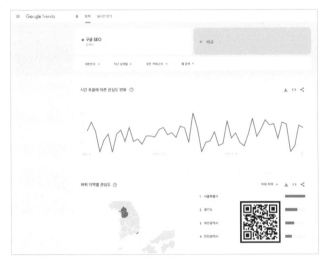

▲ 간단하게 구글 키워드 동향을 체크할 수 있는 구글 트랜드

▲ 세부적인 키워드의 동향이나 추이를 조회할 수 있는 구글애즈 '키워드 플래너'

특히 구글 애즈의 경우 추후 SEO 역량으로 부족한 유입 부분을 일부 유료 광고로 보강할 수 있는 툴이기 때문에 제대로 학습해 놓으면 사용할 일이 많이 있습니다. 구글 SEO의 성과가 유료 광고보다 높은 것은 누구나 알고 있는 사실입니다. 구글 SEO는 광고비는 들지 않지만, 그에 못지않은 인력이 많이 들어가기 때문에 기업의 환경에 따라 득과 실이 달라집니다.

제가 생각하는 가장 좋은 마케팅 방향은 장기적인 관점에서 구글 SEO를 기반으로 진행하되 일부 유료 광고를 병행하여 진행하는 것이 가장 이상적입니다. 이렇게 운영했을 때, 검색 노출되어 있는 콘텐츠와 유료 광고가 병행되면서 고객 유입이 안정화되기 때문입니다.

반대로 유료 광고만 집행하는 기업의 경우에도 전체 유료 광고 비용 중 일부를 콘텐츠 제작을 할 수 있는 '콘텐츠 SEO'에 투자한다면 당장은 극적인 효과를 얻지 못하더라도 매번 클릭하고 소진되었던 유료 광고 중 일부를 SEO를 통한 유입으로 전환하면서 마케팅 성과가 높아지는 효과를 체감하실 수 있습니다.

유료 광고에 비해 구글 SEO를 추천하는 이유는 광고비 소진의 여부와 노출의 지속성 부분 외에 또 한 가지가 있습니다. 실제로 특정 동일한 키워드를 기준으로 검색광고와 콘텐츠 노출의 체류시간을 분석해 본 적이 있습니다. 그 성과는 꽤 큰 차이가 있었습니다. 키워드마다 차이가 있어서 표본 값을 구하기가 어렵지만 유료 광고 유입은 체류시간이 10~30초 내외로 집계되는 반면에 검색 노출로 유입된 유저들의 경우 1분 이상의 체류시간을 달성하는 경우를 여러 차례 발견할 수 있었습니다.

키워드를 분석하는 것은 '구글 트랜드'와 '구글애즈'를 통해서 분석하실 수 있습니다. 그러나 빠르게 구글 SEO의 생태계를 파악하고 싶으시거나 전문적인 SEO 컨설턴트로 활동하시고자 하시는 경우에는 'keywords everywhere'라는 크롬 확장프로그램을 사용해 보시는 것도 좋습니다. 무료로 사용하더라도 일부 인사이트를 얻을 수 있으나 1년 구독 요금이 16.5$ 정도로 약 2만 원 초반의 비용으로 이용하실 수 있기 때문에 유료로 사용해 보는 것도 좋습니다.

▲ 구글 키워드 분석 시 활용하기 좋은 구글 확장프로그램 'keywords everywhere'

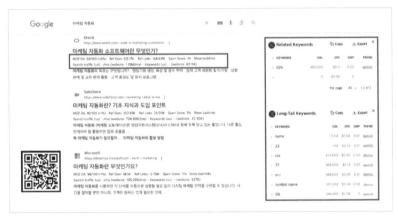

▲ 'keywords everywhere' 적용 후 구글 검색화면

'keywords everywhere' 확장 프로그램을 유료로 결제하신 후 구글에 특정 키워드를 검색해 보시면 키워드의 SEO 난이도(SEO Difficulty), 백링크 난이도(Off-Page Difficulty), 내부 페이지 SEO 난이도(On-Page Difficulty) 등의 다양한 항목들을 원클릭으로 보실 수 있기 때문에 며칠 정도만 사용해 보더라도 구글 검색 생태계에 빠르게 적응할 수 있습니다.

따라서 연간 16.5달러의 이용 요금에 비하면 실보다는 득이 더 크다고 볼 수 있습니다. 기타 SEO 분석 소프트웨어에 비해 매우 저렴한 가격대를 유지하고 있으니 해당 확장 프로그램은 가급적 구입해보시는 것을 추천 드립니다.

04

온페이지 SEO,
오프페이지 SEO

'온페이지 SEO'와 '오프페이지 SEO'는 일부 차이가 있습니다. 온페이지 SEO는 웹 페이지 내에서 SEO최적화를 구현하기 위한 다양한 요소들을 모두 포함하고 있습니다. 다만, 오프페이지 SEO는 외부에서 특정 페이지를 언급하는 백링크 네트워크 구축을 메인으로 진행하고 있습니다.

SEO의 정석 관점에서 위의 2가지 요소를 분류하자면 아래와 같이 요약 할 수 있습니다만, 본 도서의 목적은 이론을 탄탄하게 하기보다는 실무에서 SEO 작업을 손쉽게 할 수 있도록 포커스되어 있기 때문에 가장 효과가 좋았던 부분들만 요약해서 설명 드리도록 하겠습니다.

구분	온페이지 SEO	오프페이지 SEO
정의	웹사이트 내부 요소의 최적화	웹사이트 외부 요소를 통한 최적화
주요 요소	메타 태그, 키워드 언급 횟수, URL 구조, 내부 링크	백링크, 소셜 미디어 활동, 브랜드 PR, 게스트 포스팅
목적	웹 페이지 내 사용자 경험 향상	웹사이트의 신뢰도 및 순위 향상
효과	웹사이트 구조 및 내용개선	외부 활동을 웹 페이지 신뢰도 증가

위에 소개한 '온페이지 SEO'와 '오프페이지 SEO' 요소 중에서 가장 신경 써야 할 부분은 링크 빌딩 전략입니다. 온페이지 SEO에서 같은 홈페이지에 발행되어 있는 페이지와 웹 문서들을 연결할 수 있는 링크들을 잘 만들어 줘야 하고, '오프페이지 SEO'에서 외부 페이지에서 나의 페이지를 링크시킬 수 있는 백링크(Out bound links)를 구축해 주는 것이 필요합니다.

Q1 SEO의 관점에서 보았을 때 가장 이상적인 웹 페이지는?

A1 구글 검색 엔진이 가장 좋아하는 웹 페이지는 디자인이 화려하거나 트래픽이 폭발적인 페이지가 아니라 위키피디아(Wikipedia)와 같은 형태의 페이지입니다. 위키피디아는 누구나 인터넷 사이트에 접속해서 직접 정보를 올릴 수 있으며 기존에 등록된 지식과 정보를 수정·보완할 수 있는 새로운 형식의 백과사전입니다. 영어판 위키피디아에 의하면 현재 약 285개 언어의 위키피디아가 운영되고 있습니다. 위키피디아 웹 페이지는 디자인이나 레이아웃이 화려하지 않습니다. 오로지 소비자들에게 올바른 정보를 제공하는 '가치'에 중점을 두고 있습니다. 가장 큰 특징은 국내 웹 페이지에서는 보기 드문 내부 링크(Internal link)와 외부 링크(External link)를 적극적으로 구현하고 있다는 것입니다.

페이지에 정리되어 있는 정보들과 연관된 정보들을 콘텐츠내에 하이퍼링크로 정리하였기 때문에 누구나 쉽게 링크를 통해 정보에 접근할 수 있습니다. 이렇게 생성되어 있는 링크가 위키피디아 내에 있는 문서와 연결되어 있다면 해당 문서는 구글 기준에서 '내부 링크'에 해당하는 것이고 외부 페이지로 연결된다면 '외부 링크'에 해당하는 것입니다.

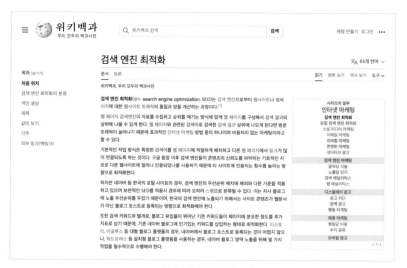

▲ 위키피디아 검색화면 요약

위와 같이 위키피디아의 문서에는 특정 단어와 연관된 페이지를 지속적으로 연결해주는 '내부 링크'와 '외부 링크'가 적용되어 있습니다. 국내에서는 다소 낯선 표현이지만, 특정 단어에 링크를 추가하는 것을 일명 '앵커 텍스트(Anchor text)'라고 합니다. 특히, 구글 검색 엔진은 앵커 텍스트를 기반으로 웹 페이지에 적용되어 있는 일명 '백링크'를 식별하기 때문에 '앵커 텍스트'는 백링크 적용 시에도 매우 중요한 요소입니다. 앵커 텍스트가 없어도 구글은 백링크를 인식할 수 있습니다. 다만, 앵커 텍스트가 없을 때보다는 적용되어 있을 때 URL과 텍스트의 의미를 분명하게 식별할 수 있기 때문에 SEO 최적화 작업을 더욱 효과적으로 진행할 수 있습니다.

앵커 텍스트에 대한 설명은 위키피디아의 내용을 발췌했으니 참고해 보시기 바랍니다.

일반적인 웹 문서에서 특정 텍스트에 하이퍼링크를 적용한 텍스트를 앵커 텍스트(Anchor text)라고 표현합니다.

▲ 앵커 텍스트 소개 – 위키피디아

위키피디아는 누구나 글을 추가하고 작성할 수 있는 구조로 운영이 됩니다. 따라서 웹 페이지 운영 초반에는 위키피디아의 영향력을 SEO 지수에 활용하고자 의도적으로 백링크를 만드는 경우가 빈번했습니다. 그런데 이를 악용하는 문제와 운영상의 문제가 겹쳐 있어서 현재는 위키피디아에서 발행한 외부 링크는 구글 SEO 도움이 되지 않도록 'Noindex' 처리가 되어 있기 때문에 공식적으로는 SEO에 도움이 되지 않습니다. 다만, 사이트에 노출됨으로써 얻을 수 있는 방문자 수를 기대할 수 때문에 위키피디아에 문서 내 웹 페이지가 노출 된다면 많은 이점이 있을 수 있습니다.

Q2 내부 링크를 가장 효과적으로 구축할 수 있는 방법은?

A2 내부 링크와 외부 링크의 수량과 관련해서는 의견이 분분합니다만, 일반적으로 페이지 내에서 적으면 10개 이내, 많으면 20개 내외까지 링크를 추가하는 경우가 있습니다. 이는 숫자로 정해져 있는 영역이 아니라 문맥이나 주제의 연관성에 따라 차이가 있습니다. 그러나 링크의 숫자가 많다고 해서 무조건 콘텐츠가 구글 상단 노출되는 것이 아니라 문맥과의 조화와 그에 알맞은 링크의 수가 중요하기 때문에 적당한 균형을 유지해야 합니다.

저의 경우에는 특별한 경우가 아니면 외부 링크와 내부 링크를 포함하여 총 5개의 이상의 링크는 넣지 않는 편이고, 가급적 내부 링크와 외부 링크의 비중은 5:5를 유지하거나 차이가 있더라도 7:3 이상의 비중은 넘지지 않도록 유지하고 있습니다. 다만, 링크의 수나 비중보다 더 중요한 것은 콘텐츠의 퀄리티와 연관성이기 때문에 이를 정량해서 타이트하게 글을 작성하는 것보다는, 어느정도 유연한 기준을 유지하되 콘텐츠의 품질에 더 신경 쓰는 것이 좋습니다.

글을 추가할 때는 CMS에 설치되어 있는 글쓰기 에디터를 활용하여 특정 텍스트에 링크를 추가하는 하이퍼링크(Hyperlink)의 형태로 URL을 추가하는 것이 일반적입니다. 하지만 앵커 텍스트를 달아줘야 할 콘텐츠들을 늘 기억하고 있기는 현실적으로 어렵습니다. 또, 발행하는 글이 많아지면 이전 글들도 잊는 경우가 많은데, 이런 경우에는 구글에서 지원하는 고급 검색 기능을 활용하시면 좋습니다.

구글에 검색창에 site:marketingmm.co.kr '마케팅 자동화'라고 검색하시면, 해당 웹 페이지 내에 '마케팅 자동화'가 언급된 콘텐츠들을 모두 검색하실 수 있습니다.
해당 기능을 활용하여 웹 페이지 내에 있는 내부 링크를 적용할 수 있으니 내부 링크를 적용하실 때 활용해 보시기 바랍니다.

▲ 웹 페이지내에 특정 텍스트가 포함된 웹 문서를 검색할 수 있는 기능

Q3 외부 링크 구축 시 가장 중요한 '백링크(Back link)'의 작동원리는?

A3 외부 링크 전략 중에서 가장 중요한 역할을 하는 것이 백링크입니다. 사실 외부 링크를 만들 방법은 꽤 많습니다. 소셜 미디어 포스팅을 통해서 외부유입을 늘릴 수도 있고, 온라인 보도자료를 활용하거나, 아니면 특정 커뮤니티나 공개되어 있는 게시판을 활용하는 방법도 있습니다. 가장 쉽게 백링크를 구축할 방법은 다른 웹 페이지에서 나의 웹 페이지를 링크 시켜주는 것입니다. 백링크와 관련해서는 구글에 공개되어 있는 특허를 참고해 볼 필요가 있습니다.

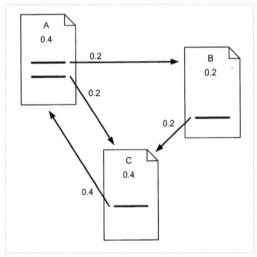

▲ Method for node ranking in a linked database
(구글특허: US6285999B1)

▲ 구글에 등록되어 있는
백링크 관련 특허

위의 특허를 분석해 보면 구글 검색 엔진이 궁극적으로 만들고자 하는 검색알고리즘에 대한 내용들을 참고해 볼 수 있습니다. 구글은 다양한 연산이 지원되는 알고리즘을 기반으로 운영되기 때문에 전 세계에 존재하는 수많은 웹 문서들을 인공지능이 식별하는 시스템으로 운영되고 있습니다. 구글은 특정 키워드를 검색했을 때, 콘텐츠의 신뢰도에 따라 노출되는 순위를 판가름 합니다. 신뢰도 있는 문서를 판가

름하기 위한 조건에 해당하는 것이 바로 백링크(Back link)입니다. 백링크의 구조는 마치 다단계처럼 이루어져 있습니다. 신뢰도 높은 특정 웹 문서에서 특정 웹 페이지를 언급하면 신뢰도 높은 웹 페이지의 영향력이 다른 웹 페이지에 전달됩니다. 어떤 앵커 텍스트로 백링크를 기입했는지, 혹은 어떤 페이지 URL을 백링크로 지정했는지에 따라 성과가 달라집니다.

실제로 백링크를 언급할 때 메인 페이지 URL을 언급했는지, 아니면 특정 블로그 포스트의 세부 URL을 언급했는지에 따라서 영향력이 달라집니다. 그리고 다른 웹 페이지에서 백링크로서 많이 언급되었던 페이지는 구글 검색 상단에 노출될 확률도 높아지게 됩니다. 하이퍼링크(Hyperlink)에 포함되어 있는 앵커 텍스트에 따라서도 노출에 영향을 줄 수 있기 때문에, 구글 검색 노출 최적화를 진행하기 위해서는 웹 문서에 다양한 백링크를 만들어 주는 것이 좋습니다.

백링크를 생성할 수 있는 방법들을 찾아서 대부분 테스트해 본 결과 국내에서 현실적으로 백링크를 구축할 방법은 아래와 같이 7가지로 요약할 수 있을 것 같습니다. 백링크 구축에 대한 부분도 다루어야 할 내용이 많기 때문에 이번장에서는 간단하게 개념과 방법에 대해서만 언급하고 상세한 방법들은 뒤에서 설명하도록 하겠습니다.

방법 1 오가닉 백링크(Organic Backlink)

오가닉 백링크란? 웹 페이지에 발행된 정보들의 가치가 높아서 사람들이 스스로 해당 포스트를 인용하거나 자신의 웹 페이지에 링크 시키는 경우를 말합니다. 글 초반부에서 언급했던 대로 국내에는 사업자와 개인을 포함하여 생성되어 있는 전체 워드프레스 웹 페이지가 5만 개조차도 안되는 실정이고, 꽤 많은 이용자 수를 확보한 네이버 블로그는 구글에 'Noindex' 처리가 되어 있기 때문에 현실적으로 국내에서 자연적으로 백링크를 받을 수 있는 확률은 매우 희박합니다. 이미 시장 내에서 브랜딩이 되어 있는 웹 페이지라면 백링크가 필요 없을 정도로 성장해 있는 상황일 것이기 때문에, 백링크가 가장 필요한 경우는 초기 사업자분에 해당합니다. 그렇기에 이제 막 오픈한 사업자에게 백링크를 언급해 주는 웹 페이지를 만나는 확률은 현실적으로 매우 희박하다고 볼 수 있습니다.

방법 2 　백링크 교환 네트워크를 활용하기

저는 구글 SEO 초창기 실제로 백링크를 교환할 수 있는 기업 마케팅 담당자 모임을 만들어서 운영했습니다. 결과적으로 이렇게 소소하게 시작한 것이 지금은 꽤 많은 분이 참석하는 커뮤니티로 발전되었습니다. 해외에는 백링크를 교환할 수 있는 커뮤니티나 네트워크가 많이 형성되어 있는 반면에, 국내에는 '워드프레스'나 '구글 SEO'에 대한 이해도가 낮아서 이런 네트워크를 찾는 것이 현실적으로 어렵기 때문에 제가 직접 네트워크를 만든 것입니다. 실제로 초기에 비슷한 업종에 근무하면서 '구글 SEO'를 위한 블로그를 운영하시는 분들을 모아 백링크 교환 커뮤니티를 만들었고, 해당 커뮤니티는 상부상조로 운영되었기 때문에 구성원들이 모두 함께 성장할 수 있는 구조로 운영되었습니다.

방법 3 　게스트 포스팅

국내에서 게스트 포스팅은 매우 낯선 구조이지만 해외에서는 꽤 활발하게 이루어지는 분야가 바로 게스트 포스팅입니다. 대표적으로 브런치(https://brunch.co.kr)의 경우가 큰 의미에서는 게스트 포스팅의 구조로 운영된다고 보시면 될 것 같습니다. 브런치는 활동할 수 있는 작가에 대한 검증 절차를 두고 양질의 콘텐츠를 발행할 수 있는 역량이 되는 작가들에게 브런치라는 플랫폼상에서 글을 작성할 수 있도록 권한을 부여하고 있습니다. 워드프레스는 물론이고 CMS의 기능에 따라 글쓰기 권한을 지정할 수 있는 경우가 많이 있기 때문에 해외에는 게스트 포스팅을 활용할 수 있는 웹 페이지가 많이 활성화되어 있습니다. 따라서 게스트 포스팅을 활용하여 특정 포스팅에 나의 웹 페이지를 언급하는 방식으로 백링크를 만들 수 있습니다. 결국 특정 웹 페이지에서 콘텐츠를 발행할 수 있는 에디터 권한을 부여받아 콘텐츠 작성 후 백링크를 만들어 주는 것입니다.

방법 4 소셜 미디어 백링크

소셜 미디어에서 특정 웹 페이지를 언급하는 경우에 SEO 관점에서는 직접적인 연관성이 적습니다. 대부분의 소셜 미디어는 구글에 'nofollow' 처리가 되어있기 때문입니다. 그러나 소셜 미디어에서 한번 이슈가 된다면 콘텐츠 파급력이 높기 때문에 간접적인 영향이 될 수도 있습니다. 소셜 미디어에서 발행한 콘텐츠들이 'nofollow' 처리되어 있기는 하지만 간혹 소셜 포스트가 구글에 색인이 되는 경우도 있기 때문에 간접적으로는 영향이 있을 것으로 추측하는 것이 많은 SEO 컨설턴트들의 중론입니다. 구글 검색 엔진의 알고리즘상 특정 웹 페이지에 다수의 IP가 골고루 접속하는 것 또한 도움이 되기 때문에 긍정적인 이점이 있습니다.

방법 5 커뮤니티 백링크

누구나 게시물을 발행할 수 있는 커뮤니티에서 백링크를 추가하는 것도 매우 큰 도움이 될 수 있습니다. 특히 커뮤니티 백링크의 경우 다른 방법에 비해서는 진입장벽에 낮기 때문에, 국내에서 비교적 쉽게 사용할 수 있는 전략이기도 합니다. 다만 이러한 백링크는 지나치면 독이 됩니다. 운영하지 않는 해킹된 웹 페이지나 커뮤니티에서 발행한 백링크를 의도적으로 숨김 처리하여 백링크를 인위적으로 발행하는 경우가 있는데, 이는 오히려 독이 될 수도 있기 때문에 커뮤니티 백링크를 활용하더라도 연관성이 있는 합리적인 선에서 활용해야 합니다.

방법 6 PBN(Private blog network)을 활용한 백링크

구글 SEO가 절실하거나 전문적인 SEO 컨설턴트로 활동하기를 희망하시는 분들에게 적합한 방법입니다. 다수의 백링크를 만들어 줄 수 있는 자체 블로그 네트워크를 생성하는 방법으로 글로벌에서는 많은 SEO 컨설턴트들이 개인이 보유하고 있는 PBN을 활용하여 백링크를 구축하고 있습니다. PBN을 구축하는 것은 콘텐츠의 퀄리티와 수량을 통제할 수 있기 때문에 매우 강력한 방법이 될 수 있습니다. 다만 구축하는데 난도가 높고 많은 시간을 투자해야 하므로 보통 SEO 스킬이 중급 이상인 분들께서 활용하실 수 있는 방법입니다.

방법7 반드시 하지 말아야 할 인위적인 백링크

실제로 모든 백링크가 SEO에 도움되는 것은 아닙니다. 인위적으로 생성하는 일명 '블랙햇(Black hat) SEO'는 도리어 웹 페이지가 구글 검색화면에서 노출되지 않고 누락되는 치명적인 페널티를 받을 수 있습니다. 따라서 구글 SEO를 진행하면서 반드시 피해야 할 인위적인 백링크는 피하는 것이 좋습니다. 해가 되는 백링크에 대해서는 뒷부분에서 상세하게 다루도록 하겠습니다.

'내부 링크'와 '외부 링크' 빌딩 전략에 대해서는 이번 단락에 설명한 정도의 내용이면 대략적인 개요를 익힐 수 있을 것 같습니다. 이번 글을 통해서 '온페이지 SEO'와 '오프페이지 SEO'에서 가장 중요하게 고려해야 하는 링크 빌딩 전략에 대한 개념을 익히시고 글의 뒷부분에서는 이와 관련된 상세한 내용들에 대해 소개하도록 하겠습니다.

05

초보자를 위한
현실적인 단계별 SEO 전략

이번 글에서는 실전에서 구글 SEO를 시작하기 위한 다양한 실전 노하우들을 소개해 보려고 합니다. 이후에 소개하는 내용들은 가장 최선의 구글 SEO 환경을 구축하기 위한 실전 활용 팁들을 다루었기 때문에 최적의 SEO 환경을 원하신다면 누구에게나 도움이 되는 내용이 될 것입니다.

단, 최선의 환경을 만든다는 것은 많은 시간과 노력이 필요하므로 누구나 이를 100% 구현할 수 있는 것은 아닙니다. 책에서 소개하는 내용들을 100% 구현해야 할 필요성이 없을 수도 있습니다. 따라서 가장 좋은 방법은 현재 상황에서 우선순위를 선정하여 꼭 필요한 개선 사항을 체크하신 후 나에게 맞는 부분을 우선순위에 따라 진행하시는 것이 좋습니다.

또 한 가지 주의할 부분이 있습니다. 구글 SEO 영역은 생각보다 시간이 많이 소요되는 작업입니다. 사소한 사항들을 개선하고 이에 대한 경과를 모니터링하는 과정이 적게 잡아도 1~2개월 이상이 소요됩니다. 이러한 이유 때문에 SEO 컨설팅은 대부분 3개월~6개월 이상의 장시간 캠페인으로 진행하는 경우가 많습니다. 자칫 구글 SEO를 완벽하게 시작하려고 하시게 된다면 시작도 못하는 상황이 생길 수 있기 때문에, 간단한 부분이라도 신속하게 시작하고 이를 개선하는 후속 작업을 병행하는 것이 효과적입니다.

해당 도서는 가장 최선의 SEO 환경을 지향하기 때문에 SEO적으로 가장 높은 성과를 낼 수 있는 '워드프레스' 기반의 실무 가이드를 제공합니다. 현실적으로 현재 워드프레스 기반의 웹 페이지를 운영하시는 경우가 아니라면 책에서 소개한 내용을 적용하는데 일부 제약이 있을 수 있으니 구현 가능한 부분을 먼저 학습하신 후 시작하시는 것이 좋습니다. 꼭 워드프레스가 아닌 웹 페이지를 운영하는 경우라도 다양한 개선 방법이 소개되어 있습니다. 따라서 현재 상황에 알맞은 SEO 전략을 활용해 보시는 것을 추천 드립니다.

아래의 표는 성공적인 구글 SEO를 구현하기 위해서 두루 다루어야 하는 내용들입니다. 내용들을 차근차근 구현하신다면 구글 SEO를 구현하기 위한 최선의 환경을 구축하실 수 있습니다. 본 도서에서 앞으로 다룰 전체적인 내용들을 참고해 보시기 바랍니다.

테크니컬 SEO	콘텐츠 SEO	오프페이지 SEO
주소(도메인)	롱테일 키워드 & 숏테일 키워드	백링크 (Back Link)
사이트속도	메타태그	Organic Backlink
사이트맵	HTML 태그 (H태그, P태그)	Guest post
인덱싱	제목	PBN (Private blog networks)
AMP (Accelerated Mobile Pages)	카피라이팅	블랙햇 (Black hat) SEO
보안 프로토콜 (Https://)	스니펫	301 리디렉션
	스키마 마크업	404 에러
	앵커 텍스트 (Anchor text)	
	내부링크 (온서프 SEO)	

▲ 성공적인 SEO를 위해 고려해야 할 사항들

워드프레스를 구현하시는 분들을 위한 완벽한 조합

워드프레스를 활용하시는 분들이라면 테크니컬 SEO, 콘텐츠 SEO, 오프페이지 SEO를 모두 시도하실 수 있는 좋은 환경이라고 생각합니다. 테크니컬 SEO의 경우에는 웹 페이지를 개선한다고 하더라도 성과가 나오는데 1~2개월 정도가 걸립니다. 그 기간 내에 콘텐츠 SEO와 외부 링크 전략을 병행하신다면, 3개월 이내로 성과를 얻을 수 있는 가장 빠르고 효과적인 전략입니다. 실제로 워드프레스의 경우 구글 SEO에 최적화되어 있기 때문에 기술적으로 다양한 부분들을 쉽게 구현하실 수 있습니다. 워드프레스 웹 페이지를 운영하시는 분들이라면 해당 책에 소개된 내용들을 정주행하면서 개선해 보시면 반드시 성과를 얻으실 수 있습니다.

워드프레스 웹 페이지가 아닌 분들을 위한 선택사항

워드프레스 웹 페이지를 운영하지 않고 자체 개발을 하신 경우, 가장 문제가 되는 부분이 '사이트맵'과 '인덱싱' 부분입니다. 이미지 용량 압축이나 기타 부수적인 내용들도 많이 있지만, SEO를 하면서 발생하는 직결적인 문제들은 새로 발행되는 콘텐츠들을 꾸준히 반영해야 하는 부분과 업데이트된 URL들을 색인 요청하기 위한 '인덱싱' 부분에서 가장 큰 이슈가 됩니다. 그러나 워드프레스가 아니더라도 대표적으로 아임웹과 같은 CMS를 활용하신다면 자동으로 반영되는 사이트맵을 활용하실 수 있습니다. 100% 자체 구축으로 제작한 하드코딩 웹 페이지의 경우에는 '사이트맵'을 중심으로 '색인(인덱싱)'되는 과정을 우선적으로 개선하는 것이 좋습니다.

SEO 작업에서 가장 필요한 부분은? 꾸준한 콘텐츠 발행

SEO 최적화 작업에서 가장 중요한 부분은 또 있습니다. 바로 '지속해서 콘텐츠를 업로드 할 수 있느냐 없느냐'입니다. 구글은 양질의 콘텐츠를 꾸준히 업로드하는 웹 페이지에 대해 높은 신뢰도를 부여하고 있습니다. 따라서 처음 개편한 후 콘텐츠 업데이트가 없는 정적인 홈페이지를 유지한다면 SEO의 측면에서 상당히 불리하게 작용합니다.

우선 웹 페이지 내에서 발행되는 콘텐츠의 양 자체가 부족하면 고객과 접촉할 수 있는 전체 면적 자체가 적은 것과 같습니다. 이는 전체적으로 유입되는 트래픽과도 연관되어 있습니다. 결국 웹 페이지에 발행되는 콘텐츠가 부족하다는 부분은 전체 트래픽 그리고 신뢰도 모두에 영향을 주게 됩니다. 콘텐츠가 업데이트되지 않는 웹 페이지도 일부 SEO 작업을 병행한다면 구글 내에서 검색순위를 높일 수는 있습니다만, 극적인 효과와 지속성장이라는 부분에서 검토해 본다면 꾸준히 콘텐츠를 업로드 하는 웹 페이지가 가장 큰 효과를 얻을수 있기 때문에 현실적으로 얼마나 많은 콘텐츠를 꾸준히 업데이트할 수 있을지 사전에 검토해 보는 것이 좋습니다.

06

작업의 주체를 기준으로 분류하는 SEO의 관점

본 도서에서는 전통적인 의미에서 SEO를 접근하지 않고 최대한 실용적인 방법으로 SEO를 소개하려고 합니다. 그전에 다른 SEO와 관련된 정보들과 혼선 되는 부분이 일부 있을 것 같아 일반적인 SEO용어들과 경계에 대해 간단하게 소개하고 넘어가도록 하겠습니다.

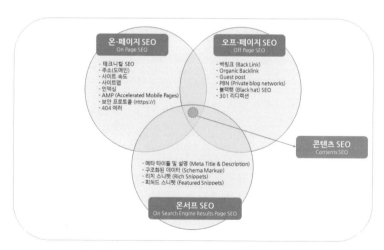

▲ 전통적인 SEO에서 강조하는 4가지 관점(작업의 기준이 되는 주체)

과거 SEO작업은 내가 소유한 웹 페이지에서 진행하는 '온페이지 SEO'와 '콘텐츠 SEO' 그리고 외부 링크 빌딩을 주력으로 한, '오프페이지 SEO', 총 3가지 방면에서 주력하는 경향이 있었습니다.

그런데 요즘은 웹 페이지 내부작업과 외부작업을 진행하더라도 결국 구글 검색결과(Search Engine Results Page)에 어떻게 노출되는지가 매우 중요합니다. 따라서 최근에는 구글 검색결과에 더 다양한 내용을 반영하기 위한 온-서프 SEO(Search Engine Results Page)를 강조하는 방향으로 'SEO 트렌드'가 흘러가고 있습니다. 다만 책의 내용이 너무 이론적으로 흘러가게 된다면 자칫 실무내용이 부실해질 수 있으니, 이론과 실무내용을 적절하게 편독하시는 방향을 추천 드립니다.

작업의 성향으로 분류하는 SEO의 3가지 관점

이론적인 관점에서 구글 SEO를 이해할 수 있는 관점이 3가지 있습니다. 바로 화이트햇 SEO, 블랙햇 SEO, 그레이햇 SEO을 이해하는 것입니다. 구글 SEO를 진행하는 방법은 총 3가지가 있습니다. 여기서 말하는 화이트햇 SEO란? 구글이 선호하는 FM의 방법으로 구글 SEO를 진행하는 것입니다. 다만 FM으로 진행하다 보니 성과가 나올 때까지 매우 많은 시간과 노력이 필요합니다. 반면에 블랙햇의 경우 구글에서 정식으로 광고를 진행할 수 없는 불법과 관련된 서비스에서 활용합니다. 하루만에 인위적인 백링크를 다수 적용하여 검색 엔진을 혼란스럽게 만드는 경우입니다. 이런 경우에도 일시적으로는 구글 검색결과 상단에 노출될 수는 있지만, 곧 불법적인 행위로 간주 되어 운영하는 페이지가 구글에 노출되지 않는 페널티를 받게 됩니다. 마지막으로 그레이햇 SEO 경우는 절절하게 사용했을 때 구글 SEO를 진행하는 데 기폭제가 될 수 있습니다.

그레이햇 SEO는 사실 명확한 기준이 없습니다. 따라서 사업자가 옳고 그름을 스스로 판단해야 하는 부분입니다. 상황에 따라, 콘텐츠의 클릭률을 높이기 위해 감각적인 광고문구를 사용하는 부분도 넓은 범주에서는 그레이햇 SEO 에 포함됩니다. 타이트한 관점에서는 자연스럽게 생성된 오가닉 백링크 외에 는 모두 그레이햇 SEO로 포함되기 때문에 경계가 매우 모호합니다. 아마 구글 입장에서 위키피디아와 같이 꾸밈없이 정보를 제공하는 웹 페이지 외에는 대 부분 그레이햇 SEO로 본다고 해야 할 것 같습니다.

백링크의 경우에도 중요하게 분석해 볼 필요가 있습니다. 전통적인 SEO의 관점에서는 자연적으로 발생되지 않는 모든 백링크를 그레이햇으로 구분하 는 경향이 있는데, 저는 백링크를 '인위적으로 구매했느냐 아니냐'를 기준으 로 판단하는 것보다는 해당 백링크의 품질이 어떤가에 따라서 판단하는 것이 더 적합하다고 생각됩니다. 다만, 아래의 3가지 범주로 분석하게 된다면 정석 적인 FM(Field Manual) 방식을 벗어나는 모든 SEO작업이 그레이햇 SEO에 포함 됩니다.

따라서 저는 마케팅으로 수익을 발생시켜야 하는 비즈니스의 관점에서 완 벽한 화이트햇 SEO를 구현하는 것은 현실적으로 불가능에 가깝다고 생각합니 다. 무조건 FM으로 진행한다고 구글 SEO에 성공할 수 없다는 것을 많은 시행 착오를 통해 경험할 수 있었습니다. 따라서 기준에 맞춘 적당한 그레이햇 SEO 를 진행하는 것이 SEO를 빠르게 성장시킬 수 있는 가장 합리적인 방법이라고 생각합니다.

- **화이트햇 SEO(White Hat SEO)**
  화이트햇 SEO는 검색 엔진의 웹 마스터 지침을 엄격히 준수하는 SEO 전 략을 의미합니다.

- **블랙햇 SEO(Black Hat SEO)**
  블랙햇 SEO는 검색 엔진의 지침을 위반하여 빠르게 순위를 향상하려는 기술이나 전략을 사용하는 방식입니다.

- 그레이햇 SEO(Grey Hat SEO)

그레이햇 SEO는 화이트햇과 블랙햇 SEO 사이의 전략이나 기술을 사용하는 방식입니다.

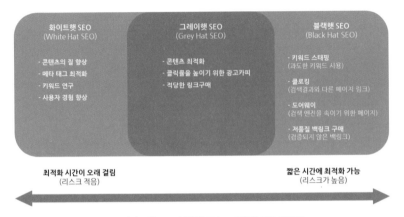

▲ 화이트햇 SEO, 블랙햇 SEO, 그레이햇 SEO의 이해

07

구글에서 페널티를 주는
항목들은 어떤 것이 있을까?

페널티를 부여받을 수 있는 항목들

블랙햇 SEO에 대해 조금 더 깊게 이해하려면, 공식적으로 구글이 싫어하는 행동에 대한 소개가 필요할 것 같아서 내용을 정리했습니다. 아래에 해당하는 내용이 감지 시 구글에서는 웹사이트가 검색결과에 노출되지 않는 페널티를 부여받을 수 있기 때문에 항목들을 한번 검토해 보시는 것이 좋습니다.

- **클로킹**: 클로킹이란, 검색 순위를 조작하고 사용자에게 혼선을 주려는 의도로 사용자와 검색 엔진에 서로 다른 콘텐츠와 링크하는 행위를 의미합니다.

- **도어웨이**: 도어웨이는 특정 검색어에 대해 순위가 높아지도록 인위적으로 만들어진 웹사이트로, 최종 도착 페이지에 도달하면 사람들의 니즈와 다른 특정 사이트로 사용자를 링크시킵니다.

- **해킹된 콘텐츠**

  해킹된 콘텐츠는 사이트의 보안 취약점으로 인해 사이트에 무단으로 설치된 모든 콘텐츠를 의미합니다. 해킹된 콘텐츠는 검색결과의 품질을 떨어뜨리며, 방문자의 컴퓨터에 유해한 콘텐츠를 설치할 수도 있습니다.

- **숨겨진 텍스트 및 링크**

숨겨진 텍스트 또는 링크란? 본문에 키워드와 링크를 숨김 처리했기 때문에 방문자에게는 쉽게 드러나지는 않지만, 검색 엔진에게 영향을 줄 수 있는 다수의 키워드와 링크를 페이지 내에 배치하는 행위를 말합니다.

- **특정 유인 키워드 반복**

특정 유인 키워드 반복은 구글 검색결과에서 순위를 조작하기 위해 웹 페이지에 특정 키워드나 숫자를 반복적으로 기재하는 경우를 말합니다. 이러한 반복 키워드 사용은 구글 검색 엔진에 의해 제약을 받을 수 있습니다.

- **링크 스팸**

구글은 링크를 주요한 요소로 웹 페이지의 관련성을 판단합니다. 구글 검색결과에서 순위를 조작하기 위한 링크는 '링크 스팸'으로 간주될 수 있습니다. 링크 스팸은 외부에서 사이트로 연결되는 링크나, 사이트 내부에서 외부로 연결되는 링크를 조작하는 행위 모두가 포함됩니다.

- **머신 생성 트래픽**

매크로나 IP 우회 방법을 사용하여 인위적으로 발생시킨 트래픽은 사용자에게 최선의 서비스를 제공하는 데 방해됩니다.

- **멀웨어 및 악의적 행위**

구글에서 웹사이트가 사용자 환경에 부정적인 영향을 미치는 멀웨어 또는 원치 않는 소프트웨어를 호스팅하는지 확인합니다.

  - **멀웨어란?**

  컴퓨터, 휴대기기, 실행 중인 소프트웨어 또는 사용자에게 피해를 주기 위해 설계된 소프트웨어 또는 모바일 애플리케이션입니다. 멀웨어는 사용자의 동의 없이 소프트웨어를 설치하거나 바이러스와 같은 유해한 소프트웨어를 설치하는 등 악의적인 방식으로 작동합니다. 간혹 다운로드할 수 있는 파일 일부가 멀웨어로 간주된다는 점을 사이트 소유자가 인지하지 못해 이러한 바이너리 파일이 예기치 않게 호스팅 될 수 있습니다.

- 원치 않는 소프트웨어란?

사용자를 속이거나, 예상할 수 없거나, 사용자의 탐색 및 컴퓨팅 사용
환경에 부정적인 영향을 미치는 활동에 관여하는 실행파일 또는 모바
일 애플리케이션입니다. 홈페이지 또는 기타 브라우저 설정을 원치 않
는 설정으로 전환하는 소프트웨어나 사용자에게 제대로 알리지 않고
비공개 정보 및 개인 정보를 유출하는 앱을 예로 들 수 있습니다.

혼동을 발생시키는 기능

사이트 소유자는 사용자에게 도움이 되는 고품질 콘텐츠와 유용한 기능을
제공하는 웹사이트를 만들어야 합니다. 그러나 일부 사이트 소유자는 실제로
는 액세스할 수 없는 일부 콘텐츠나 서비스에 액세스할 수 있을 것처럼 사용자
를 속이는, 혼동을 야기하는 기능과 서비스가 포함된 사이트를 의도적으로 만
들어 검색 순위를 조작하려고 합니다. 혼동을 야기하는 기능의 예는 다음과 같
습니다.

- 앱 스토어 크레딧을 제공한다고 주장하지만 실제로는 크레딧을 제공하
  지 않는 가짜 생성기가 포함된 사이트
- 특정 기능(예: PDF 병합, 카운트다운 타이머, 온라인 사전 서비스)를 제
  공한다고 주장하지만 그러한 서비스를 제공하지 않으며 의도적으로 사
  용자를 사기성 광고로 유도하는 사이트
- 일부 사이트 소유자는 종종 더 잘 알려진 다른 사이트에서 가져온(스크
  랩한) 콘텐츠를 기반으로 사이트를 구성합니다. 사이트에서 유용한 서
  비스나 콘텐츠를 추가로 제공하지 않는다면 아무리 우수한 출처에서 가
  져왔더라도 스크랩한 콘텐츠는 사용자에게 별다른 도움이 되지 못할 수
  있으며 저작권 침해에 해당할 수도 있습니다. 또한 상당한 수의 유효한
  법적 삭제 요청이 접수되는 경우에는 사이트의 순위가 내려갈 수도 있습
  니다.

부적절한 리디렉션

리디렉션은 초기에 요청된 URL이 아니라, 사용자가 원하지 않는 URL을 방문자에게 제공하는 행위입니다. 부적절한 리디렉션은 사용자와 검색 엔진에 서로 다른 콘텐츠를 표시하거나 사용자의 원래 요구에 맞지 않는 콘텐츠를 표시하기 위해 악의적으로 실행하는 리디렉션을 말합니다. 부적절한 리디렉션의 예는 다음과 같습니다.

- 검색 엔진에 표시되는 콘텐츠와 실제로 링크되는 콘텐츠가 다른 경우
- 데스크톱 사용자에게 정상적인 페이지를 표시하지만, 모바일에서는 PC와 다른 완전히 다른 스팸성 URL로 링크 시키는 경우

부적절한 리디렉션은 일종의 스팸이지만 합법적인 리디렉션의 경우도 있습니다. 합법적인 리디렉션의 예는 다음과 같습니다.

- 기존의 URL 외에 새로운 URL로 웹 페이지를 이전한 경우
- 여러 페이지가 하나의 URL로 통합되어 운영하는 경우
- 사용자 로그인 시 내부 페이지 URL로 연결되는 경우

빈약한 제휴 페이지

제품 제휴 링크가 포함된 페이지로, 제품 설명 및 리뷰가 정보성의 요소 없이 무분별하게 공유되고 있는 페이지를 말합니다. 정보성 가치를 추가하지 않고 단순히 콘텐츠만 배포하는 프로그램은 빈약한 제휴 페이지로 간주될 수도 있으니 주의하시기 바랍니다. 이러한 사이트는 동일한 웹 페이지와 여러 도메인에서 유사한 콘텐츠를 반복적으로 발행하는 웹 페이지인 경우가 많습니다. 구글 검색결과에 이런 결과가 지속해서 발견된다면 빈약한 제휴 페이지로 인식되어 구글 노출이 제한될 수 있으니 주의하시기 바랍니다.

순위 내리기 또는 삭제로 이어질 수 있는 기타 행동

- **법적 삭제**

  특정 사이트와 관련하여 유효한 저작권 삭제 요청이 다수 접수되면 Google은 이를 사용하여 Google 검색결과에서 해당 사이트에 있는 다른 콘텐츠의 순위를 강등할 수 있습니다. 구글은 명예훼손, 위조품 신고, 법원 명령에 따른 삭제 신고 등 다른 신고에도 유사한 강등 신호를 적용합니다.

- **개인 정보 삭제**

  Google에서 금전을 요구하는 사이트를 콘텐츠의 순위에서 강등합니다. Google에서는 기타 사이트에서도 동일한 행동 패턴이 발생하는지 확인하며, 그 경우 해당 사이트의 콘텐츠를 강등시킬 수 있습니다. 다량의 신상 털기 콘텐츠의 경우에도 Google에서 순위 강등 조치를 할 수 있습니다. 또한 동의 없이 공유된 선정적 개인 이미지가 사용자 이름과 관련된 검색어에서 높은 순위에 오르지 않도록 자동 보호 기능을 적용하고 있습니다.

- **정책 회피**

  계속해서 Google 스팸 정책 또는 Google 검색 콘텐츠 정책을 우회하려는 행위를 하면 Google에서 일부 검색 기능의 사용 자격을 제한하거나 삭제하는 등 적절한 조치를 취할 수 있습니다. 정책회피 사례를 소개합니다.
  - Google 정책을 계속 위반할 의도로 여러 사이트를 만들거나 사용하는 경우
  - Google 정책을 위반하려는 의도의 콘텐츠를 계속 배포하거나, 비슷한 의도를 가진 행동을 계속하기 위해 다른 방법을 사용하는 경우

- **사기**

  사기는 주로 사칭 사이트를 통해 다른 회사의 서비스나 명의를 도용하거나, 비즈니스 또는 서비스와 관련되어 있는 잘못된 정보를 의도적으로 표시하는 경우, 그리고 거짓으로 사용자를 사이트로 유인하는 것을 포함합

니다. Google에서는 자동화 시스템을 사용하여 사기성 또는 허위 콘텐츠가 포함된 페이지를 식별하고 이러한 페이지가 Google 검색결과에 표시되지 않도록 합니다. 온라인 사기의 예는 다음과 같습니다.

- 실제로 운영하지 않는 서비스 제공업체의 명의를 도용하여 사용자가 돈을 지불하도록 유도하는 행위
- 실제로 운영하지 않는 서비스의 가짜 '공식 고객지원'을 운영하는 경우

▲ 구글 가이드 위반사례

08

구글의 AI 기반의
스팸 방지 시스템 'SpamBrain'

검색 엔진을 활용하여 콘텐츠를 노출하려는 세력과 이를 막으려는 구글 개발팀의 노력은 구글이 처음 검색 엔진 서비스를 시작한 1998년 9월부터 꾸준히 발생하였던 이슈들이고 앞으로도 지속될 것입니다. 스팸성 콘텐츠에 대한 문제는 구글 창업자인 레리 페이지(Larry Page)와 세르게이 브린(Sergey Brin)이 1996년에 스탠퍼드 대학교에서 박사과정 학생으로 있을 때 개발한 구글의 전신에 해당하는 '백럽(Backrub)'을 출시했을 때도 인지하고 있었을 것입니다.

구글 검색 엔진이 탄생한 지 20여 년이 지난 시간 동안 검색 엔진의 스팸성 콘텐츠를 막기 위한 크고 작은 업데이트들이 꾸준히 업데이트되어 오다가, 2018년에 'SpamBrain'이라는 서비스를 공식 출시하게 되었고 구글은 해당 시스템을 통하여 2020년에 만연했던 해킹에 의한 스팸(70%)과 의미 없는 단어가 포함된 스팸 페이지(75%)를 줄일 수 있었습니다.

그러나 'SpamBrain'은 구글이 운영하는 스팸 방지 시스템 중 일부에 해당합니다. 구글 개발팀에서는 구글 검색 엔진의 신뢰도를 높이기 위해 다양한 시스템을 운영 중에 있고, 그중의 한 가지에 해당하는 시스템이 바로 'SpamBrain'인 것입니다.

 'SpamBrain' 도입 후 가장 많이 개선되고 있는 부분은 스팸성 링크와 유저를 교묘하게 속이고 있는 스팸 사이트들입니다. 해당 페이지들이 SpamBrain에 감지된다면 구글 검색 엔진에 노출이 차단되게 인덱싱 게이트키퍼(indexing kepper)라는 기술이 적용되는 것으로 알려져 있습니다. 그러나 새로운 시스템들이 생겨나더라도 구글 검색 엔진 상단에 노출되는 마케팅적인 이점이 매우 크기 때문에 이러한 시스템들을 교묘하게 우회하기 위한 기술들이 꾸준히 출시되기 때문에 시스템만으로는 이러한 문제들을 100% 방지할 수 없습니다. 다만, 구글 SEO를 효과적으로 진행하기 위해서는 구글 검색 엔진이 업데이트되는 큰 트랜드들에 대해서 관심을 가질 필요가 있습니다.

▲ 구글 스팸 브레인

구글 SEO를 시작하기 위한
기초공사 '테크니컬 SEO'

01

테크니컬 SEO
진단을 위한 **치트키**

테크니컬 SEO에서 가장 중요한 부분은 '진단'과 '피드백'의 영역입니다. '진단'의 영역이란 웹 페이지가 구글에 잘 노출될 수 있는 다양한 개선 사항들을 체크하는 것을 말합니다. 해당 작업의 경우에는 사람이 하는 경우보다 별도의 모니터링 툴을 활용하여 진행하는 경우가 더 많습니다. 왜냐하면 사람은 기억과 감각을 활용하여 업무를 하기 때문에 새롭게 창조해야 하는 기획/개발/디자인의 업무에는 적합할 수 있으나, 테크니컬 SEO 작업의 경우는 공개된 가이드 내에서 개선해야 할 사항들을 체크하여 반영하기 때문에 모니터링 툴을 활용하는 것이 더 효과적입니다.

테크니컬 SEO를 소개하면서 처음 언급했던 '구글 페이지 스피드 인사이트(PageSpeed Insights)'의 경우에는 구글에서 운영하는 공신력 있는 페이지로서 해당 페이지만 참고하더라도 SEO적인 요소들을 상당 부분 개선하실 수 있습니다. 그러나 기술적으로 더 높은 수준의 테크니컬 SEO를 원하신다면, 현재 SEO 부분에 대해 진단을 해줄 수 있는 모니터링 툴 몇 가지를 병행해서 사용해 보시는 것도 좋습니다. 본 페이지에 소개한 툴들은 '구글 페이지 스피드 인사이트'와 함께 사용해 보시는 것을 추천 드립니다.

\<GTmetrix\>

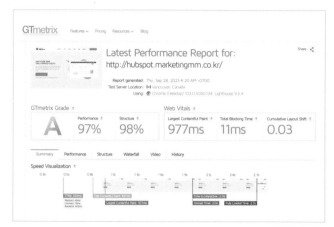

▲ GTmetrix 데이터 분석 화면

웹 페이지 모니터링에 있어서 가장 직관적인 툴은 '구글 페이지 스피드 인사이트'입니다. 다만 가장 핵심적인 지표들만 간결하게 열람되기에 조금 더 개선된 인사이트를 원하신다면 'GTmetrix'를 병행해서 활용하시는 것이 좋습니다.

No	측정 항목	설명
1	FCP(First Contentful Paint)	페이지를 불러오기 시작한 후 어떤 콘텐츠(텍스트, 이미지 등)라도 사용자 화면에 처음 표시되는 시점을 측정합니다.
2	LCP(Largest Contentful Paint)	페이지의 주요 콘텐츠가 사용자 화면에 로드되는 데 걸리는 시간을 측정합니다.
3	TBT(Total Blocking Time)	페이지가 완전히 인터렉티브해지기 전까지의 모든 블로킹 시간을 합한 것입니다. 즉, 메인 스레드가 다른 작업으로 인해 사용자 입력에 응답하지 못하는 총시간입니다.
4	CLS(Cumulative Layout Shift)	페이지 로딩 중 발생하는 레이아웃의 변화 또는 이동을 측정합니다. 낮은 CLS 점수는 페이지의 안정성을 의미합니다.

▲ GTmetrix에서 측정하는 4가지 항목들

'GTmetrix'와 'PageSpeed Insights'에 대한 평가는?

두 개의 툴들은 모두 시장 내에서 꽤 높은 공신력을 갖고 있는 툴들입니다. 측정되는 점수 면에서는 'PageSpeed Insights'의 점수가 조금 더 높게 측정되는 경향이 있습니다. 반면에 'GTmetrix'의 경우 상대적으로 높은 점수를 받기가 어렵습니다. 따라서 어느 정도 초기 문제점을 해결할 때는 'PageSpeed Insights'를 활용하는 경우가 많고 조금 더 디테일한 개선을 진행할 때는 'GTmetrix'를 활용하는 경우가 많습니다. 그리고 글로벌 SEO를 진행하는 경우에도 대부분 'GTmetrix'를 병행하여 사용하는 경우가 많습니다. 'PageSpeed Insights'의 경우에 측정을 진행하는 서버를 선택할 수 없지만 'GTmetrix'에서는 전 세계 다양한 위치의 원하는 서버를 선택할 수 있기 때문입니다.

\<Screaming Frog SEO Spider\>

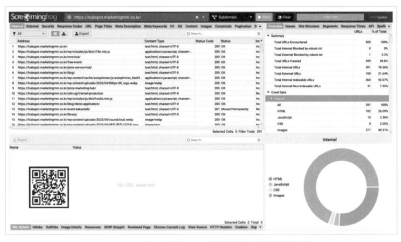

▲ Screaming Frog SEO Spider 웹 페이지 모니터링 화면요약

'Screaming Frog SEO Spider'는 웹사이트를 크롤링하고 SEO 관련 데이터와 인사이트를 분석해 주는 강력한 툴입니다. 해당 소프트웨어를 통해 개선할 수 있는 사항은 굉장히 많지만, 가장 핵심적인 기능은 웹 페이지를 크롤링하여 페이지의 신뢰도를 떨어뜨릴 수 있는 깨진 링크(404에러)를 모니터링하고 페이

지에 누락되어 있는 '페이지 제목'과 '메타 데이터'를 대량으로 분석할 수 있다는 것입니다. 아래의 내용에는 'Screaming Frog SEO Spider'를 개선하여 활용할 수 있는 다양한 항목들에 대해 기재하였습니다.

- **사이트 크롤링**

  웹사이트를 크롤링하여 사이트의 구조와 콘텐츠를 분석하는 기능입니다. 모니터링을 통해 사이트의 URL, 타이틀, 메타 데이터, 내부 및 외부 링크 등의 웹 페이지와 관련된 전반적인 사항들을 체크할 수 있습니다.

- **SEO 오류 발견**

  Screaming Frog는 사이트의 테크니컬 SEO 문제를 찾아내기 위해 다양한 요소들을 체크할 수 있습니다. 예를 들어 깨진 링크(404 에러), 중복 콘텐츠, 누락된 메타 태그 등을 확인할 수 있습니다.

- **콘텐츠 분석**

  모니터링을 통하여 페이지 타이틀, 메타 설명, H1, H2 태그 등의 콘텐츠를 분석할 수 있습니다. 이를 통해 중복되거나 너무 긴 타이틀, 누락된 메타 설명 등을 발견할 수 있습니다.

- **링크 분석**

  Screaming Frog는 사이트의 내부 링크와 외부 링크를 모니터링해서 현재의 링크 빌딩* 현황에 대해 파악할 수 있는 다양한 데이터를 제공합니다. 이를 토대로 링크 빌딩의 다양한 전략을 구현하실 수 있습니다.

---

* 검색 엔진 최적화(SEO)에서 특정 페이지 또는 웹 사이트의 검색 엔진 순위를 올려주기 위한 일련의 작업

<HubSpot Marketing Hub>

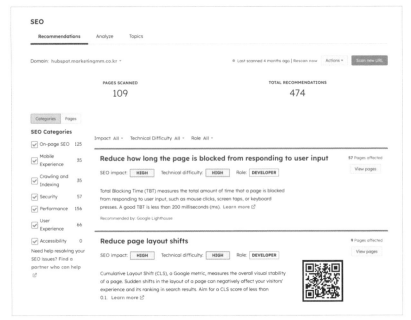

▲ HubSpot Marketing Hub의 SEO 분석 도구 개선화면

허브스팟(HubSpot)은 글로벌에서 높은 인지도를 확보한 CRM 및 마케팅 자동화 소프트웨어로 알려져 있습니다. 허브스팟에서 지향하는 마케팅전략은 콘텐츠에 의해 유입되는 인바운드 마케팅이기 때문에 해당 소프트웨어 내에서도 SEO에 대한 개선 사항을 피드백 받을 수 있습니다. 특히, 허브스팟 내에는 웹 페이지를 생성할 수 있는 'CMS Hub'가 있기 때문에 이를 기반으로 웹 페이지 제작은 물론 다양한 SEO 최적화 작업을 진행하실 수 있습니다.

실제로 다양한 툴들을 병행해서 사용해 본 결과 허브스팟에서 제공하는 SEO 개선 사항은 피드백이 상당히 디테일합니다. 다만 해당 기능은 유료로 제공되는 기능이기 때문에 기존에 허브스팟을 사용하시는 고객분들이 사용해 보시면 도움이 될 것 같습니다.

02

웹 페이지 유입을 극적으로 높일 수 있었던
'테크니컬 SEO' 개선 사항들

구글에 테크니컬 SEO의 개선 효과에 대해 검색해 보면 다양한 자료들을 찾아보실 수 있습니다. 그러나 현실적으로 테크니컬 SEO의 개선 효과를 직관적으로 수치화한다는 것은 매우 어려운 일입니다. 해당 데이터를 정확하게 추산하려면 테크니컬 SEO 개선 사항과 마케팅 성과의 인과관계를 증명해야 하기 때문입니다. 다만, 아래의 다양한 자료들을 참고하여 테크니컬 SEO의 효과를 유추해 볼 수 있으니 참고 해보시기 바랍니다.

- 탄탄한 SEO 기반을 갖고 있는 웹사이트는 오가닉 트래픽(Organic Traffic)이 100% 증가하는 것을 경험하실 수 있습니다. [Search Engine Land]

- 테크니컬 SEO는 전환율을 최대 20%까지 향상하는 데 영향을 줄 수 있습니다. [HubSpot]

- 테크니컬 SEO가 잘되어 있는 웹사이트는 브랜드 인지도를 최대 15%까지 향상시킬 수 있습니다. [BrightEdge]

- 테크니컬 SEO는 웹사이트 웹 페이지 보안을 최대 50%까지 높이는 데 도움을 줍니다. [Sucuri]

- 빠른 로딩 웹사이트는 사용자 경험을 최대 80%까지 향상할 수 있습니다. [Google]
- 테크니컬 SEO는 장애가 있는 사용자가 웹사이트에 더 쉽게 접근할 수 있도록 도와줍니다. [W3C]
- 테크니컬 SEO가 잘 되어 있는 웹사이트는 웹사이트 노출 가능성을 최대 100%까지 향상할 수 있습니다. [Search Engine Journal]
- 테크니컬 SEO는 웹사이트 성능을 최대 200%까지 향상하는 데 도움이 될 수 있습니다. [Pingdom]
- 테크니컬 SEO에 투자하면 웹사이트 유지 보수에 소요되는 시간과 비용을 최대 30%까지 줄일 수 있습니다 [Ahrefs]

실제로 저는 제가 운영하는 웹 페이지의 다양한 부분들을 개선하여 테크니컬 SEO 최적화 작업을 진행하였습니다. 작업 결과 '구글 페이지 스피드 인사이트'에서도 대부분 높은 점수를 획득하고 있으며, 구글 SEO 소프트웨어로 유명한 아레프스(Ahrefs)에서도 비교적 높은 수치를 유지하고 있습니다.

아래의 이미지는 실제로 제가 테크니컬 SEO를 진행했던 실제 사례입니다. 테크니컬 SEO적인 다양한 부분을 개선하여 아레프스(Ahrefs)에서 조회 시 다양한 영역들에 대한 지수를 높였고, 작업 이후로 구글에 콘텐츠가 본격적으로 색인 되어 유입자 수가 많아지는 극적인 효과를 경험할 수 있었습니다. 제 개인적인 체감상 테크니컬 SEO를 적용했을 때와 적용하지 않았을 때의 차이는 약 35% 정도 되는 것 같습니다. 실제로 어떤 부분들을 개선하여 성과를 만들 수 있었는지 자세한 사항들을 소개해 보겠습니다.

▲ 테크니컬 SEO 작업 이전

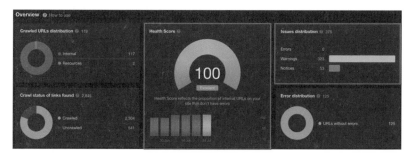

▲ 테크니컬 SEO 작업 이후

03

페이지 스피드를
개선할 수 있는 방법

테크니컬 SEO를 진행할 때 가장 먼저 개선해야 하는 부분은 페이지 스피드를 높이는 것입니다. 페이지 스피드가 매출에 영향을 준다는 것은 다양한 자료를 통해서 증명되고 있습니다. 아래의 내용은 글로벌 호스팅 사인 클라우드플레어(cloudflare)에서 발표한 자료로 전체적인 내용들을 참고해볼만 합니다.

[skilled.co]에 따르면 고객의 47%는 웹 페이지가 2초 이내에 완전히 로드되기를 원합니다. 또한 [skilled.co]에 따르면, AI 헬스케어 소프트웨어 회사인 [mPulse Mobile]에서는 아래와 같이 테스트 결과가 측정되었습니다.

- 2.4초 만에 완전히 로드된 웹 페이지의 전환율은 1.9%였습니다
- 3.3초에서는 전환율이 1.5%로 집계되었습니다.
- 4.2초에서 전환율이 1% 미만으로 집계되었습니다.
- 5.7초 이상에서 전환율은 0.6%로 집계되었습니다.

즉, 로딩 시간이 길어질수록 웹 페이지내에서 전환율이 낮아지는 추이를 보이는 것입니다.

다른 회사들도 비슷한 결과가 나왔습니다.

- [Walmart]에서는 페이지 로드 시간이 1초 개선될 때마다 전환이 2% 증가한다는 사실을 발견했습니다.
- [COOK]에서는 페이지 로드 시간을 0.85초 줄여 전환율을 7% 높였습니다
- [Mobify]에서는 홈페이지 로드 시간이 100ms 개선될 때마다 전환율이 1.11% 증가한다는 사실을 발견했습니다.

그 외에도 페이지 속도와 매출과의 관계를 분석한 자료는 너무나도 많습니다. 페이지스피드는 고객 경험에 직접적으로 영향을 주기 때문에 매출이나 전환율로 이어지고 있습니다. 그 외에도 페이지스피드가 낮은 웹 페이지는 SEO 방면에서도 페널티가 있기 때문에 구글 검색 순위에도 영향을 주게 됩니다. 이렇게 웹 페이지의 반응속도는 직, 간접적으로 매출에 다양한 영향을 주고 있습니다.

페이지 스피드를 높일 수 있는 방법은 여러 가지가 있습니다. 가장 먼저 고려해야 하는 부분은 본질적으로 호스팅 사와 CDN(Content Delivery Network)과 같은 부가서비스를 활용하는 방법입니다.

04

CDN 서비스
(서버 호스팅 분산 서비스)

우선 호스팅의 선택에 대해 설명하자면 국내의 많은 워드프레스 유저분들은 카페24 호스팅으로 시작해서 해외 호스팅으로 이동하는 경우가 많습니다. 카페24의 경우 워드프레스를 지원하고 국내에서 서비스를 제공하기 때문에 접근성 면에서 부담 없이 시작하실 수 있는 선택지입니다. 그러나 조금 더 워드프레스 생태계에 익숙해지게 되면 연결할 수 있는 웹 페이지 제한이나 제공되는 용량 면에서 가성비가 높은 해외 호스팅을 발견할 수 있습니다. 가성비 중에서 주목할 만한 부분이 바로 CDN(Content Delivery Network)입니다. 국내 호스팅 사의 경우에도 CDN 서비스를 제공하는 경우가 있지만 해외 호스팅 사에 비해 적용 난도가 높고, 워드프레스와 호환성 문제가 생기는 경우가 있기 때문에 오래된 워드프레스 유저들은 해외 호스팅을 더 선호하고 있습니다. 워드프레스 호스팅의 경우 영어라는 부분 때문에 초기에 거부감이 다소 있지만, 막상 사용해 본다면 해외 호스팅 사를 사용하는 것이 훨씬 더 편리하다는 것을 이해할 수 있습니다.

워드프레스에서 CDN 서비스를 적용할 수 있는 방법은 크게 2가지가 있습니다. 호스팅 사에서 바로 CDN 서비스를 적용하는 방법과 워드프레스 플러그인을 활용하는 방법입니다. 두 가지 방법 모두 유료와 무료 옵션을 선택하실 수 있으니, 상황에 맞게 적용하시면 될 것 같습니다.

업체명	난이도	특징	비고
Cloudflare	하	워드프레스가 지원되는 해외 호스팅으로 별도의 CDN 서비스를 제공하고 있음	다른 호스팅을 사용하더라도 CDN 서비스만 이용할 수 있음(무료/유료)
Cloudways	하	국내에 많은 이용자 수를 확보한 해외 호스팅 사	CloudwaysCDN 워드프레스 구축 시 옵션 선택을 통하여 간단하게 적용할 수 있음(유료)
카페24	중	국내에서 워드프레스를 지원하는 호스팅 사	CDN 서비스를 제공하고 있지만 세팅의 진입장벽이 있는 편(유료)
구글 클라우드 CDN	중상	IT와 서버에 대해 이해가 있는 분들이 활용하고 있음	구글에서 지원하는 클라우드 호스팅이지만 서버 세팅 등의 다양한 작업을 수동으로 해야 하므로 어느 정도 개발 지식이 필요한 선택 사항(유료)

▲ 호스팅을 활용한 CDN 적용 시 참고 업체

업체명	난이도	특징	비고
Jetpack image CDN	하	설치와 설정이 매우 편리하고 코딩이나 복잡한 구성 없이 플러그인 설치만으로 CDN 서비스를 적용할 수 있음	별다른 진입장벽 없이 무료로 사용할 수 있는 플러그인이라 인기가 매우 높음
WP Rocket	하	워드프레스 이용자들이 꽤 오랫동안 안정적으로 사용해 왔던 플러그인이기 때문에 안정성이 매우 높음	설치와 세팅이 매우 간편하기 때문에 설치와 동시에 편리하게 사용할 수 있음(월 7.99달러)

▲ 플러그인을 활용한 CDN 적용

워드프레스에 CDN을 적용할 수 있는 방법은 다양합니다. 개인적으로 저는 여러개의 워드프레스를 운영하기 때문에 호스팅 사 또한 여러 개를 비교해 가며 사용하고 있고, CDN 서비스의 경우 Cloudways를 활용하여 적용하고 있습니다. 다만 SEO 전문가들은 한 개의 호스팅과 CDN 서비스를 선택했다고 해서 꾸준히 사용하는 것이 아니라 시기별로 다양한 테스트를 통해 주기적으로 변경과 개선을 하고 있습니다. 만약 일반인 정도의 수준이 아니라 최상의 SEO 환경을 구축하고 싶으시다면 다양한 서비스를 비교해 보신 후 사용해 보시는 것을 추천 드립니다.

05

WEBP 형태의 이미지로 변환

2022년 6월 28일 화요일, 구글은 대규모의 업데이트를 진행했습니다. 이른바 Googlebot이 수집할 수 있는 웹 문서 용량에 대해 15MB 한도 제한을 적용하는 업데이트였습니다. 1년이 지난 업데이트이지만 해당 업데이트는 구글 SEO를 진행하시는 분들에게 많은 영향을 주었습니다. 업데이트 내용을 살펴보자면 아래와 같습니다.

〈지난 며칠 동안 Googlebot 관련 문서 최신 업데이트에 관한 질문을 많이 받았습니다. 다시 말하자면, Googlebot은 특정 파일 형식을 가져올 때 처음 15MB만 식별하고 수집합니다. 이 한도는 Googlebot이 초기 요청을 통해 수신한 바이트(콘텐츠)에만 적용됩니다〉

▲ Google 검색 센터 블로그 – Googlebot과 15MB 한도(2022년 6월 28일 화요일)

어쩌면 구글 검색 엔진이 특정 용량 이상의 웹 문서를 수집하지 않는 것은 자연스러운 것일 수도 있습니다. 〈Internetlivestats〉의 리서치 결과에 따르면 전 세계에 있는 웹 페이지의 수는 약 15억 개가 넘습니다. 전 세계적으로 가장 많이 활용되는 검색 엔진이 구글이라는 점을 고려했을 때, 이 웹 페이지들 중에서 상당 부분이 구글에 검색 될 것으로 생각합니다. 즉, 웹 페이지 수량이 많아지는 만큼 구글은 데이터 처리에 막대한 비용을 투자해야 하는 상황입니다.

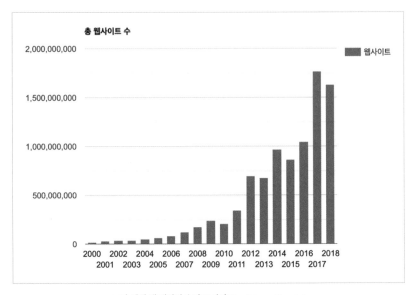

▲ 전 세계 웹 페이지 수량 조사자료 – internetlivestats

전 세계의 웹 문서가 많아지면 많아질수록, 구글은 수많은 웹 문서들을 분석하고 식별하는 작업에 막대한 서버 리소스가 들어갑니다. 따라서 구글은 수십 년간의 꾸준한 업데이트 통하여 가장 적은 리소스 투자로 가장 많은 문서를 식별할 방법들을 개선해 나가고 있습니다. 그 대표적인 예시가 압축이 잘되어 가볍게 만들어진 웹 페이지일 것입니다.

지구상에서 가장 많이 활용하는 HTML(Hyper Text Markup Language)은 대부분 〈UTF-8〉이라고 하는 인코딩 방식을 사용합니다. UTF-8이란? 'Unicode Transformation Format - 8-bit'의 약자로, 문자나 기호를 컴퓨터에서 사용하고 인식할 수 있는 바이트 코드로 변환하는 문자 인코딩 방식 중 하나입니다.

해당 언어로 실제 코딩을 한다고 가정했을 때, 문자가 차지하는 용량은 생각보다 크지 않습니다. 한글, 중국어, 일본어 등 문자는 1개당 3바이트로 인식하기 때문에 1,000개의 한글 문자는 약 3,000바이트(3KB)의 용량을 차지하게 됩니다. 1MB(메가바이트) = 1,024KB로 변환되기 때문에 한글 1,000글자에 해당하는 3KB의 용량은 1MB의 약 0.293%에 해당할 만큼 매우 작은 용량입니다. 따라서 웹 페이지의 전체 용량 중에서 텍스트(문자)가 차지하는 비중은 그렇게 높지 않습니다.

그렇다면 웹 페이지의 용량 중 대부분을 차지하고 있는 것은 무엇일까요? 바로 사진과 같은 멀티미디어 콘텐츠입니다. 웹 페이지의 용량을 최적화할 때 가장 중요한 부분이 바로 이미지 최적화 부분이라고 볼 수 있습니다.

이미지 압축에 대한 부분은 IT 기술의 진보와 함께 발전되어 왔습니다. Bmp 확장자로 시작되었던 이미지 압축 기술이 꾸준히 발전하여 현재 가장 높은 이미지 압축 형식의 웹피(WebP) 이미지 파일이 되었습니다. 또한 해당 기술은 구글에서 개발한 기술이라 구글이 사용을 적극 독려하는 파일 형식이기도 합니다.

확장자	이름	출시년도	특징	압축률
.bmp	BMP (Bitmap)	1982	원본 이미지의 품질을 그대로 유지하나 파일 크기가 크다. 주로 Windows 시스템에서 사용된다.	비압축
.tiff	TIFF (Tagged Image File Format)	1986	고해상도 이미지 저장에 적합하며, 주로 인쇄 및 출판에 사용된다.	중
.gif	GIF (Graphics Interchange Format)	1987	손실 없는 압축, 256색 제한. 움직이는 이미지 (애니메이션) 생성 가능.	중

.jpg	JPEG (Joint Photographic Experts Group)	1992	주로 사진에 사용되며, 손실 압축 방식을 사용. 색상의 부드러운 변화를 잘 표현한다.	중
.ico	ICO	1995	웹사이트의 파비콘(favicon)으로 사용되는 아이콘 파일 형식.	중상
.png	PNG (Portable Network Graphics)	1996	손실 없는 압축 방식을 사용하며 투명도 지원. 웹과 그래픽 디자인에 널리 사용된다.	매우 높음
.jp2, .j2k	JPEG2000	2000	손실 및 손실 없는 압축을 지원. 더 나은 압축 성능과 품질을 제공한다.	매우 높음
.svg	SVG (Scalable Vector Graphics)	2001	벡터 기반 이미지 포맷. 확대/축소 시 품질 손실이 없다. 웹에서 아이콘 등으로 자주 사용된다.	매우 높음
.jxr	JPEG XR	2009	확장 범위 및 비트 깊이에서의 높은 압축률, 손실 및 손실 없는 압축을 지원.	매우 높음
.webp	WebP	2010	Google에서 개발한 이미지 포맷. 압축률이 뛰어나며, 웹 최적화에 적합하다.	매우 높음

▲ 이미지 압축파일의 변화

WebP라는 이미지 압축 기술은 구글에서 처음부터 웹에서의 이미지 최적화를 목적으로 설계되었습니다. 구글이 해당 기술을 개발한 이유는 간단합니다. 압축된 이미지 파일을 적극 활용하여 검색 엔진의 성능을 높이고 데이터와 서버 사용을 줄이기 위한 목적이 가장 클 것입니다.

웹 페이지에 올리는 이미지들은 구글이 좋아하는 웹피(WebP) 이미지로 변환해서 올리는 것이 좋습니다. 과거에는 웹피 형식의 이미지가 아이폰이나 일부 디바이스에서 호환이 안 되는 경우가 있어서 사용률이 다소 부진했으나, 현재에는 대부분의 환경에서 모두 재생이 되기 때문에 사용률도 급격히 늘어나는 추이입니다.

▲ 웹피 이미지 무료 변환사이트

웹 페이지에 업로드하는 콘텐츠의 수량과 빈도가 높아지면 매번 수작업으로 이미지 압축할 수 없는 일입니다. 따라서 워드프레스를 활용하시는 분들이라면 간단하게 플러그인 설치만으로도 웹 페이지에 업로드 하는 이미지를 자동으로 압축할 수 있습니다.

▲ 이미지 압축 플러그인 'Imagify'
https://wordpress.org/plugins/imagify/

▲ 이미지 압축 플러그인 'EWWW Image Optimizer'
https://ko.wordpress.org/plugins/ewww-image-optimizer/

ShortPixel Image Optimizer – Optimize Images, Convert WebP & AVIF

지금 설치

더 많은 상세

Optimize images & PDFs smartly. Create and compress next-gen WebP and AVIF formats. Smart crop and resize.

작성자 *ShortPixel - Convert WebP/AVIF & Optimize Images*

★★★★½ (724)

300,000+ 활성 설치

최근 업데이트: 7일 전

✔ 사용중인 워드프레스 버전과 호환됨

▲ 이미지 압축 플러그인 'Shortpixel'
https://wordpress.org/plugins/shortpixel-image-optimiser/

위에 소개한 플러그인 3개는 웹피 이미지 변환을 위해 많이 사용하는 플러그인들입니다. 세부적인 기능이나 가격 차이는 있지만, 성능 면에서는 그동안의 이용자 수가 꽤 많은 만큼 어느 정도 검증된 플러그인이기 때문에 상황에 맞게 선택하여 사용해 보시면 좋습니다. 참고로 워드프레스 플러그인의 경우 선택지를 최소 2개 이상 확보하는 것이 좋습니다. 다수의 플러그인 사용 시 충돌로 인한 문제가 생길 수 있기 때문에 상황에 맞게 적절하게 선택해서 사용하는 것이 좋습니다.

만약 워드프레스가 아닌 웹 페이지의 경우에는 어떻게 최적화해야 할까?

구글 SEO를 진행할 때 워드프레스가 효율적인 이유는 다양한 플러그인들을 간편하게 사용할 수 있기 때문입니다. 웹피 이미지 자동 변환의 경우에도 워드프레스 플러그인 하나면 간편하게 구현할 수 있지만, 자체 제작 홈페이지의 경우에는 해당 기능들을 별도로 개발해야 하는 번거로움이 있습니다. 만약 워드프레스를 활용하지 않는 웹 페이지에서 웹피 이미지 자동 변환을 시도하시려면 'imagemin 라이브러리'와 'imagemin-webp 라이브러리'를 활용하여 별도 개발 후 적용하실 수 있습니다.

06

레이지 로딩
(Lazy loading)

레이지 로딩(Lazy Loading)은 웹 페이지나 애플리케이션의 성능 최적화 기술 중 하나로 용량이 커서 로딩 시에 리소스가 많이 소요되는 이미지, 비디오, 스크립트 등을 실제로 필요한 순간까지 로딩을 지연시키는 방식을 말합니다. 즉, 사용자가 현재 열람하고 있는 웹 페이지에 대한 정보를 로딩하기 때문에 전체적인 웹 페이지 반응 속도를 높일 수 있습니다. 보통 유저들이 가장 많이 방문하게 되는 메인 페이지에 적용하는 경우가 많고 옵션에 따라 특정 페이지를 추가하거나 제외하기도 합니다.

레이지 로딩 기능을 웹 페이지에 적용했을 때 개선되는 기대효과는 아래와 같이 3단계입니다.

단계 1 초기 페이지 로딩 속도 개선

웹 페이지 내에 당장 필요하지 않은 리소스를 로딩하지 않기 때문에 초기 로딩 속도가 빨라집니다. 호스팅의 사양을 업그레이드하여 페이지 속도를 높일 수도 있지만 웹 페이지에서 로딩해야 할 정보가 많을 경우 특정 부분은 먼저 로딩 하도록 세팅하고, 나머지 부분은 몇 초 이후나 아니면 특정 스크롤에 도달했을 때 로딩 함으로써 처음 웹 페이지에 접속했을 때 로딩 시간이 지연되는 병목현상을 일시적으로 해결할 수 있습니다.

단계 2 리소스 절약

레이지 로딩 기술을 활용하여 당장 사용하지 않는 리소스를 다운로드 하지 않기 때문에 이에 따라 접속자의 웹 페이지내 사용 리소스를 절감시킬 수 있습니다.

단계 3 서버 부하 감소

전체적인 웹서버에 요청하는 리소스의 수가 줄어들기 때문에 서버의 부하도 줄어 웹 페이지가 가벼워집니다. 따라서 레이지 로딩이 적용된 웹 페이지는 구글봇이 적은 리소스로 웹 페이지를 쉽게 탐색할 수 있도록 도와주기 때문에 구글 SEO에 도움이 됩니다.

앞서 워드프레스 이미지 압축에 대해 설명하면서 웹 페이지의 용량 중 상당 부분을 차지하는 것이 이미지 파일이라는 말씀을 드렸을 것입니다. 레이지 로딩도 마찬가지입니다. 용량으로 본다면 이미지 파일보다 영상파일의 용량이 더 크지만, SEO에 대한 전문지식이 없는 개발자라도 메인 페이지에 용량이 큰 영상파일을 직접 호스팅하는 경우는 상당히 드물고, 대부분 유튜브나 비메오와 같은 플랫폼에 호스팅한 후 영상을 1~2개 정도 링크하는 경우가 대부분입니다.

그러나 이미지의 경우에는 상황이 조금 다릅니다. 아무리 가볍게 만들어진 웹 페이지의 경우에도 배경과 본문의 이미지를 합하면 웹 페이지내에 적지 않은 이미지가 포함되어 있기 때문에 레이지 로딩의 메인 적용 대상은 '이미지'입니다. 그다음으로 불필요하게 로딩되거나 로딩 시간이 매우 길게 발생하는 JavaScript(JS), jQuery 등의 로딩 시간을 임의로 지연시키기도 합니다.

레이지 로딩에 대해 조금 더 직관적으로 설명하기 위하여 QR코드로 유튜브

영상을 하나 첨부합니다. 해당 영상을 보시면 스크롤이 해당 영상에 도달했을 때 로딩이 되는 것을 보실 수 있습니다.

▲ Lazy loading images – Single Color Placeholder(ImageKit Image CDN 유튜브)

레이지 로딩 적용은 모든 웹 페이지에 필요할까?

워드프레스의 웹 페이지 최적화 작업의 경우도 균형과 절제가 필요합니다. SEO에 도움이 된다고 해서 모든 기능을 적용한다면 도리어 워드프레스 내에 있는 플러그인들끼리 충돌이 발생하여 악영향을 끼칠 수 있습니다. 우선 나의 웹 페이지에 레이지 로딩 기능이 필요한지 진단하는 방법에 대해 간단하게 적어보도록 하겠습니다.

방법 1

워드프레스는 5.5 버전부터 이미지 레이지 로딩 기능이 추가되어 있기 때문에 적용된 테마 등의 기본 세팅에 따라 자동으로 레이지 로딩이 적용되는 경우가 있습니다.(2023년 10월 현재 워드프레스 6.3.1 버전 출시) 따라서 현재 웹 페이지에 레이지 로딩이 적용되었는지 체크해보는 것이 필요합니다.

아래의 QR코드에 링크된 페이지를 참고하여 레이지 로딩 작동 여부를 체크해 보시기 바랍니다.

▲ toolsaday lazy-loading-images-checker

방법 2

구글 페이지 스피드 인사이트에서 웹 페이지 속도나 레이지 로딩에 대한 피드백 사항이 없다면 굳이 적용하지 않는 방법도 괜찮습니다. 그러나 개선 사항에 대한 피드백이 있을 경우 아래와 비슷한 피드백을 받을 수 있습니다.

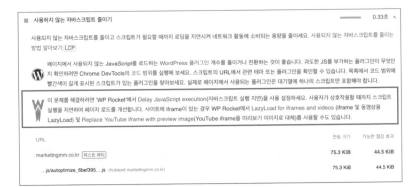

▲ 구글 페이지 스피드 인사이트 조회 시 레이지 로딩에 대한 피드백

방법 3

레이지 로딩 적용으로 개선 효과가 예상되는 경우에는 먼저 테스트 적용 후 구글 페이지스피드 인사이트를 활용하여 개선 이후의 사항을 확인해본 후 최종 적용하는 것이 좋습니다. 워드프레스를 이용하는 경우에는 플러그인을 활용하여 간단하게 적용할 수 있고, 자체 제작 홈페이지의 경우 개발자가 'InterChapterObserver API'를 사용하여 레이지 로딩을 구현할 수 있습니다.

방법 4

레이지 로딩을 적용하는 것이 반드시 좋은 것만은 아닙니다. 예를 들어 브랜딩에 매우 중요한 이미지인 경우 레이지 로딩 없이 웹 페이지에 접속했을 때 바로 로드시키는 것이 더 효율적일 수도 있습니다. 따라서 현재 상황을 체크해본 후 득과실을 따져서 진행해 보는 것을 추천 드립니다.

워드프레스에서 레이지 로딩을 진행할 때 많이 사용하는 플러그인들을 소개해 보도록 하겠습니다.

▲ Smush Pro
https://wordpress.org/plugins/wp-smushit/

▲ a3 Lazy Load
https://wordpress.org/plugins/a3-lazy-load/

▲ LazyLoad Plugin(WP Rocket)
https://wordpress.org/plugins/rocket-lazy-load/

WP-옵티마이즈 : 캐시, 정리, 압축.

캐싱을 통해 사이트의 속도와 성능을 높이십시오.
더 빠른 속도와 SEO를 위해 데이터베이스를 정리
하고 이미지를 압축하고 사이트를 캐시하세요.

작성자 David Anderson, Ruhani Rabin, Team Updraft

지금 설치

더 많은 상세

★★★★★ (2,152)
1백만 이상 활성 설치

최근 업데이트: 3주 전
✔ 사용중인 워드프레스 버전과 호환됨

▲ WP Rocket
https://wordpress.org/plugins/wp-optimize/

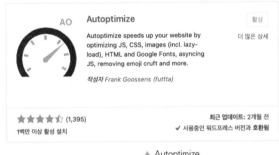

Autoptimize

Autoptimize speeds up your website by
optimizing JS, CSS, images (incl. lazy-
load), HTML and Google Fonts, asyncing
JS, removing emoji cruft and more.

작성자 Frank Goossens (futtta)

활성

더 많은 상세

★★★★⯪ (1,395)
1백만 이상 활성 설치

최근 업데이트: 2개월 전
✔ 사용중인 워드프레스 버전과 호환됨

▲ Autoptimize
https://wordpress.org/plugins/autoptimize/

07

사이트맵
(Sitemap)

사이트맵(Sitemap)은 웹사이트의 구조와 모든 페이지 URL을 목록화한 문서를 말합니다. 사이트맵은 웹사이트 방문자와 검색 엔진의 양쪽 모두에게 웹 페이지의 다양한 정보를 제공합니다.

• 웹사이트 방문자를 위한 사이트맵

웹사이트의 전체 구조를 한눈에 파악하게 해주기 때문에 원하는 정보나 페이지를 빠르게 찾을 수 있도록 도와줍니다. 보통 웹사이트의 푸터(footer)나 상단 메뉴바 영역에 사이트맵을 생성하는 것이 일반적입니다. 해당 사이트맵은 웹 페이지에 포함되어 있는 URL을 모두 기입하는 것이 아니라, 주로 고객들에게 꼭 필요한 페이지들만 선별해서 노출하고 있습니다. 따라서 사용자로 하여금 전체적인 웹 페이지의 구조를 이해할 수 있도록 도와줍니다.

• 검색 엔진을 위한 사이트맵

검색 엔진이 웹사이트의 페이지들을 더 효과적으로 수집(크롤링)하고 인덱싱(색인)하는 데 도움을 줍니다. 파일의 형식은 대부분 XML 형식으로 작성되며 XML 사이트맵은 웹사이트의 모든 페이지에 대한 URL 정보를 담고 있기 때문에 해당 페이지의 업데이트 날짜 등의 다양한 정보들을 포함하고 있습니다.

검색 엔진이 웹문서를 잘 수집할 수 있도록 도와주는 역할을 하는 '사이트맵'은 아래의 이미지와 같이 특정 웹 페이지 내의 페이지의 URL들이 정리되어 있습니다.

▲ Rank Math WordPress SEO 플러그인으로 생성되는 사이트맵 예시

구글에 웹 문서가 색인 되는 데 매우 중요한 지표인 '사이트맵(Sitemap)'

검색 엔진에 웹 문서가 색인 되는 과정은 크게 3가지로 보실 수 있습니다. 크롤링(Crawling), 인덱싱(Indexing), 검색 노출(SERP, Search Engine Results Page) 이렇게 총 3가지입니다. 사이트맵은 나의 웹 페이지에 있는 웹 문서를 검색 엔진 봇이 수집할 수 있도록 가이드 해주는 매우 중요한 역할을 합니다. 1 Page 형식으로 제작되어 있는 마이크로 형태의 웹 페이지라면 보통 사이트맵이 없더라도 구글에 웹 문서가 수집되는 데 크게 지장이 없고, 페이지수가 많거나 꾸준히 새로운 포스트가 발행되는 매거진 형태의 웹 페이지라면 사이트맵은 매우 중요한 지표가 됩니다. 크롤링과 인덱싱에 대해 아래와 같이 정의해보았습니다.

- 크롤링(Crawling)

  크롤링은 검색 엔진의 로봇(크롤러/스파이더)이 웹사이트를 방문하여 웹 페이지의 내용을 가져오는 과정으로 크롤러는 웹 페이지에서 다른 페이지로 링크를 따라가면서 정보를 수집합니다. 또 수정되거나 새로 추가되는 콘텐츠를 주기적으로 크롤링하여 최신 정보를 업데이트합니다.

- 인덱싱(Indexing)

인덱싱은 크롤링을 통해 수집된 웹 페이지 정보를 검색 엔진의 데이터베이스에 저장하는 과정입니다. 인덱싱된 페이지는 검색결과에 나타날 수 있도록 준비를 마칩니다. 그러나 모든 크롤링 된 페이지가 검색 노출 화면(SERP: Search Engine Results Page)에 표시되는 것은 아닙니다. 일부 페이지는 robots.txt 파일이 웹 문서 수집을 거부 처리되었거나 기타 요인으로 인하여 노출에서 제외될 수도 있습니다.

사이트맵을 만들 수 있는 방법은 크게 3가지로 분류할 수 있습니다.

방법 1 수동으로 만들기

간단한 웹사이트의 경우 웹 페이지의 목록을 직접 작성하여 XML 또는 HTML 형식의 사이트맵을 만들 수 있습니다. XML 형식의 사이트맵은 검색 엔진을 위한 것이며, 구조와 태그가 정해져 있습니다. 수동으로 사이트맵을 제작할 수 있는 방법은 아래의 QR코드에 링크한 구글 가이드 문서를 참고해 보시기 바랍니다.

▲ 수동 사이트맵

방법 2 콘텐츠 관리 시스템(CMS) 플러그인 사용

워드프레스와 같은 CMS는 사이트맵을 자동으로 생성해 주는 플러그인을 지원합니다. 예를 들어, 'Yoast SEO'나 'Rank Math'와 같은 플러그인을 통해 자동으로 XML 사이트맵을 생성하고 관리할 수 있습니다.

▲ 워드프레스에서 자동으로 사이트맵을 생성해 주는 SEO 도구 '요스트 SEO'

▲ 워드프레스에서 자동으로 사이트맵을 생성해 주는 SEO 도구 'RankMath'

방법3 전용 소프트웨어나 도구를 활용한 방법

그 외에도 여러 가지 웹 서비스나 소프트웨어를 활용하여 사이트맵을 제작할 수 있습니다. 대표적으로 'XML Sitemaps Generator', 'Screaming Frog SEO Spider'등이 있습니다.

위의 [방법 2] 워드프레스를 활용하는 경우라면 대부분의 유저들이 사이트맵 관련 플러그인을 거의 필수로 사용하고 있습니다. 그 외에도 사이트맵을 수동으로 제작하거나 〈XML Sitemaps Generator〉을 활용하여 만드는 경우도 있지만 해당 방법의 가장 큰 애로사항은 새롭게 추가되는 콘텐츠들을 주기적으로 사이트맵에 추가하여 업데이트해야 하는 번거로움입니다. 따라서 여러 가지 이유로 구글 SEO를 위해서는 워드프레스를 활용하는 것이 유리합니다.

API를 활용한 인덱싱 방법을 활용하면 효율을 높일 수 있다?

SEO를 위한 웹 페이지 환경을 최상으로 유지하고자 하는 경우에는 IndexNow를 활용한 API 인덱싱을 고려해 보는 것도 좋습니다. 이는 가장 진화된 방법으로 많은 SEO 컨설턴트들이 활용하고 있는 방법입니다.

IndexNow란?

IndexNow는 웹 마스터, 웹 사이트 소유자가 웹 사이트의 최신 콘텐츠 변경 사항을 즉시 검색 엔진에 알려주는 간단한 방법입니다. 가장 간단한 형태의 IndexNow는 검색 엔진이 URL과 해당 콘텐츠가 추가, 업데이트 또는 삭제되었음을 알 수 있도록 하여 검색 엔진이 검색결과에 이러한 변경 사항을 빠르게 반영할 수 있도록 지원합니다.

IndexNow가 없으면 검색 엔진이 웹 페이지의 모든 URL을 지속해서 크롤링하지 않기 때문에 검색 엔진이 콘텐츠가 변경된 것을 발견하는 데 며칠에서 몇 주가 걸릴 수도 있습니다. 다만, IndexNow를 사용하면 검색 엔진이 '변경된 URL'을 즉시 파악하여 해당 URL에 대한 크롤링을 신속하게 진행하기 때문에 검색 엔진 색인 작업에 도움이 됩니다.

[자료출처] IndexNow.org 공식 홈페이지

> ### 📎 알고 있으면 좋은 팁!
>
> 2023년 7월 25일 '네이버 서치어드바이저'에서도 인덱스나우(IndexNow)를 지원하게 되었습니다. 따라서 앞으로는 '구글 서치콘솔'은 물론 '네이버 서치어드바이저'에서도 API 인덱싱을 활용할 수 있기 때문에 앞으로 더 많은 분께서 이용할 것으로 예상됩니다.
>
>
>
> ▲ 네이버 인덱스나우 적용

08

보안 프로토콜
(https://)

HTTPS(보안 프로토콜)는 웹사이트와 사용자 사이의 정보를 암호화하여 전송하는 방식으로 중간에서 데이터를 탈취하거나 변조하는 것을 방지합니다. Google은 사용자의 안전한 웹 브라우징 경험을 중요하게 생각하므로 HTTPS를 사용하는 것을 권장하고 있었습니다. 그러나 2014년 8월에 보안 프로토콜 관련하여 꽤 수준 높은 대규모 업데이트를 진행했습니다. 해당 업데이트 이후에는 보안 프로토콜(https://)을 적용한 웹사이트에 일부 가산점을 제공하고 있습니다.

HTTPS/SSL **업데이트 – 2014년 8월 6일**   확인됨

몇 달 간의 추측 끝에, 구글은 안전한 사이트를 선호할 것이며, 암호화를 추가하면 "경량" 순위 상승을 제공할 것이라고 발표했다. 그들은 이 부스트가 작게 시작될 것이라고 강조했지만, 변화가 긍정적으로 판명되면 증가할 수 있음을 암시했다.

- 순위 신호로서의 HTTPS (구글)
- 구글은 HTTPS/SSL 사이트(SEL)를 보호하기 위해 순위를 높이기 시작합니다.

▲ 2014년 구글의 HTTPS/SSL 업데이트 – moz-google-algorithm-change

HTTPS는 다음과 같은 히스토리를 거쳐 IT 업계에 보급되어 왔습니다.

- **1990년대 중반**: SSL을 통한 웹 보안 인식이 높아지면서 웹사이트는 개인 정보나 금융 거래 정보를 안전하게 전송하기 위해 HTTPS 방식을 채택하기 시작했습니다.
- **2000년대**: 온라인 상거래와 인터넷 은행의 증가로 인해 HTTPS의 중요성이 더 강조되었습니다.
- **2010년대**: Google, Mozilla, Apple 등 주요 IT 기업들이 사용자의 온라인 보안을 강조하며 HTTPS의 중요성을 강조하기 시작했습니다. 특히 2014년에는 Google이 HTTPS를 사용하는 웹사이트에 SEO 가산점을 주겠다고 발표하였습니다.
- **2016년**: Let's Encrypt라는 무료 SSL 인증서 발급 기관이 서비스를 시작하면서 웹사이트 소유자들이 쉽게 HTTPS를 적용할 수 있게 되었습니다.

그러나 다양한 개선과 발전을 거듭하여 현재는 HTTPS를 적용하지 않는 사이트를 찾는 것이 어려울 정도로 널리 보급된 기술이기 때문에 HTTPS를 적용하지 않으면 구글 검색 엔진에서도 다소 감점되는 부분이 있다는 정도만 숙지해 주시면 좋을 것 같습니다.

PART 07

SEO를 꾸준히 성장시키는 연료는 '콘텐츠 제작'

Search. 🎤 📷

01

키워드를 찾을 수 있는
현실적인 노하우

앞의 〈콘텐츠 SEO〉 부분에서 키워드를 조회할 수 있는 '구글 트랜드 차트'와 '구글애즈'에 대해서 소개하였습니다. 그런데 소프트웨어를 통하여 구글 내의 키워드 검색량을 조회할 수는 있지만 매출이 나오는 키워드를 선별하기 위해서는 나름의 노하우가 필요합니다. 이번 글에서는 콘텐츠 SEO를 진행할 키워드를 찾는 방법에 대해서 소개해 보도록 하겠습니다.

나의 비즈니스와 관련되어 있는 키워드는 어떻게 찾을 수 있을까?

우선 본격적으로 키워드를 찾기 전에 처음으로 고려해야 할 부분은 아래와 같이 나의 비즈니스와 연관되어 있는 원을 그리는 것입니다. 해당 원을 그려 나의 비즈니스와 직접적으로 관련된 핵심 키워드부터 간접적으로 관련되어 있는 키워드까지 '접근성'과 '연관도'에 따라 키워드를 도식화하는 작업이 필요합니다. 일반적으로 키워드 마케팅에 대한 이해도가 있는 분들이라면 쉽게 작성할 수 있을 것이고, 키워드 마케팅에 대한 경험이 없더라도 '구글애즈'와 같은 키워드 리서치툴을 활용하여 작성하실 수 있습니다.

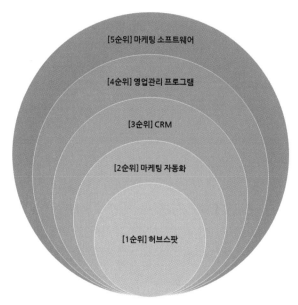

[5순위] 마케팅 소프트웨어

[4순위] 영업관리 프로그램

[3순위] CRM

[2순위] 마케팅 자동화

[1순위] 허브스팟

▲ 나의 비즈니스와 관련된 키워드 찾기

위의 도표는 제가 허브스팟(HubSpot) CRM 비즈니스를 처음 시작할 때 작성한 이미지로 제가 발행한 콘텐츠 SEO는 해당 도표를 중심으로 시작되었습니다.

핵심 키워드와 관련 있는 키워드부터 빠르게 점거하기

구글이 좋아하는 웹사이트는 크게 두 가지 종류가 있습니다. 다양한 자료를 업데이트하는 위키피디아 형태의(Super-Resource) 웹사이트와 특정 전문성 있는 포스트를 꾸준히 발행하는 틈새 전문(The Niche Expert) 웹사이트입니다. 현실적으로 위키피디아와 같은 〈Super-Resource〉 형태의 웹 페이지를 운영하는 것은 노력이 많이 드는 것에 비해 비즈니스에 큰 도움이 되지는 않습니다. 실제로 제가 운영하는 네이버 블로그는 한때 하루에 3,000~4,000명이 방문할 정도로 높은 트래픽을 달성하였지만, 그 당시에는 맛집이나 여행과 같은 일상 포스팅을 주로 했기 때문에 해당 트래픽으로 큰 수익을 만들기 어려웠고, 고작해봐야 블로그 포스트 하단에 제휴광고로 삽입되는 광고포스트 수익이 전부였습니다.

지금의 네이버 블로그는 하루에 방문자가 200명 내외로 집계되지만, 그 200명은 실제로 저에게 교육을 의뢰하거나 '허브스팟'을 도입할 수 있는 고객들로 구성되어 있기 때문에 트래픽은 더 줄었지만, 오히려 수익은 더 높아지는 상황이 생겼습니다.

구글 SEO의 경우에도 똑같습니다. 위키피디아와 같은 〈Super-Resource〉웹 페이지를 운영한다는 것은 불특정 다수의 트래픽을 모으는 것과 같습니다. 실질적인 비즈니스에 도움이 되지 않습니다. 따라서 나의 비즈니스와 연관된 유저들의 트래픽을 모으는 것이 중요합니다. 해당 작업을 가장 효율적으로 운영할 수 있는 방법은 키워드 허브(Keyword Hub) 전략을 활용하는 것입니다.

키워드 허브(Keyword Hub) 전략

구글에 나의 비즈니스와 가장 가까운 키워드에 대해 검색을 해보면 〈추가 검색어〉 항목에 해당 키워드와 연관된 키워드들이 노출되는 것을 확인하실 수 있을 것입니다. 앞서 언급한 원에서 나의 비즈니스와 가장 연관된 키워드들을 검색했을 때 〈추가 검색어〉로 노출되는 키워드들을 빠르게 점거하는 작업이 키워드 허브(Keyword Hub) 전략입니다. 즉, 키워드를 구분해서 그와 관련되어 있는 키워드 허브를 만들어 관련 콘텐츠를 우선으로 작성하는 것입니다. 해당 작업의 효과는 구글 검색 엔진이 웹 페이지를 틈새 전문가(The Niche Expert)로 인식하는 데 큰 역할을 합니다.

▲ 구글에 특정 키워드를 검색했을 때 노출되는 추가 검색어

위와 같은 방법을 통해 내가 진행하고자 하는 비즈니스와 연관된 키워드를
추출하면 중요도에 따라서 아래와 같이 키워드를 수집할 수 있게 됩니다.

1순위 '허브스팟' 추가검색어		2순위 '마케팅자동화' 추가검색어	
추가 검색어 :		추가 검색어 :	
허브스팟 사용법	허브스팟 로그인	마케팅 자동화 툴	마케팅 자동화 사례
허브스팟 세일즈포스	허브스팟 파이프 드라이브	마케팅 자동화 솔루션	마케팅 자동화 솔루션 비교
허브스팟 장점	허브스팟 블로그	마케팅 자동화란	B2B 마케팅 자동화
허브스팟 가격	허브스팟 crm	마케팅 자동화 성공사례	마케팅 오토메이션

3순위 'CRM' 추가검색어		4순위 '영업관리프로그램' 추가검색어	
추가 검색어 :		추가 검색어 :	
CRM 뜻	crm의 개념	무료 영업관리 프로그램	세일즈포스
crm 나무위키	crm센터 뜻	영업관리 시스템	ERP 프로그램
crm 마케팅 성공사례	crm 표준물질	영업관리 crm	이 카운트 쇼핑몰관리
CRM 약자	CRM 솔루션	영업관리 솔루션	생산관리 ERP

▲ 우선순위별 키워드 허브 제작

위에 나열된 키워드가 가장 1순위로 노출해야 할 키워드이고, 해당 키워드
들을 모두 점거하면 핵심 키워드에 해당하는 '메인 키워드'가 점차 검색 엔진
상단에 노출될 확률이 높아지게 됩니다. 해당 키워드 중에서 어떤 키워드부터
콘텐츠를 작성해야 할지 고민이 된다면 위의 32개 키워드의 조회수를 측정해
서 우선순위가 높고 비교적 조회수가 낮은 키워드를 중심으로 작성하는 것이
좋습니다. 이를 수치화하면 아래와 같은 표를 만드실 수 있습니다.

순위	키워드	키워드 타입	검색량	비고
1	허브스팟	허브	1차 제작	
	허브스팟 사용법	추가키워드	10~100	1차 제작
	허브스팟 로그인	추가키워드	0~10	1차 제작
	허브스팟 세일즈포스	추가키워드	0~10	1차 제작
	허브스팟 장점	추가키워드	10~100	
	허브스팟 블로그	추가키워드	0~10	1차 제작

	허브스팟 가격	추가키워드	0~10	1차 제작
	허브스팟 CRM	추가키워드	10~100	
2	마케팅 자동화	허브	100~1천	
	마케팅 자동화 툴	추가키워드	10~100	
	마케팅 자동화 사례	추가키워드	10~100	
	마케팅 자동화 솔루션	추가키워드	10~100	
	마케팅 자동화 솔루션 비교	추가키워드	10~100	
	마케팅 자동화란	추가키워드	0~10	
	B2B 마케팅 자동화	추가키워드	10~100	
	마케팅 자동화 성공 사례	추가키워드	0~10	
	마케팅 오토메이션	추가키워드	10~100	

▲ 우선순위별 키워드 허브 제작

즉 나의 비즈니스와 가장 연관성이 높지만, 키워드 검색량이 적어서 상위노출 될 확률이 비교적 높은 키워드를 우선으로 콘텐츠를 작성하는 것이 좋습니다. 검색 엔진에 특정 관심사에 대한 전문성을 인정받으려면 우선 웹 페이지로 관련 트래픽(일명 링크 주스)이 흘러야 합니다. 처음부터 경쟁이 치열한 키워드를 중심으로 작성하게 된다면 검색 엔진에 노출될 확률이 낮아 고객들이 유입될 수 있는 기회 자체가 적어지게 됩니다. 따라서 검색량이 낮은 키워드를 중심으로 작은 트래픽부터 차근차근 모아 나가는 것이 중요합니다. 그런데 키워드 검색량이 적다고 해서 꼭 경쟁이 덜 치열한 것만은 아닌데요. 실제로 실무에서 키워드 경쟁 순위를 파악할 수 있는 다양한 노하우들을 소개해 보도록 하겠습니다.

02

키워드 경쟁
현황 체크하기

키워드 경쟁 현황은 절대평가가 아니라 상대평가로 진행됩니다. 검색량이 거의 없는 키워드이지만 사이트와 도메인의 지수가 높은 경우에는 경쟁이 치열할 수밖에 없습니다. 네이버 SEO의 경우에는 가장 많은 콘텐츠 비중을 차지하고 있는 것이 블로그입니다. 생산되는 콘텐츠 수량도 압도적으로 많고, 네이버 검색 엔진에서도 블로그 콘텐츠를 더 많이 노출시켜 주는 것이 현실입니다. 하지만 구글은 다릅니다. 웹 문서 크롤링 기반으로 운영되기 때문에 전체 웹 페이지를 대상으로 경쟁해야 합니다. 콘텐츠 발행을 꾸준히 하지 않은 웹 페이지라도 업계에서 브랜딩이 잘되어 있어서 방문자가 많은 경쟁사라면, 해당 페이지보다 상단에 노출되기가 어려울 수도 있습니다. 키워드의 경쟁 현황을 파악할 때는 아래의 3가지 요소를 혼합해서 판단하시면 도움이 됩니다.

방법 1 구글애즈 키워드 플래너를 활용한 키워드 조회

100% 정확한 것은 아니지만 구글 애즈에서 조회되는 키워드 검색량 조회는 꽤 신뢰할 수 있는 데이터입니다. 다만, 간혹 검색량이 낮아도 경쟁이 치열하거나, 반대로 검색량은 꽤 높은데도 불구하고 경쟁이 덜 치열한 경우가 있기

때문에 검색화면에 노출되어 있는 콘텐츠들의 도메인 지수와 백링크 현황을
함께 분석하는 것이 좋습니다.

▲ 구글애즈(Google ads)를 활용한 키워드 검색량 조회화면

방법 2 **전문 SEO 소프트웨어인 아레프스(Ahrefs)를 활용한 키워드 경쟁 조회**

글로벌에서 가장 많이 사용하는 SEO 소프트웨어는 '아레프스(Ahrefs)'와
'SEMrush'가 있습니다. 두 가지 소프트웨어 모두 글로벌에서 압도적으로
높은 이용자 수를 확보하고 있습니다. 그 중 아레프스(Ahrefs)의 키워드탐색
(Keywords Explorer) 기능을 활용하시면 아래와 같은 인사이트를 얻으실 수 있
습니다. 개인적으로 'keywords everywhere'는 구글 검색 화면에 크롬 확장
프로그램으로 구현되기 때문에 간단하게 키워드 동향을 파악할 때 사용하
고, 조금 더 심도 있는 데이터를 파악할 때는 아레프스(Ahrefs)를 활용하고 있
습니다.

구글 확장프로그램인 'keywords everywhere' 활용한 도메인 지수 조회

앞에서 소개했던 구글 키워드 분석 시 활용하기 좋은 구글 확장프로그램인 'keywords everywhere'를 활용하여 특정 키워드 검색 시 노출되어 있는 웹사이트들의 도메인을 조회해 보면 대략적인 경쟁현황을 체크할 수 있습니다. 아래와 같이 구글에 〈CRM〉 키워드로 검색했을 때 노출되는 웹 페이지는 대부분 지수가 높습니다. 'keywords everywhere'에서 조회되는 도메인은 MOZ라는 SEO 소프트웨어에서 조회되는 도메인 지수로 아레프스(Ahrefs)에서 조회한 도메인 지수와 더불어 업계에서 가장 많이 활용되고 있는 도메인 지수입니다.

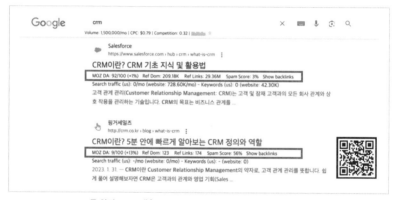

▲ 크롬 확장프로그램 'keywords everywhere'을 활용한 구글 검색화면

따라서 CRM이라는 키워드는 구글 검색량도 매우 높은 키워드이지만 현재 노출되어 있는 웹 페이지들의 도메인 지수도 매우 높기 때문에 경쟁이 치열하다고 보실 수 있습니다. 그러나 2위에 노출되어 있는 웹 페이지는 다른 웹 페이지에 비해 도메인 지수가 높지 않음에도 불구하고 2위에 노출되고 있습니다. 이는 앞서 학습했던 EMD(Exact Match Domain)의 영향이 발휘된 것으로 추측할 수 있습니다. 도메인에 〈CRM〉이라는 키워드가 정확히 포함되어 있기 때문에 이로 인한 SEO 효과가 있었다고 보시면 될 것 같습니다. 도메인에 포함된 텍스트의 SEO의 효과는 예전보다 영향력이 많이 떨어졌다고 알려져 있으나

실제로는 여전히 많은 영향력을 나타내고 있습니다. 'keywords everywhere' 조회 시 노출되는 정보들에 대해서는 아래의 내용을 참고 바랍니다.

- **MOZ DA(Domain Authority)**

  MOZ DA는 MOZ에서 개발한 도메인의 권위를 나타내는 지표입니다. DA 는 1에서 100까지의 스코어로 표시되며, 높은 스코어는 해당 웹사이트의 검색 엔진 랭킹 지수가 높다는 것을 나타냅니다. 해당 지수는 백링크의 수량, 품질, 도메인의 연령 등의 다양한 데이터를 합산하여 계산 됩니다.

- **Refdom(Referring Domains)**

  특정 웹 페이지에 링크되어 있는 도메인들의 총 개수를 의미합니다. 높은 수의 Refdom은 해당 웹사이트가 다양한 웹사이트로부터 백링크를 받았다는 것을 나타냅니다.

- **Ref Links(Referring Links)**

  특정 웹 페이지에 링크되어 있는 링크들의 총 개수를 의미합니다. 한 도메인에서 여러개의 링크가 나올 수 있기 때문에 Ref Links는 Refdom 보다 더 클 수도 있습니다. 예를 들면, A 웹사이트가 B 웹사이트를 5번 링 크할 경우 Refdom은 1이지만 Ref Links는 5가 되는 구조입니다.

- **Spam Score**

  웹사이트가 스팸성 도메인으로 판단될 확률을 나타내는 지표입니다. 해당 스코어가 높다면 해당 도메인이 스팸성으로 운영될 가능성이 높다는 것을 의미합니다.

그리고 도메인 지수가 낮음에도 불구하고 특정 콘텐츠가 노출되는 경우에는 해당 콘텐츠에 다수의 백링크가 걸려 있는 경우에 해당합니다. 전체적인 도메인 지수는 낮더라도 특정 콘텐츠에 링크되어 있는 백링크가 많을 경우 해당 콘텐츠는 간혹 검색 상단에 노출될 수도 있습니다. 백링크를 조회할 방법은 크롬에서 'keywords everywhere'를 활용하여 조회 시 노출되는 영역 중에 〈Show backlinks〉 영역을 참고하거나 또 다른 SEO 소프트웨어인 아레프스 (Ahrefs)를 활용하는 방법이 있는데, 아레프스(Ahrefs)의 경우 백링크를 조회할

수 있는 매우 효과적인 소프트웨어이기 때문에 참고해 보시면 도움이 되실 것
같습니다.

▲ 아레프스(Ahrefs) 키워드탐색(Keywords Explorer) 화면(1)

▲ 아레프스(Ahrefs) 키워드탐색(Keywords Explorer) 화면(2)

위의 화면에 체크되어 있는 백링크(Backlinks)들은 특정 키워드를 검색했을
때, 노출되는 콘텐츠의 백링크를 나타난 자료입니다. 특정 웹 페이지의 백링크
만 조회할 수 있는 것이 아니라, 특정 키워드로 검색했을 때 노출되는 키워드
의 백링크도 체크할 수 있습니다.

03

키워드의 속성과
고객의 니즈 파악하기

　검색기반의 마케팅은 다른 광고에 비해 마케팅의 성과가 높습니다. 이유는 특정 키워드에 대해 검색했을 때, 이미 고객들은 특정 제품이나 서비스에 대한 구매의 니즈를 포함하고 있기 때문입니다. 반면에 검색광고는 아무리 세팅을 정교하게 하고 이벤트를 걸어 둔다고 하더라도 전체 노출 대비 클릭률에 해당하는 CTR(Click-through rate)이 3~4%를 넘기기가 어렵습니다. 그러나 광고가 아닌 SEO를 통해서 구글 1페이지에 노출되었을 때는 아래와 같이 광고보다 클릭률이 훨씬 더 높아집니다.

Google Organic CTR Breakdown By Position

Position	CTR
#1	27.6%
#2	15.8%
#3	11.0%
#4	8.4%
#5	6.3%
#6	4.9%
#7	3.9%
#8	3.3%
#9	2.7%
#10	2.4%

CLICK THROUGH RATE

▲ 구글 노출 순위별 클릭률 비교자료(자료출처: backlinko)

다만 클릭률만 높아졌다고 해서 매출이 발생하는 것은 아닙니다. 검색기반의 마케팅에서 가장 중요한 것은 키워드의 검색 니즈에 알맞은 콘텐츠를 제작하는 것입니다. 우리는 고객이 어떤 유형의 키워드를 검색했는지에 따라서 고객의 구매 니즈를 예측할 수 있습니다. 키워드 별 구매 단계를 5단계로 분류하게 된다면, 아래와 같은 형태로 도식화할 수 있습니다.

▲ 키워드 성향 별 구매 단계 분석자료

그렇다면, 위의 5단계에는 각각 어떤 성향의 키워드들이 있는지 아래와 같이 요약해 보도록 하겠습니다.

단계 1 인식 단계 키워드
- **키워드 성향**: 특정 이슈를 해결하거나 특정 분야에 대한 학습 목적의 키워드
- **검색 의도**: 특정 이슈에 대한 정보와 해결책을 찾고 있는 '정보성 키워드'

예시
- '빠른 다이어트 방법'
- '근육통의 원인'
- '콘텐츠 마케팅의 장점'

단계 2 고려 단계 키워드
- **키워드 성향**: 제품 카테고리 키워드
- **검색 의도**: 다양한 구매 옵션들을 고려하고자 하는 '정보성 키워드'

예시
- '50만 원 미만의 가성비 스마트폰'
- 'DSLR 카메라의 비교'

- '이메일 마케팅 소프트웨어 리뷰'

단계3 **평가 단계 키워드**
- **키워드 성향**: 특정 브랜드나 제품의 리뷰 & 평가 검색
- **검색 의도**: 구매 선택지를 좁히고 고려상품을 선정하기 위한 '구매 키워드'

예시

- '아이폰 15 프로 vs 갤럭시 Z 폴드5'
- '000 노트북 리뷰'
- '현대 쏘나타 디엣지 하이브리드 특징'

단계4 **구매 단계 키워드**
- **키워드 성향**: 구매 의도가 있는 거래 키워드와 제품명 키워드
- **검색 의도**: 구매 결정 준비가 완료되어 합리적인 구매처를 찾고자 하는 '구매 키워드'

예시

- '아이폰 15 온라인 구매'
- '아이폰 15 할인 코드'
- '아이폰 15 최저가'

단계5 **구매 후 단계 키워드**
- **키워드 성향**: A/S 및 고객 서비스 관련 키워드
- **검색 의도**: 구매 후 문제 해결 혹은 제품 사용 정보를 찾고자 하는 '정보성 키워드'

예시

- 'CRM 소프트웨어 초기 세팅 방법'
- '프린터 원격 설치 해결 방법'
- '아이폰 고객지원센터'

04

콘텐츠 작성 시
고려해야 할 'K3L2' 전략

구글 검색 엔진 구조에서 설명했듯이 구글은 초기에 텍스트를 활용한 구문 분석과 링크 분석 시스템을 기반으로 지금까지 진화되어 왔습니다. 따라서 본문에 포함되어 있는 특정 텍스트와 링크들은 아직도 구글 SEO에 많은 영향을 줍니다. 콘텐츠를 작성할 때 가장 먼저 체크해야 하는 'K3L2'에 대해 설명해보려고 합니다. K3는 키워드(Keyword)가 들어가야 할 3곳을 지칭하는 표현이고, L2는 구글 SEO에 도움이 되는 2가지 종류의 링크(Link)입니다.

우선 콘텐츠를 제작할 때 키워드(Keyword)가 들어가면 도움이 되는 3곳에 대해 상세하게 설명하겠습니다.

전략 1 도메인(Domain)

앞서 도메인에 대해 설명하면서 EMD(Exact Match Domain), PMD(Partial Match Domain)의 개념에 대해 설명하였습니다. 도메인을 구입한 이후에는 사실상 루트 도메인은 수정할 수가 없지만, 발행하는 콘텐츠에 따라 디렉터리 도메인이나 문서 및 파일명에 해당하는 URL의 영역은 얼마든지 수정할 수 있습니다. 따라서 본문에 알맞은 카테고리 키워드나 허브 키워드를 URL의 '디렉터리(경로)'

영역에 추가하거나, 아니면 발행하는 본문과 관련되어 있는 핵심 키워드를 '문서 및 파일명' 영역에 추가한다면 구글 크롤링봇이 해당 문서를 인식하기 쉬워져 SEO에 도움이 될 수 있습니다.

▲ 콘텐츠마다 다르게 지정할 수 있는 도메인

구글은 '한글 도메인'을 인식할 수 있을까?

최근에는 한글로 만든 도메인을 활용하는 경우가 많이 있는데, 결론적으로 구글 검색 엔진은 한글로 만들어진 도메인을 식별할 수 있습니다. 글로벌 SEO를 하게 된다면 한글 도메인은 불이익이 있을 수도 있지만, 특정 지역을 대상으로 '로컬 SEO'를 진행한다면 일부 성과를 얻을 수도 있습니다. 아래의 내용은 구글이 한글과 같은 영어 외의 도메인을 식별하는 프로세스를 간단하게 정리하였습니다.

구글이 한글과 같은 영어 외의 도메인을 식별하는 프로세스

구글은 한글과 같은 비영어로 생성되어 있는 도메인들을 식별하고자 전 세계적으로 약속되어 있는 도메인 식별 규정인 IDN(Internationalized Domain Name)을 사용하고 있습니다. 해당 시스템은 인터넷 초기에 영어 알파벳 기반의 텍스트만 처리할 수 있는 ASCII(American Standard Code for Information Interchange)라는 언어를 사용했기 때문에 영어 외의 언어를 식별하는 것이 어려웠습니다. 따라서 이를 보완하고자 Punycode라는 처리 방식을 도입하여 한글과 같은 비ASCII 문자를 ASCII 형태로 변환하여 식별하고 있습니다. 예를 들어 구글에서는 '허브스팟'과 같은 한글 도메인을 아래와 같이 Punycode로 변환하여 데이터를 처리하여 식별하기 때문에 한글식별이 가능합니다.

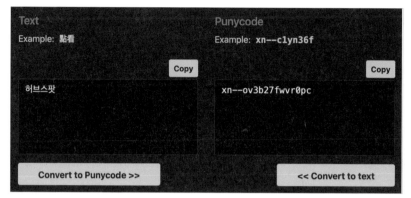

▲ 구글이 다국어 도메인을 식별하기 위해 활용하는 Punycode 예시

전략 2 메타 디스크립션(Meta description)

메타 디스크립션 영역은 콘텐츠가 구글 검색 화면에 노출되었을 때 해당 콘텐츠에 대해 요약 설명하는 콘텐츠 영역을 말합니다. 구글에서는 메타 설명 부분이 SEO 검색 순위에 영향을 주지 않는다고 말하지만, 많은 SEO 컨설턴트들은 해당 영역이 구글 SEO에 도움이 된다고 판단하는 경우가 더 많습니다. 이유는 크게 2가지로 분석할 수 있는데요.

▲ 구글 검색 화면에 노출되는 메타 디스크립션 영역

- **클릭률(CTR) 향상**

메타디스크립션은 검색결과 페이지에서 웹 페이지 도메인의 아래에 표시되는 2줄 내외의 영역입니다. 따라서 사용자가 검색결과를 보면서 어떤 페이지를 클릭할지 결정할 수 있도록 다양한 정보를 제공합니다. 본문과 관련되어 있는 적절한 메타디스크립션을 작성하면 사용자의 흥미를 유발

하기 때문에 클릭률을 높일 수 있습니다.

- **콘텐츠의 핵심 내용 전달**

메타디스크립션은 해당 웹 페이지가 사용자의 검색 의도와 얼마나 일치하는지 짧은 시간에 알려줄 수 있습니다. 그 외에도 메타디스크립션의 영역에 주요 키워드를 포함하게 된다면 검색결과에서 강조되기 때문에 유저들의 주의를 끌 수 있습니다. 메타디스크립션은 워드프레스를 활용하시면 '요스트SEO' 혹은 'Rank Math'와 같은 플러그인을 활용하여 쉽게 추가할 수 있으며, Wix, WordPress, Blogger와 같은 CMS를 사용하는 경우에는 자동으로 메타디스크립션영역이 지정되는 경우가 있으니 참고해 주시기 바랍니다.

전략 3 제목과 본문 내 키워드 삽입

제목과 본문 내에 키워드를 삽입하는 것은 구글 SEO에 도움이 된다고 알려져 있습니다. 다만 키워드를 인위적으로 추가하거나 과하게 반복하는 경우에는 '키워드 스태핑(keyword stuffing)'으로 간주되어 페널티를 받을 수 있기 때문에 콘텐츠의 문맥과 흐름을 고려하여 적당하게 키워드를 삽입하는 것이 좋습니다. 적당함에 대해서는 전문가들에 따라 이견이 많이 있습니다만, 일반적으로 제목과 본문의 첫 200글자 이내에 키워드를 삽입하는 것이 구글 SEO에 유리합니다. 최근 구글 업데이트로 인하여 15mb 이상의 웹 문서는 크롤링 하지 않기 때문에 비교적 문단의 앞부분에 키워드를 추가하는 것이 구글봇이 빠르게 문서를 크롤링할 수 있기 때문입니다. 그 외에도 키워드를 몇 번 정도 삽입해야 하는지에 대한 명확한 기준이 있는 것은 아닙니다. 다만, 많은 SEO 컨설턴트들이 100~150단어마다 한 번씩 키워드를 추가하는 것을 권장하고 있기 때문에 약 1,000단어 기준의 포스팅을 작성한다고 가정했을 때 제목과 본문을 포함하여 약 7~10회 이내의 키워드를 추가하는 것이 좋습니다. 따라서 전체 비율로 보자면 본문의 약 7% 이내의 비중으로 키워드를 추가하는 것이 적절합니다. 그 외에도 노출하고자 하는 키워드만 추가하는 것이 아니라 연관되어 있는 추가 키워드들도 사용하는 것이 도움이 되는데, 일반적으로 메인 키워드

외에 2차 키워드에 해당하는 추가 키워드들은 본문 내에 1~2번 정도 소량 언급하는 것을 권장하고 있습니다.

도움이 되는 링크(Link) 2가지

콘텐츠 작성 시, 본문에 반영하는 링크는 크게 '내부 링크'와 '외부 링크'로 분류할 수 있습니다. 내부 링크는 구글 크롤링봇에 웹사이트의 콘텐츠 구조를 명확하게 전달하는 효과가 있습니다. 웹사이트에 인용한 정보의 신뢰도를 높이기 위해 외부 인용 웹 페이지 URL을 주석(comment)으로 추가하여 정보 출처를 만들어 주기도 합니다. 그 외에 외부 링크는 일명 백링크(Backlink)라고 알려져 있습니다만, 웹 페이지 운영 초기에는 백링크를 만드는 것이 현실적으로 어렵기 때문에 우선 내부 콘텐츠 구조를 튼튼하게 만들 수 있는 내부 링크 생성에 주력하는 것이 좋습니다. 링크 전략에 대한 전체적인 이해를 위해 내부 링크와 외부 링크에 대해 간략하게 소개해 보도록 하겠습니다. 백링크에 해당하는 외부 링크는 뒤편에서도 자세히 다룰 것이기 때문에 간단히 참고해 주시기 바랍니다.

내부 링크(나의 웹 페이지 → 나의 웹 페이지)

- 웹사이트의 구조와 사용자 경험을 높여주는 데 중점을 두고 있습니다.
- 중요한 페이지나 사용자들이 자주 방문하는 페이지의 이동 접근성을 높일 수 있습니다.
- 주요 콘텐츠들이 페이지 내에서 충분히 소비되게 유도함으로써 체류시간을 높입니다.

외부 링크(외부 웹 페이지 → 나의 웹 페이지)

- 백링크는 양보다 품질이 더 중요합니다.
- 나의 웹 페이지와 관련성이 높은 웹사이트로부터 발행된 백링크는 SEO에 도움이 됩니다.
- 나의 웹 페이지 내용과 관련된 다양한 앵커 텍스트와 백링크를 동시에 얻으면 더 큰 도움이 됩니다.

05

입문자가 알아야 할
HTML 기본구조

    입문자들에게 구글 SEO가 어려운 이유는 콘텐츠에만 집중해도 되는 네이버 블로그에 비해 어느 정도 HTML(HyperText Markup Language)에 대한 구조를 알아야 하기 때문입니다. 오늘날에는 웹 페이지 제작기술이 발전되어 CSS(Cascading Style Sheets)와 같은 언어를 사용하게 되면 더 화려하고 멋진 웹 페이지를 만들 수 있습니다.

    그러나 HTML은 전 세계의 모든 사람이 비용 없이 무료로 사용할 수 있는 공용재로서 많은 사람이 편리하게 사용할 수 있도록 '화려함'을 추구하기보다는 '심플함'을 추구하고 있습니다. 실제로 HTML 재단(W3C, World Wide Web Consortium)에서는 HTML이라는 웹프로그래밍 언어가 고사양 웹 페이지를 구현할 수 있도록 업데이트되어 특정 소수만 활용할 수 있는 일명 '엘리트 시스템'이 되지 않고, 최대한 많은 사람이 편리하게 사용할 수 있도록 업데이트를 최소화하고 있습니다.

    비개발자인 마케터 입장에서는 코드로 이루어져 있는 HTML 언어에 익숙하지 않기 때문에 처음에는 다소 낯설게 느껴질 수 있으나, 실제로 HTML은 몇 시간 정도만 학습하더라도 누구나 쉽게 언어를 이해할 수 있도록 쉽게 만들어진 언어입니다. 우리가 보는 웹 페이지는 HTML 구조로 보게 되면 아래와 같은 구조로 제작되어 있습니다.

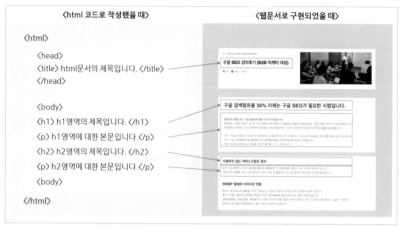

▲ HTML태그를 웹 문서로 구현되었을 때 예시 이미지

지금의 HTML 언어는 꾸준한 발전을 거듭하면서 다양한 태그로 이루어져 있습니다. 그러나 우리가 구글 SEO를 진행할 땐 딱 3가지 태그만 알아도 문제가 없습니다.

구글 SEO를 진행할 때 필수로 알아야 할 3가지 태그를 소개합니다.

태그 1   <title> 태그

웹 페이지의 제목을 정의하는 태그로 구글 SEO에서 매우 중요한 요소로서 검색 엔진 결과 페이지에서 페이지의 제목으로 노출되는 태그입니다.

실제로 〈title〉 태그는 전체 SEO 요소 중에서 15%나 영향을 끼치는 매우 중요한 요소이기 때문에 제목에는 반드시 노출되기를 희망하는 키워드를 추가하시는 것이 좋습니다.

구글 SEO를 가장 쉽게 이해하는 방법은 구글 검색 엔진의 관점에서 콘텐츠를 고민해보는 것입니다. 구글 검색 엔진이 좋아하는 콘텐츠는 문서를 수집해서 분류하는데 검색 엔진의 리소스가 가장 적게 소요하게 만드는 콘텐츠입니다. 따라서 제목에는 본문의 내용을 직관적으로 요약할 수 있는 내용을 기재하는 것이 좋습니다.

구글 검색화면 상단에 노출되어 있는 콘텐츠들을 유심히 관찰해보면, 제목 맨 앞부분에 포커스 키워드가 추가되어 있는 경우를 다수 찾으실 수 있습니다. 높은 확률로 제목의 맨 앞부분에 포커스 키워드가 추가되어 있는 콘텐츠들이 구글 검색결과의 상단에 노출되고 있기 때문에 제목에 키워드를 넣을 때는 가급적 키워드를 맨 앞부분에 삽입하는 것이 유리합니다.

이는 구글 검색 엔진의 입장에서도 콘텐츠의 가장 앞부분에 핵심 키워드를 삽입했기 때문에 문서의 속성을 가장 빠르게 파악할 수 있습니다. 제목의 앞부분에 키워드를 삽입하는 것은 네이버 블로그 SEO를 진행할 때에도 비슷하게 적용되고 있습니다.

태그 2 \<h1\> 태그

〈h1〉 태그는 문서에서 주요 헤드라인을 알려주는 태그로써 문서의 구조에 따라 〈h1〉, 〈h2〉, 〈h3〉, 〈h4〉, 〈h5〉, 〈h6〉까지 총 6단계로 구성되어 있습니다. 당연히 숫자가 높은 h태그를 사용할수록 검색 엔진은 해당 문단의 중요도가 낮다고 판단하기 때문에 가장 중요한 것은 〈h1〉 태그입니다. 구글은 2021년 업데이트를 통해 제목에 있는 텍스트가 너무 짧거나 길어 식별하기가 어려운 경우 〈h1〉에 있는 내용을 우선적으로 크롤링하고 있습니다. 따라서 중요도로 보게 되면 제목 다음으로 중요하다고 볼 수 있습니다.

그리고 HTML의 구조로 보게 되면 〈h〉 태그는 질문 하는 역할을 합니다. 어떤 글에 대해 의문을 제기하거나 헤드라인을 지정해 주는 역할을 하는 것이 h 태그이고, 뒤에서 학습하게 될 〈p〉 태그는 〈h〉 태그 질문에 대한 상세 답변으로 인식하게 됩니다.

<p> 태그

⟨h⟩ 태그에 대한 답변으로 인식하는 태그입니다. 웹 페이지 내의 주요 콘텐츠에 대한 세부 내용을 구성하는 태그로서 스타일링이나 추가적인 속성 없이 순수 텍스트를 나타내는 태그입니다. 위와 같이 구글 SEO에 중요한 태그는 ⟨title⟩, ⟨h1⟩, ⟨p⟩입니다. 따라서 ⟨title⟩, ⟨h1⟩, ⟨p⟩에 노출시키고자 하는 키워드를 1회 이상 삽입하여 전하고자 하는 메시지가 잘 전달될 수 있도록 콘텐츠를 작성하는 것이 좋습니다.

워드프레스와 같은 대부분의 CMS에서는 손쉽게 제목과, 헤딩, 그리고 본문을 지정할 수 있기 때문에 구글 검색 엔진이 중점적으로 보는 태그 3가지를 염두하고 글을 작성하시면 도움이 되실 것입니다.

시맨틱(Semantic) 구조란 무엇인가?

구글 SEO 고수들은 처음에 웹 페이지를 구성할 때 시맨틱(Semantic)구조를 고려하여 웹 페이지를 제작합니다. 시맨틱(Semantic) 구조는 웹 페이지의 구성을 구글 검색 엔진이 더 쉽게 식별할 수 있도록 HTML적인 요소를 포함하여 웹 페이지를 제작하는 것을 의미합니다. 이는 웹 페이지를 단순히 시각적으로 표현하는 것이 아니라 웹 페이지에 포함되어 있는 내용과 역할을 구글 검색 엔진에게 명확하게 전달하기 위한 목적을 갖고 있습니다. 즉, 시각적으로는 같아 보이는 웹 페이지이지만 시맨틱 구조가 적용된 웹 페이지와 그렇지 않은 웹 페이지는 검색 엔진 입장에서는 다르게 인식할 수 있습니다. 해당 작업은 '테크니컬 SEO' 영역에 해당하지만 HTML의 구조를 확장하여 고민해 보실 수 있도록 일반 웹 문서와 시맨틱 구조가 적용되어 있는 웹 문서의 예시를 첨부 하겠습니다.

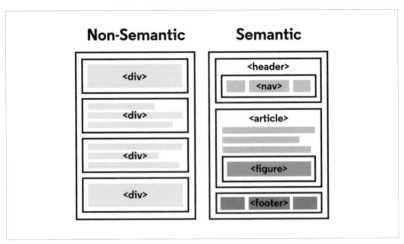

▲ 보이기에는 같아도 검색 엔진은 다르게 판단하는 Non-Semantic과 Semantic 문서

06

내부 링크를 활용한
'온사이트 SEO' 방법

콘텐츠 작성시 진행할 수 있는 '온사이트 SEO'는 내부 링크(Internal link) 전략이 대표적입니다. 내부 링크를 제작하는 것은 시간만 투자하게 된다면, 백링크 구축처럼 외부 인프라의 도움이 없이 진행할 수 있기 때문에 체계적으로 진행하게 된다면 초기 웹 문서의 색인 확률을 높일 수도 있고, 검색 노출에서 웹 문서의 순위를 높이는 데 도움을 줄 수 있습니다.

2023년 'firstpagesage'의 'The 2023 Google Algorithm Ranking Factors' 리서치 결과에 따르면 내부 링크가 SEO에 주는 영향은 약 3% 내외로 알려져 있습니다. 해당 수치는 절대평가가 아니라 상대평가로 진행되기 때문에 경쟁 콘텐츠는 내부 링크를 적용하지 않았지만, 내부 링크를 꾸준히 적용했다면 웹 문서 검색 영역에서 우위를 획득할 수 있는 확률이 높아집니다.

내부 링크를 구축하는 것은 '온사이트 SEO'의 대표적인 방법으로 꾸준한 내부 링크 구축은 구글 검색화면에서 순위를 높이는 효과를 얻을 수 있습니다. 요즘의 SEO 트렌드는 '온사이트 SEO'와 페이지 외부에서 진행되는 '오프사이트 SEO' 그리고 진행했던 SEO 작업이 어떻게 반영이 되었는지 평가하는 '온서프 SEO'를 기준으로 진행하기도 합니다.

▲ SEO를 이해할 수 있는 3가지 흐름

구글 검색 엔진은 'Page link' 시스템으로 구성되어 있기 때문에 백링크가 아닌 내부 링크 또한 구글 검색 엔진이 웹 페이지 구조를 파악하는 데 도움을 줄 수 있기 때문에 가급적 내부 링크를 적용해 보시는 방향을 추천 드립니다.

SEO에 도움이 되는 링크는 어떤 것들이 있을까?

- **콘텐츠와 관련성이 있는 링크**

  콘텐츠와 관련이 있는 내부 링크는 사용자에게 더 많은 정보를 제공할 수 있고, 페이지 간의 연관성을 확보할 수 있기 때문에 구글 SEO에 도움이 됩니다.

- **핵심 키워드 사용**

  해당 페이지의 주요 내용을 반영하는 앵커 텍스트는 검색 엔진이 해당 문서의 핵심을 파악할 수 있도록 정보를 제공합니다.

- **대표링크가 아닌 세부링크 활용**

  백링크를 사용할 때는 홈페이지 메인 페이지뿐 아니라, 특정 블로그 포스트 URL이나, 특정 웹 문서와 같은 세부 페이지 URL에도 적용해 주는 것이 좋습니다.

- **콘텐츠 상단에 목차를 활용한 이동 링크를 활용해 볼 것**

긴 콘텐츠를 작성할 때는 글의 상단에 목차 기능을 사용하여 해당 링크를 통해 글의 중간으로 이동할 수 있도록 하는 것이 좋습니다. 또, 목차의 링크는 〈H1〉와 〈H2〉 태그로 이루어져 있기 때문에 검색 엔진이 특정 문서를 쉽게 파악할 수 있도록 도와주기도 합니다.

▲ 상단 목차를 활용한 콘텐츠 글쓰기

SEO에 피해가 되는 내부 링크는 어떤 것들이 있을까?

- **과도한 링크**

한 페이지에 너무 많은 내부 링크를 포함하는 것은 사용자에게 큰 혼란을 줄 수 있고, 그 외에도 검색 엔진이 페이지의 주요 내용을 제대로 파악하기 어렵게 만듭니다. 일반적으로 내부에서 내부 웹 페이지로 연결되는 링크와 내부에서 외부 페이지로 연결되는 링크의 비중을 가급적 1:1로 맞추는 것이 좋고, 비중이 2:1 이상을 넘어길 경우에는 그 외의 링크에 아래와 같이 〈nofollow〉 태그를 삽입하여 링크가 SEO에 영향을 주지 않도록 합니다.

```
<a href="https://example.com" rel="nofollow">
```

- **콘텐츠와 무관한 링크**

  콘텐츠와 관련이 없는 페이지로 이동하는 링크는 사용자의 이탈을 높이기 때문에 SEO 효과를 얻을 수 없습니다. 따라서 내부 링크를 추가하더라도 문맥과 연관되어 있는 링크를 추가하는 것이 좋습니다.

- **끊어지거나 깨진 링크(404 에러)**

  시간이 지나면서 일부 페이지가 삭제되거나 URL이 변경될 수도 있는데, 끊어진 링크에 해당하는 404 에러가 발생하는 페이지 링크는 좋지 않은 경과를 만들 수 있기 때문에 수정해 주는 것이 좋습니다. 내부 링크를 1개 더 구축하는 것보다 깨진 링크를 1개 수정하는 것이 SEO에 더 효과적입니다.

- **숨겨진 링크**

  사용자나 검색 엔진이 접근할 수 없도록 숨겨지거나 접근 불가능한 링크를 사용하는 경우에는 페널티의 위험이 있기 때문에 주의해야 합니다. 숨겨진 링크는 대부분 검색 엔진이 특정 문서를 수집하지 못하도록 <noindex> 처리가 된 경우가 많은데, <noindex> 처리된 문서를 또 다시 링크로 활용하는 것은 불필요한 구글 서버 리소스 사용을 높이기 때문에 도움이 되지 않습니다.

예시

```
<head>
    <meta charset="UTF-8">
    <meta name="robots" content="noindex">
    <title>인덱스되지 않는 페이지</title>
</head>
```

07

구글 SEO를 진행할 때
'스니펫'을 잡아야 하는 이유는?

다음의 이미지는 2023년 'Firstpagesage'에서 발표한 구글 노출 순위에 따른 클릭률(CTR)을 비교 분석한 자료입니다. 실제로 구글 최상단에 광고로 노출되었을 때, 최대 클릭률은 약 3%를 넘지 못합니다. 즉, 100명이 해당 광고를 열람했다고 하더라도 실제로는 약 2~3명 정도가 해당 광고를 클릭하게 되는 것입니다.

그러나 광고가 아닌 SEO를 통해서 검색 영역의 최상단에 노출했을 경우에는 키워드에 따라 최대 클릭률이 39.8%까지 치솟게 됩니다. 그리고 최상단 스니펫 영역을 점거했을 때는 클릭률 42.9%라는 매우 극적인 수치로 증가하게 됩니다.

---

* 특정 키워드 검색 시 구글의 가장 최상단에 노출되는 영역으로, 사용자의 답변에 가장 신속하고 직관적인 결과를 보여주는 구글의 검색기능

구글 검색결과 페이지		CTR
광고영역	1위 노출	2.1%
	2위 노출	1.4%
	3위 노출	1.3%
	4위 노출	1.2%
검색영역	1위 노출	39.8% (스니펫 1위 노출 시 42.9%)
	2위 노출	18.7% (스니펫 2위 노출 시 27.4%)
	3위 노출	10.2%
	4위 노출	7.4%

▲ 2023년 구글 노출 순위에 따른 클릭률(CTR) - Firstpagesage

구글 스니펫 노출은 아래와 같이 검색결과 최상단을 점거하게 됩니다. 단, 모든 키워드에 적용되는 것이 아니라 키워드의 속성에 따라 스니펫이 생성되어 있는 경우도 있고 생성되어 있지 않은 경우도 있습니다.

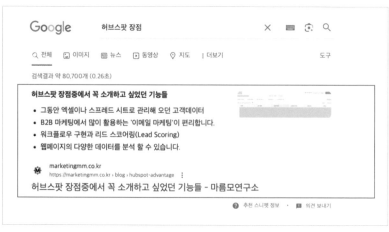

▲ 구글 스니펫 영역 노출 예시

구글 스니펫은 잘 짜인 정보성 콘텐츠의 경우 아무런 작업을 하지 않더라도 구글이 알아서 노출시켜 주는 경우도 있고, 그렇지 않은 경우에는 일명 구조화된 데이터라고 불리는 '스키마 마크업(schema markup)'을 별도로 지정해 주었을 때 노출 확률이 높아집니다.

스키마 마크업에 대해 간단하게 설명한다면, 웹 페이지의 콘텐츠를 구조화하여 검색 엔진에 정확한 정보를 전달하기 위한 도구입니다. 해당 기능을 활용하여 웹 페이지의 콘텐츠 내용을 구글 검색 엔진에 전달하면 검색 엔진은 해당 정보를 기반으로 스니펫 노출을 진행하게 됩니다. 스키마 마크업은 보통 웹 페이지의 HTML내에 삽입되며 Schema.org에서 제공하는 표준화된 데이터를 기반으로 작동합니다.

그러나 최근 글로벌의 SEO 컨설턴트들이 제작하는 복수의 자료들을 검토해 보면 단순히 스키마 마크업을 지정하는 작업만으로 구글 검색 순위를 높일 수 없다고 말합니다. 그럼에도 우리가 스키마 마크업(schema markup)을 꾸준하게 적용해야 하는 이유는 나의 콘텐츠가 구글 1위에 노출되었을 때, 상황에 따라 구글 스니펫 노출이 진행되어 최대 42.9%라는 압도적인 클릭률을 얻을 수 있기 때문입니다.

일반적으로 특정 분야에 대한 잠재고객 DB를 활용하여 이메일 마케팅을 진행했을 때, 평균 약 5-10% 사이의 오픈율을 보이고 있습니다. 하지만 구글 검색 노출로 이메일 마케팅보다 약 4배 이상 높은 클릭률을 얻을 수 있었던 이유는 정확한 '검색의도'와 구글 검색을 통해 콘텐츠를 바로 볼 수 있다는 '시의성'이 결합되었기 때문입니다.

스니펫의 종류는 앞서 소개한 콘텐츠 요약의 형태로 노출되는 경우도 있고 질문과 대답의 형태로 노출되는 F&Q의 형태도 있습니다. 그 외에도 형태에 따라 Article, Book, 탐색 경로, 캐러셀, Course, Dataset, Event, 지역 비즈니스 소개, 리뷰 스니펫 등 다양한 형태가 존재합니다.

다만 스니펫의 종류도 꾸준히 업데이트 때문에 현재 구글에서 어떤 스니펫을 제공하는지 궁금하시다면 아래의 QR 코드를 통해 확인해 보시기 바랍니다.

▲ 구글 스니펫 종류

08

스키마 마크업
활용하기

구글 SEO를 이해하는 큰 흐름은 구글 검색 엔진 입장에서 어떤 콘텐츠를 선호할지 고민해 보는 것입니다. 앞서 여러 번 말씀드린 바와 같이 구글은 전 세계 No.1 검색 엔진의 위상을 유지하기 위해 매년 엄청난 서버 리소스를 사용합니다. 따라서 구글 검색 엔진이 좋아하는 콘텐츠는 구글 서버 리소스를 최소한으로 사용하게 만드는 콘텐츠입니다. 구글이 처음 출시되던 1998년도에는 '구글(Google)' 외에도 '야후(Yahoo)'라는 글로벌 검색 엔진이 있었습니다. 그 당시 야후는 디렉터리 방식을 활용하여 유저가 직접 검색 엔진에 웹 페이지를 등록하는 방식으로 운영되었던 반면에 구글은 웹 문서에 있는 백링크가 지칭하는 웹 문서를 찾아가 크롤링하는 방식으로 글로벌 시장을 대상으로 빠르게 구글의 영향력을 넓혀갔습니다.

그런데 아무리 구글 검색 엔진의 성장 속도가 빠르더라도 검색 엔진이 전 세계의 웹 페이지에 있는 정보를 모두 식별하고 웹 문서의 신뢰도까지 체크하기린 현실적으로 힘게기 있었습니다. 이는 구글뿐만이 아니괴 2,000년데 초반께지도 치열하게 경쟁하던 야후, 그리고 마이크로소프트에서 제공하는 Bing, 그리고 구글 창업과 비슷했던 1997년 러시아에서 출시된 검색 엔진 'Yandex' 등도 마찬가지 상황이었습니다.

이러한 배경 속에서 2011년도 Schema.org라는 재단이 설립되었습니다. Schema.org는 2011년에 글로벌 검색 엔진 사이의 협력을 통해 생겨난 공동 프로젝트입니다. 이 프로젝트의 주요 목표는 웹 페이지 콘텐츠를 구조화할 수 있는 HTML 포맷을 표준화하여 검색 엔진이 웹 문서를 더 쉽게 이해하고 사용자에게 더 정확한 검색결과를 제공할 수 있도록 하는 것이었습니다.

이렇게 2011년도에 출시되었던 Schema.org는 메이저 검색 엔진 기업들이 함께 참여하게 되면서 검색 엔진이 웹 문서의 정보를 안정적으로 수집할 수 있는 일종의 표준화된 약속을 만들게 되었고, Schema.org의 표준 포맷에 알맞은 정보를 제공하는 웹 문서는 검색 엔진이 더 쉽게 수집할 수 있게 되었습니다.

이 당시에도 스팸성으로 생겨난 웹 페이지와 백링크 때문에 검색 엔진들은 이를 필터링하기 위해 많은 리소스를 투자했었습니다. 어쩌면 검색 엔진이 생겨난 이후로 검색 엔진을 활용하여 인위적으로 어뷰징(Abusing)을 하기 위한 그룹은 어느 시기에나 존재했다고 볼 수 있습니다. 그러나 링크나 웹 문서는 스팸성으로 대량 생성할 수 있더라도 웹 문서에 제공하는 스키마 마크업까지 대량으로 생성하기에는 한계가 있었기 때문에 '스키마 마크업'이라는 도구를 활용하여 검색 신뢰도를 높이고 문서를 식별하는 데 소요되는 리소스를 절감할 수 있게 되었습니다.

Schema.org에 대한 세부 내용이 궁금하신 분들께서는 아래의 QR코드를 활용하여 참고해 보시기 바랍니다.

▲ Schema.org

스키마 마크업이 작동되는 원리는?

스키마 마크업 작동 원리는 일반적으로 웹 문서가 크롤링 되어 웹 문서에 노출되는 과정과 비슷합니다. 다만 그 과정에서 순수 웹 문서에 기재되어 있는 데이터 외에 부가적으로 스키마 마크업 데이터를 수집해서 보너스 노출을 해준다는 개념으로 이해하시면 좋습니다.

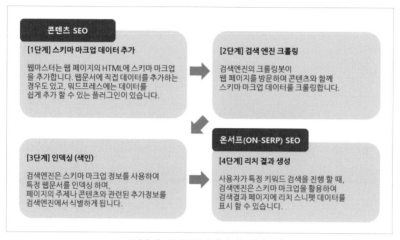

▲ 스키마 마크업이 구글에 색인 되는 과정 요약

'지피지기면 백전백승'이라는 고사성어가 있듯이 요즘 같은 무한 경쟁 시대에는 나의 경쟁사가 스키마 마크업 데이터를 활용하고 있는지 검색 노출 화면에서 주기적으로 모니터링해보는 것이 좋습니다. 간혹 구글 검색 화면에 스키마 마크업 데이터를 추가하지 않더라도 부가적인 리치 검색 데이터가 노출되는 경우가 있는데, 정확한 확인을 위해서라면 확인하고자 하는 URL에 어떤 스키마 마크업 데이터가 포함되어 있는지 체크해보시는 것이 좋습니다. 이를 체크하는 방법은 구글에서 제공하는 〈리치 결과 테스트〉가 있고 Schema.org에서 제공하는 〈구조화된 데이터 테스트〉 기능이 있습니다. 다만 구글에서 제공하는 리치 결과 테스트를 활용하시면 실제로 특정 웹 문서가 구글에서 어떻게 노출되고 있는지 조금 더 상세한 데이터를 얻을 수 있습니다. 직접 테스트해보고 싶으신 분들께서는 다음의 QR 코드를 통해서 접속해 보시기 바랍니다.

▲ 구글 리치 검색결과

▲ Schema.org – 스키마 마크업 체크

스키마 마크업을 적용해야 하는 1순위는 어떤 것들이 있을까?

메인 페이지는 스키마 마크업을 반드시 적용하는 것이 좋습니다. 구글 SEO의 경우에도 다른 미디어와 마찬가지로 1차, 2차 키워드로 웹 페이지에 유입되더라도 결국에는 브랜드 키워드로 유입 후 상담이나 구매 전환이 이루어지는 경우가 많습니다. 따라서 현실적으로 모든 페이지에 스키마 마크업 데이터를 추가할 수 없다면 적어도 메인 페이지라도 추가하시는 것을 추천 드립니다. 제대로 적용된 스키마 마크업 데이터는 구글에서만 적용되는 것이 아닙니다. 국내 시장을 고려하고 있다면 아무리 구글 검색량의 강세가 이어지더라도 현실적으로 네이버를 고려하지 않을 수 없습니다. 웹 문서에 스키마 마크업을 적용하게 된다면 네이버 웹 문서 검색 시에도 스키마 마크업 데이터가 반영되어 더욱 풍성한 검색결과를 만드실 수 있습니다.

▲ 스키마 마크업 네이버 적용 결과 전후 이미지 업데이트하기

구글 SEO를 성공적으로 진행했던 마케터들의 작업 결과를 검토해 보면 특정 마케터가 퇴사한 이후에도 그 사람이 작업했던 SEO의 영향력이 꽤 오래가

는 경우가 많습니다. 성공적인 SEO 작업 결과를 검토하다 보면 공통점이 한 가지 있습니다. 콘텐츠 마케터의 필력이나 웹 페이지의 디자인과 같은 브랜딩과 관련된 요소를 제외하더라도 성공적인 프로젝트는 대부분 가이드라인에 알맞게 꼼꼼한 업무가 진행된 것입니다. 스키마 마크업도 마찬가지입니다. 저도 처음에 스키마 마크업을 적용하기란 매우 어렵고 번거로운 일이었지만, 이런 사소한 습관들이 쌓이고 쌓이면 큰 결과가 된다는 사실을 잊지 마시기 바랍니다.

스키마 마크업을 가장 쉽게 적용할 수 있는 워드프레스 플러그인 활용 방안

스키마 마크업을 적용하는 것도 워드프레스 플러그인을 활용하면 손쉽게 적용하실 수 있습니다. 앞에서도 소개했던 SEO에 대한 사항들을 간편하게 적용할 수 있는 '요스트 SEO'와 'Rankmath' 플러그인을 활용하시면 별도로 HTML 문서를 편집하지 않고도 쉽고 간편하게 적용하실 수 있습니다. 실제로 'Rankmath'를 활용하여 스키마 마크업을 적용하는 화면을 소개해본 후 스키마 마크업 관련된 내용을 마무리하도록 하겠습니다.

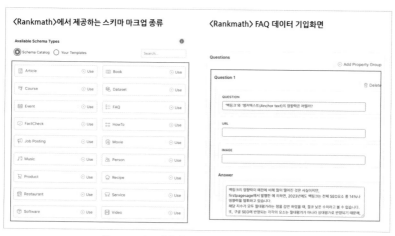

▲ 'Rankmath' 스키마 마크업(구조화된 데이터) 적용 화면

09

콘텐츠 SEO를 잘하기 위한
나만의 루틴 만들기

콘텐츠 SEO의 영역은 글쓰기의 영역과 HTML 최적화로 나눌 수 있습니다. 따라서 사람마다 스타일도 다르고 강조하는 영역도 다릅니다. 그러나 초보자 입장에서 가장 중요한 부분을 설명한다면 아래의 사항을 우선 고려하는 것이 좋습니다. 본 글에서 언급한 글쓰기에 필요한 내용들을 참고하신 이후에 나만의 루틴과 체크리스트를 만들어 보시면 도움이 됩니다.

Q1 초보자가 따라 하기 쉬운 워드프레스 글쓰기 유형 10가지는?

A1 누구나 처음부터 글을 잘 쓰는 사람은 없습니다. 처음에는 서툴지만 꾸준히 글을 작성해 가면서 글쓰기 실력도 향상되고 키워드와 SEO에 대한 지식도 하나씩 배워가게 됩니다. 아래에 소개한 '구글 SEO 글쓰기 유형 10가지'는 구글 SEO를 처음 시도하시는 분들이 사용하기 좋은 예시입니다. 해당 내용을 참고하시어 제목과 본문을 작성하시면 클릭률도 높게 나올 수 있습니다.

유형1 홈페이지 핵심 내용을 보조하는 목적의 포스트
예시 사업자가 구글 SEO 컨설팅을 받아야 하는 이유

유형 2 초보자에게 추천하는 가이드 형식의 글

예시 초보자가 알아야 할 구글 SEO 글쓰기 유형 10가지

유형 3 특정 지식이나 전문 분야에 대한 정의 형태의 글쓰기

예시 구글 SEO란, 무엇인가?

유형 4 방법이나 프로세스를 설명하는 블로그 글(How-To Blog Post)

예시 구글 SEO를 가장 쉽게 시작할 수 있는 7단계 법칙

유형 5 FAQ 블로그 글(Frequently Asked Questions Blog Post)

예시 초보자들이 구글 SEO에 대해 자주 묻는 질문 10가지

유형 6 번호를 활용한 리스트 형태의 블로그 글(Numbered Listicle Blog Post)

예시 구글 SEO를 시작하기 전에 알아야 할 소프트웨어 7가지

유형 7 인터뷰나 취재 형태의 블로그 글

예시 구글 SEO 전문가 '마름모연구소' 김보경 팀장을 만나다.

유형 8 제품 리뷰나 후기 형태의 블로그 포스팅

예시 구글 SEO 컨설팅 과정 후기를 공개합니다.

유형 9 개인 경험을 작성하는 블로그 글

예시 구글 SEO를 1년 동안 꾸준히 해보고 나서 깨닫는 점

유형 10 비교나 대조를 활용한 블로그 글쓰기

예시 구글 SEO와 네이버 SEO가 다른 점은 어떤 것들이 있을까?

Q2 퍼널*의 어떤 단계에 해당하는 고객을 유입할 것인가?

A2 구글 SEO에 대한 루틴이 어느 정도 만들어진 상황이라면 구글 SEO를 진행할 때 어떤 고객을 유입할 수 있을지 고민해 보고 글을 작성하는

---

* 고객이 어떠한 제품이나 서비스에 대해 구매 결정하기까지의 단계를 깔때기 모양으로 시각화한 것.

것이 좋습니다. 앞서 <키워드의 속성과 고객의 니즈 파악하기> 파트에서 키워드의 성향별로 고객의 유입 단계를 예측할 수 있었는데요. 마찬가지로 콘텐츠의 성격에 따라 고객들의 유입 단계를 예측할 수도 있습니다. 아래의 이미지와 같이 주로 <인식 단계>나 <고려 단계>의 키워드 & 콘텐츠는 상대적으로 키워드 조회수가 다소 높은 경우가 많고, 구매 단계의 콘텐츠는 키워드 검색량은 매우 적게 측정될 수 있으나 해당 키워드를 소수의 기업이 경쟁하는 경우가 많아 노출 난이도는 상대적으로 높은 편입니다.

실제로 구글 SEO 마케팅을 해보면 이론적으로는 평가 단계나 구매 단계의 콘텐츠가 주된 매출 기여를 할 것 같아도, 요즘과 같이 대부분의 제품이나 서비스가 포화인 시기에는 단순히 특정 키워드나 콘텐츠만 집중 공략해서 매출을 발생시키기는 쉽지 않습니다. 따라서 각 단계를 일직선으로 진전되는 선형모델로 보시는 것보다는 각 단계의 콘텐츠가 서로 연계하여 마케팅 성과로 이어질 수 있는 순환형 모델로 바라보는 것이 좋습니다. 주요 단계의 콘텐츠에 대해 부연 설명하자면 다음과 같이 요약할 수 있을 것 같습니다.

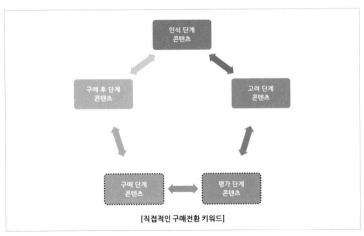

▲ 콘텐츠의 성향에 따른 고객들의 유입 단계 파악하기

단계1 인식 단계 콘텐츠/고려 단계 콘텐츠

해당 단계에서는 주로 가볍게 제품이나 서비스를 알아볼 수 있는 콘텐츠가 효과적입니다. 대표적으로는 앞서 6번에 소개한 <구글 SEO를 시작하기 전에 알아야 할 소프트웨어 7가지>와 같은 콘텐츠로 특정 제품이나 서비스에 관심이 있는 고객들에게 가볍게 나의 브랜드를 어필할 수 있습니다. 다만 주의해야 할 부분은 서비스나 제품에 대한 판매 유도 문구를 넣지 않는 것이 좋습니다. 어차피 해당 고객들은 구매의 니즈가 높지 않기 때문에 정보성의 본질에 충실한 콘텐츠를 배포하는 것이 도움이 됩니다.

단계2 평가 단계 콘텐츠

평가 단계에서는 인식과 고려 단계의 콘텐츠보다 조금 더 심도 있는 내용을 어필해도 됩니다. 해당 단계의 고객들은 어느 정도 제품에 대한 니즈가 있는 상황이기 때문에 조금 더 전문적이고 심도 있는 내용을 추가하는 것이 도움이 됩니다. 대표적인 콘텐츠 사례로는 10번에 소개한 <구글 SEO와 네이버 SEO가 다른 점은 어떤 것들이 있을까?>와 같은 포스팅이 될 수 있습니다. 지나치지 않다면 살짝 나의 브랜드를 어필하더라도 고객들이 큰 거부감을 느끼지 않습니다.

단계3 구매 단계 콘텐츠

구매 단계의 콘텐츠는 <사업자가 구글 SEO 컨설팅을 받아야 하는 이유>와 같이 메인 비즈니스를 직관적으로 설명할 수 있는 부연 설명 콘텐츠가 좋습니다. 해당 내용의 콘텐츠는 홈페이지의 메인 비즈니스에 대한 설명을 보조하는 경우가 많습니다. 그리고 꼭 정보성 콘텐츠가 아닌 포트폴리오나 고객 사례 연혁 등과 관련된 콘텐츠도 구매 단계의 전환을 높이는 데 도움이 됩니다.

Q3 실제로 글을 작성할 때 고려해야 하는 것들은 어떤 것들이 있을까?

A3 워드프레스에 포스트를 작성할 때 랭크매스(Rank Math)와 같은 SEO 최적

화 플러그인의 도움을 받아 쉽게 루틴을 만드실 수 있습니다. 전문적인 SEO 플러그인에서 제공받을 수 있는 글쓰기 가이드는 대략 아래와 같습니다.

전략 1 키워드 탐색

우선 구글 SEO를 진행할 키워드를 찾는 것이 가장 중요합니다. 조회수가 적고 경쟁이 덜 치열한 100건 미만의 조회수의 키워드를 집중 공략하는 것이 좋습니다. 그런데 초보자분들에게는 '구글 트랜드'나 '구글애즈'를 통해서 키워드를 찾는 것에도 어려움이 있을 수 있습니다. 그런 경우라면 저는 과감하게 아무 생각 없이 글을 먼저 작성하는 방법을 추천 드립니다. 키워드 탐색이나 디테일한 부분을 모두 고려하고 글쓰기를 한다고 하더라도 초반에는 현실적으로 글들이 검색 노출되지 않습니다. 따라서 처음에는 과감하게 글쓰기부터 시도하면서 체계적인 글쓰기 루틴을 만드는 것이 좋습니다.

전략 2 제목에 원하는 키워드가 가급적 맨 앞에 노출이 되었는가?

제목에는 반드시 노출을 원하고자 하는 키워드가 들어가는 것이 좋습니다. 그리고 확률적으로 노출하고자 하는 키워드를 제목의 앞부분에 기입하는 것이 좋습니다. 다만, 본문의 맨 앞부분에 키워드를 노출한다고 해서 문맥이 부자연스럽거나 어색하면 안됩니다. 따라서 제목에 원하는 키워드를 추가하되, 문맥에 자연스러운 선에서 가급적 제목의 앞부분에 키워드를 넣는 것이 좋습니다.

전략 3 본문의 HTML 구조 질문에 해당하는 <H1> 태그와 본문에 해당하는 <P> 태그가 반영이 되었는가?

HTML에서 태그를 지정하는 것은 <H1> 태그는 필수로 활용하는 것이 좋고, 그 외에 여력이 된다면 <H2> 태그까지 활용하면 좋습니다. 다만 가장 중요한 것은 <H1> 태그와 본문을 상징하는 <P> 태그를 활용하는 것이기 때문에 가급적 2개의 태그는 사용하는 것이 검색 엔진이 콘텐츠를 제대로 분석할 수 있습니다.

전략 4 포커스 키워드가 5~6회 정도 충분히 기입이 되었는가?

포커스 키워드는 콘텐츠의 길이나 문맥에 따라 다르지만 보통 5~6회 정도 추가하고 있고, \<H1\> 태그와 본문에는 반드시 1번 이상 기입하는 것이 좋습니다.

전략 5 게시물의 URL에는 노출하고자 하는 키워드가 기입되었는가?

워드프레스에서 게시물을 발행할 때 본문에 원하는 키워드를 추가하는 것이 도움이 됩니다. 워드프레스의 경우 발행하는 포스트의 URL을 수정할 수 있기 때문에 URL의 글 제목 영역에 원하는 '포커스 키워드'를 추가하시는 것이 좋습니다.

전략 6 본문에 내부 웹 페이지로 이동하는 링크와 외부 웹 페이지로 이동하는 링크가 적용되었는가?

본문에 내부 콘텐츠로 이동하는 \<내부 링크\>와 외부 콘텐츠로 링크되는 \<외부 링크\>를 각각 1개 이상씩 적용하는 것이 좋습니다.

전략 7 본문의 내용과 연관이 있는 앵커 텍스트(Anchor text)가 적용되었는가?

본문에 포함되어 있는 내부 링크와 외부 링크에는 각각 본문의 소재와 연관되어 있는 \<앵커 텍스트\>를 적용하는 것이 좋습니다. 본문에 있는 앵커 텍스트는 글의 속성을 파악하는 데 매우 큰 도움을 줍니다.

전략 8 이미지는 웹피(Webp) 형태로 압축하였는가?

본문에 첨부되는 이미지는 웹피(Webp) 이미지는 무료 변환 사이트나 웹피 이미지 자동 변환 워드프레스 플러그인을 활용하여 웹피(Webp) 형태로 압축하여 올리도록 합니다.

전략 9 원하는 행동을 유도할 수 있는 CTA(call to action)가 적용되었는가?

본문의 성격이 정보성 콘텐츠가 아니라 비교 콘텐츠나 메인 콘텐츠와 같이 상담문의나 구매로 이어질 수 있는 경우에는 고객의 행동을 유도할 수 있는 버튼이나 문구를 추가하는 것이 좋습니다.

10

구글이 좋아하는
100점짜리 글쓰기 방법

위에 소개한 가이드대로 글을 작성하다 보면 어느 순간 작성한 글들이 구글 상단에 노출되는 것을 경험하실 수 있습니다. 하지만 구글 SEO를 활용한 글쓰기가 손에 익숙해지기까지 많은 시간과 노력이 필요합니다. 따라서 처음에는 SEO 도구들을 활용하여 구글 SEO에 영향을 줄 수 있는 부분을 모두 반영하여 높은 점수를 획득하는 것이 익숙해질 때까지 병행하여 사용하는 것이 좋습니다. 작성한 콘텐츠가 구글 SEO적인 부분에서 개선할 부분이 있는지 가이드 해주는 플러그인은 앞서 소개한 '요스트SEO(Yoast SEO)'와 '랭크매스(Rank Math)'가 있습니다. 오늘은 그 두 개의 플러그인 중에서 랭크매스(Rank Math)를 통해서 구글이 좋아하는 100점에 가까운 글을 작성하는 방법에 대해 간단하게 소개하고 넘어가도록 하겠습니다.

▲ 랭크매스(Rank Math)에서 조회되는 콘텐츠 SEO '스코어링'

위의 캡쳐 이미지는 랭크매스(Rank Math) 플러그인을 통해 워드프레스에 발행된 포스트가 콘텐츠 SEO 방면에서 몇 점을 획득하였는지 점수로 기재한 것입니다. 해당 점수가 100점이라고 하더라도 구글 검색 노출 화면에 꼭 상단에 노출되는 것은 아니지만 해당 점수가 높을수록 구글 검색 노출에 유리하게 작용합니다. 따라서 저는 특별한 이유가 있는 것이 아니라면 적어도 80점 이상의 점수를 유지하여 콘텐츠를 발행하고 있습니다. 이런 루틴들이 쌓이고 쌓여 비교적 경쟁이 덜 치열한 키워드들 위주로 콘텐츠가 검색 엔진의 상단에 노출됩니다. 랭크매스(Rank Math)에서 점수를 측정하는 요소들을 조금 더 직관적으로 설명하기 위해 관련된 이미지를 별도로 첨부합니다.

▲ 랭크매스(Rank Math) 스코어링에 영향을 주는 요소들

11

아무도 알려주지 않았던
인공지능을 활용한 글쓰기 방법

요즘은 어떠한 산업 분야든 인공지능(AI)을 빼고는 말할 수 없는 수준이 되어버렸습니다. 챗GPT의 가파른 성장 이후에 대부분의 산업 분야에서 인공지능이 빠르게 도입되고 있습니다. 인공지능은 마케팅 업계도 빠르게 변화시키고 있습니다. 예전에 마케팅에서 활용하던 인공지능은 광고 최적화와 같은 개발이나 기술 단계에서 도입되는 경우가 많았기 때문에 일반적인 엔드유저(End user)가 체감하기는 쉽지 않은 부분이 있었습니다. 그러나 챗GPT와 같은 생성형 인공지능의 글쓰기 성능이 높아진 이후에는 마케팅의 영역도 인공지능 도입이 빨라지고 있습니다.

챗GPT(ChatGPT)가 전 세계적으로 큰 인기를 끌고 있습니다. 챗GPT의 월 사용자는 2023년 초에 쉽게 1억 명을 돌파하였고 지금도 이용자 수는 빠르게 성장하고 있습니다. 구글은 이런 상황에 매우 심각한 위기 상황에 해당하는 '코드레드'(code red)를 발령하고 적극적으로 대응에 나서고 있고, 구글에서 출시한 인공지능 챗봇인 바드(Bard)를 활용하여 적극적인 추격전을 벌이고 있지만 아직 챗GPT와는 이용자 수 면에서 많은 격차가 있습니다.

구글이 위기 상황에 해당하는 '코드레드'를 발령한 것도 이해가 됩니다. 챗 GPT와 같은 생성형 인공지능을 통해 양질의 콘텐츠가 쏟아져 나오면서 가장 타격을 입을 수 있는 것이 구글과 같은 검색 엔진이기 때문입니다. 그동안 구 글은 검색 품질과 신뢰도를 높이기 위해 부단히 노력을 해왔는데, 이제 콘텐츠 가 생성되는 속도가 기하급수적으로 빨라지게 되면서 쏟아져 나오는 콘텐츠 를 모두 식별해야 하므로 데이터를 처리하기 위한 서버 리소스도 막대한 양으 로 늘어나게 되었기 때문입니다.

아무리 검색 엔진의 검색 품질이 높더라도 검색 엔진의 경우에는 콘텐츠를 모두 식별해서 판별해야 하는 과정이 있습니다. 그러나 챗GPT와 같은 생성형 인공지능의 경우에는 별다른 콘텐츠 식별 과정이 없더라도 원하는 데이터를 바로 얻을 수 있습니다. 정보를 취득하는 과정에서도 불필요한 광고를 접하지 않기 때문에 높은 수준의 지식이 아닌 간단한 정보성 콘텐츠들은 검색 엔진보 다 생성형 인공지능에 묻는 것이 더 편리해진 것입니다.

국내 이용자들이 네이버를 떠나 구글로 넘어오게 된 것엔 여러 가지 이유가 있습니다. 안드로이드 모바일 기기에 구글 검색 기능이 기본 탑재된 이유도 있 지만, 기본적으로 네이버에서는 원하는 정보를 찾을 수 없었기 때문입니다. 네 이버에 '목이 아플 때 먹는 음식'에 대해 검색해 보면 간단한 음식이나 약재에 대한 정보가 나오기는 하지만, 해당 콘텐츠는 곧 한의원이나 관련 질환을 치료 하는 의료기관과 연관이 있는 콘텐츠임을 금방 눈치챌 수 있습니다. 이처럼 네 이버에 노출되는 콘텐츠는 곳곳에 광고가 숨어있기 때문에 이용자가 쉽게 피 로감을 느끼게 되었고, 또 본질적인 정보의 신뢰도를 고민하게 만들었습니다. 그 결과 유저들은 네이버를 떠나 구글로 이동하거나 네이버에서 얻은 정보의 신뢰도를 검토하기 위해 구글 검색을 병행하는 새로운 패턴이 생기게 되었습 니다. 즉, 검색 엔진 본연의 가치전달이 안될 때 유저들은 검색 엔진을 떠나 새 로운 곳으로 이동하는 것입니다.

최근 'Google I/O 2023'에서 발표된 '생성형 검색 경험'(Search Generative Exprience, SGE)이라는 기술은 많은 부분을 시사하고 있습니다. 예전부터 인공지능이 제작한 콘텐츠는 구글의 큰 골칫거리였습니다. 그래서 구글은 'SpamBrain'과 같은 AI 기반 스팸 방지 시스템을 활용하여 인공지능이 생성한 콘텐츠에 대한 콘텐츠 검수를 강화해 왔습니다. 현재 미국에서 베타 버전으로 운영하는 '생성형 검색 경험'(Search Generative Exprience, SGE) 시스템은 기존의 검색 엔진 기능은 유지하되, 검색 화면에 인공지능의 답변을 함께 노출함으로써 이용자들의 검색 편의성을 높이기 위해 다양한 테스트를 진행하고 있습니다.

그리고 2023년 2월에 발표된 〈AI 제작 콘텐츠 관련 Google 검색 안내〉의 내용을 참고해 보면 구글은 공식적으로 인공지능에 생성한 콘텐츠에 대하여 수용적인 입장을 내놓고 있습니다. 이번에 업데이트된 주요 내용의 핵심은 '구글 검색 엔진은 어떤 제작 방식을 사용했건 관계없이 품질이 우수한 콘텐츠에 보상을 제공'한다는 것입니다. 즉, 어떠한 콘텐츠가 사람이 작성했거나 인공지능이 작성했거나 콘텐츠의 품질에만 영향을 주지 않는다면 크게 관여하지 않는다는 내용을 공식화한 것입니다. AI 제작 콘텐츠에 대한 구글의 상세한 가이드는 아래의 QR코드를 통해서 활용하실 수 있습니다.

▲ AI 제작 콘텐츠 관련 Google 검색 안내

따라서 다양한 자료들을 종합적으로 보았을 때, 현재는 온라인 생태계의 주류인 '검색 엔진' 기반에서 생성형 인공지능으로 넘어가는 과도기에 있다고 보는 것이 적합할 것 같습니다. 앞으로 구글은 기존의 'SEO' 방식과 인공지능을 결합한 '생성형 검색 경험'(Search Generative Exprience, SGE)의 방식을 병행할 것으로 보이고 고객들의 반응에 따라 과거의 검색방식으로 돌아가거나 아니면 새로운 방식으로 빠르게 변화할 수도 있을 것 같습니다.

확실한 것이 한 가지 있습니다. 소셜미디어나 유튜브와 같은 새로운 형태의 미디어들 속에서도 검색기반의 마케팅이 굳건히 자리를 지킬 수 있었던 이유는 검색어는 사용자의 니즈를 가장 직관적으로 반영하기 때문에 광고의 성과가 높았기 때문입니다. 실제로 많게는 클릭당 몇만 원까지 높은 비용을 지불하면서도 많은 기업들이 검색기반의 마케팅을 지금까지 이어오고 있습니다. 그런데 생성형 인공지능은 간단한 검색어뿐 아니라 이제는 문단과 문맥 전체를 파악할 수 있는 수준으로 발전했기 때문에 앞으로 생성형 인공지능에 광고가 결합하게 된다면 더 강력한 형태의 광고 플랫폼이 탄생할지도 모르는 일입니다. 아마 시간이 걸리더라도 온라인 정보취득에 대한 소비자의 선택은 '생성형 검색 경험'(Search Generative Exprience, SGE)을 더 선호할 가능성이 높다고 생각합니다.

그렇다면 구글 SEO를 준비해야 하는 입장에서 인공지능을 어떻게 활용해야 할까요? 개인적으로 저는 그동안 인공지능을 활용한 다양한 글쓰기를 진행해 보았는데요. 인공지능의 활용도에 따라서 총 3단계의 예시를 설명할 수 있을 것 같습니다.

단계 1 인공지능 글쓰기 초보자를 위한 제안

이제 막 인공지능을 활용하여 글쓰기를 시작하시는 분들이라면 기본부터 차근차근 진행해 보시는 것이 좋습니다. 우선 챗GPT와 같은 외국 소프트웨어나 한국어로 인공지능 글쓰기 서비스를 제공해 주는 뤼튼(wrtn) 같은 소프트웨어를 먼저 사용해 보시는 것이 좋습니다. 이런 대중적인 소프트웨어를 활용하여 인공지능을 활용한 글쓰기의 구조를 이해하실 수 있고, 사전 세팅에 해당하는 프롬프트(prompt) 설정 등을 활용하여 인공지능을 활용하여 더 높은 품질의 답변을 얻을 수 있는 방법을 학습하실 수 있습니다.

▲ 한국어로 인공지능 콘텐츠 작성이 가능한 뤼튼(wrtn)

단계 2 **글로벌에서 유행하는 소프트웨어를 활용하기**

아직까지 마케팅 관련 소프트웨어는 국내보다 해외에서 더 빠르게 성장하고 있습니다. 따라서 해외에서 많이 활용하는 소프트웨어를 도입해 보는 것입니다. 제가 제안 드리고 싶은 소프트웨어는 2가지입니다. 챗GPT와 크롬 브라우저 연동을 통해 활용할 수 있는 'aiprm'과 같은 소프트웨어를 활용하면 특정 포스트나 글을 중복에 걸리지 않도록 재생성할 수 있습니다. 그리고 인공지능을 활용하여 글쓰기를 진행하더라도 글의 주제와 소재를 정하는 것은 매우 어려운 일입니다. 이럴 경우 'hubspot blog topic generator'를 활용하여 블로그 주제를 선정해 보는 것도 도움이 됩니다.

▲ aiprm

▲ hubspot blog topic generator

단계 3 **나만의 루틴을 구현할 수 있는 시스템 만들기**

위의 단계가 모두 학습되신 분들이라면 나만의 루틴을 구현할 수 있는 시스템을 만들어보는 것을 추천 드립니다. 시스템이라고 해서 대단한 것이 아닙니다. 주제 선정부터 글쓰기, 그리고 성과측정까지 나에게 맞는 글쓰기를 만들어가는 것입니다. 그리고 기술에 대한 이해도가 높고 글쓰기 자동화를 구현하실 수 있는 역량을 갖추신 분들이라면, 워드프레스 플러그인을 맞춤 제작하여 '챗GPT' API를 연동하여 세팅 된 일정에 따라 글쓰기부터 발행까지 모든 과정을 자동화할 수 있습니다. 다만, 이런 고급 기능들을 구현하기 위해서는 기본기를 튼튼하게 해야 하므로 기초적인 부분부터 차근차근 학습하시는 것을 추천 드립니다.

12

섬네일도 인공지능으로 만드는 시대가 왔다.

취미 삼아 가벼운 마음으로 블로그 포스팅을 진행한다면 문제가 없겠지만, 디자인에 대해 눈높이가 높거나 아니면 기업 블로그를 운영하시는 분들이라면 글 쓰는 것 외에도 고려해야 할 부분이 있습니다. 바로 '섬네일 이미지'입니다. 실제로 블로그 글쓰기와 같은 콘텐츠 마케팅 실무를 진행해 보지 않은 분들은 블로그 콘텐츠 한 편을 제작하는데 생각보다 많은 시간이 들어간다는 것을 이해하지 못합니다. 소재를 기획하고, 자료를 조사 하고, 글을 쓰고, 섬네일을 만든 뒤 기타교정까지 숙련된 마케터의 경우 적게 잡아도 2~3시간 정도 소요됩니다.

일부 난도가 높은 글들의 경우 완성까지 3~4시간 이상이 걸리는 경우도 많습니다. 섬네일 이미지 제작의 경우에도 생각보다 많은 시간이 소요됩니다. 예전에는 디자이너가 포토샵을 활용하여 하나하나 디자인해주는 경우도 있었으나, 섬네일 디자인이 어느 정도 규격화되면 PPT 템플릿이나, 간단하게 이미지를 제작해 주는 온라인 템플릿 도구(미리캔버스, 망고보드)를 활용하여 만드는 것이 일반적인데, 문제는 디자이너가 하나하나 만들기에 너무 많은 시간이 든다는 점입니다. 그렇다고 템플릿을 만들어서 사용하기에는 디자인의 신선도가 떨어질 수도 있습니다.

따라서 이번에 소개해 드리는 툴은 애니메이션 형태의 섬네일을 만들어주는 이미지 생성 인공지능인 Leonardo(https://leonardo.ai/)입니다. 해당 툴을 사용하시면 실감 나는 애니메이션 섬네일을 쉽게 제작하실 수 있습니다.

Leonardo를 활용하는 방법은 간단합니다. 아래의 이미지와 같이 이미지의 속성과 필터를 선택한 이후 노란색 표기와 같이 블로그용 애니메이션 같은 일러스트 이미지를 만들어 달라는 명령어를 입력합니다.(I'm looking for an image for my blog An animation-like illustration) 그리고 해당 명령어 뒤에 블로그 포스트 제목을 영문으로 작성하거나, 영문이 익숙하지 않으신 분들은 구글이나 파파고 번역기를 활용하여 작성하시면 제목에 알맞은 일러스트 형태의 이미지 섬네일을 쉽게 제작하실 수 있습니다. 그리고 입력한 명령어는 자신의 취향에 맞게 다양한 요청 사항을 기재하실 수도 있습니다.

▲ Leonardo 프롬프트 화면캡처

이미지 생성 인공지능이 아직 완벽한 작업 퀄리티를 내지 못하는 것이 현실이지만 적어도 콘셉이 정확한 블로그 섬네일 이미지 정도는 꽤 높은 수준의 작업 퀄리티를 구현할 수 있습니다. 현재 홈페이지의 디자인 느낌과 비슷한 톤의 이미지를 생성할 수 있는 플랫폼을 찾는다면 2가지 관점에서 매우 유리하다고 볼 수 있습니다.

첫 번째로 이미지 제작 시간이 압도적으로 줄어듭니다. 실제로 PPT 템플릿이나 이미지 제작 템플릿 사이트를 활용하더라도 글의 전체적인 느낌에 어울리는 사진을 찾다 보면 은근히 노력이 많이 들어갑니다. 그러나 생성형 인공지능을 활용하면 글에 어울리는 섬네일 이미지를 클릭 몇 번 만으로 쉽게 만들 수 있습니다.

두 번째로 생성형 인공지능이 만든 이미지는 구글 중복검색을 피할 수 있습니다. FirstPageSage의 리서치 결과에 따르면 구글 이미지 검색으로 인한 유입은 구글 전체 트래픽의 약1.4% ~ 4.9% 정도로 집계됩니다. 많다면 많고, 적다면 적은 수치이지만 '스톡 이미지 사용'은 중복 이미지로 분류되어 검색 노출 확률이 매우 적을 뿐만 아니라 중복 이미지 때문에 포스트 전체가 노출되지 않는 문제로도 이어질 수 있습니다. 그러나 생성형 인공지능이 제작한 이미지는 이를 피해 갈 수 있습니다.

Leonardo를 활용하여 제작했던 섬네일 이미지의 실제 적용 사례가 궁금하시다면 아래의 QR코드를 확인해 보시기 바랍니다. 다행이 저는 해당 소프트웨어에서 제공하는 필터가 저의 웹 페이지 콘셉과 잘 맞아서 유용하게 사용하고 있습니다.

▲ Leonardo를 활용하여 제작한 섬네일 모아서 보기

구글 SEO의 가속도를
높여주는 링크 빌딩 전략

01

내부 링크와 외부 링크가
SEO에 주는 영향

앞서 소개했던 구글전신에 해당하는 백럽(BackRub)의 논문 중에 가장 눈에 띄는 내용은 1번에 해당하는 앵커 텍스트(Anchor text)와 2번에 해당하는 링크 값 기반의 〈Pagerank〉입니다. 이 두 가지 개념은 구글 논문에도 메인으로 소개될 만큼 매우 중요한 요소로 소개되고 있습니다.

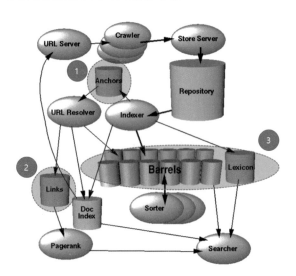

▲ The Anatomy of a Large-Scale Hypertextual Web Search Engine

논문의 자료와 구글 가이드 문서를 조합해 보면 링크 전략이 SEO에 도움이 된다는 사실은 거의 기정사실이라고 보셔도 됩니다. 실제로도 구글 가이드 문서에서는 링크 전략이 구글 SEO에 도움될 것임을 암시하는 내용들이 여러 차례 포함되어 있습니다. 우선 〈Google 웹 검색의 스팸 정책〉에는 아래와 같이 웹 페이지 관련성을 판단할 때 링크를 중요한 요소로 판단한다고 기재되어 있습니다. 링크가 구글 SEO에 많은 영향을 주기 때문에 구글은 과도하게 스팸성 링크를 생성하는 것에 대해 페널티를 부여하고 있다는 것입니다. 아래에 소개한 내용들은 구글 공식 가이드에 기재되어 있는 링크와 관련된 언급들입니다.

- **링크 스팸**

  Google은 웹 페이지의 관련성을 판단할 때 링크를 중요한 요소로 사용합니다. Google 검색결과에서 순위를 조작하기 위한 링크는 링크 스팸으로 간주될 수 있습니다. 여기에는 사이트로 연결되는 링크나 사이트에서 외부로 연결되는 링크를 조작하는 행위가 모두 포함됩니다.

- **Google의 링크 권장사항**

  Google에서는 링크를 신호로 사용해 페이지의 관련성을 파악하고 크롤링할 새 페이지를 찾습니다. 크롤링을 통해 다른 페이지를 찾을 수 있게 한다면, 사용자와 Google은 페이지를 더 쉽게 이해할 것입니다.

- **링크를 크롤링 가능하게 설정하기**

  일반적으로 Google에서는 링크가 href 속성이 있는 〈a〉 HTML 요소(앵커 요소라고도 함)인 경우에만 링크를 크롤링할 수 있습니다. 다른 형식의 링크는 Google 크롤러가 파싱하거나 추출할 수 없는 경우가 대부분입니다. Google에서는 href 속성이 없는 〈a〉 요소나 스크립트 이벤트로 인해 링크처럼 작동하는 다른 태그에서 안정적으로 URL을 추출해 낼 수 없습니다.

- **내부 링크로 자신의 콘텐츠 상호 참조**

  링크는 일반적으로 외부 웹사이트로의 연결하는 의미에서 생각하기 쉽지만, 내부 링크에 사용되는 앵커 텍스트를 주의 깊게 살펴보면 사용자와

Google이 사이트를 더욱 쉽게 이해하고 사이트의 다른 페이지를 찾는 데 도움을 줄 수 있습니다. 중요한 페이지마다 사이트에 있는 다른 페이지 중 하나 이상의 링크가 있어야 합니다.

위에 소개한 내용은 〈구글 검색센터〉의 〈Google의 링크 권장사항〉에 수록된 내용을 참고하였으니 원문이 궁금하신 분들께서는 아래의 QR코드를 참고해 보시기 바랍니다.

▲ Google의 링크 권장사항

위에 소개된 내용을 종합해 보자면 아래와 같이 요약할 수 있습니다.

요약 1

구글 논문자료에서 확인한 '구글 검색 엔진의 구조'와 '구글 검색 가이드 문서'의 다양한 내용들을 종합해 보면 본문에 포함되어 있는 링크는 구글 검색 엔진이 문서의 관련성을 파악하는 데 매우 중요한 요소로 작용합니다.

요약 2

구글 검색 엔진은 현재 페이지에서 다른 페이지로 이동시키는 페이지 내의 링크와 앵커 텍스트를 기준으로 새롭게 크롤링할 페이지를 찾습니다.

요약 3

구글은 특정 텍스트에 하이퍼링크가 지정되어 있는 '앵커 텍스트'가 반영된 URL만 인식할 수 있습니다. 다만, 실제로는 앵커 텍스트가 지정되어 있지 않더라도 상당수의 링크가 식별되고 있습니다.

　외부에서 나의 웹 페이지를 링크해 주는 '백링크'만 중요한 것이 아니라 내 홈페이지 내에서 이동되는 내부 링크도 올바른 앵커 텍스트를 지정해서 사용하게 되면 SEO에 도움이 됩니다. 또, 페이지 내에는 반드시 1개 이상의 링크를 추가하는 것이 좋습니다. 페이지 내에 다른 페이지로 이동하는 링크가 없으면 구글은 막혀 있는 페이지로 인식하게 되지만, 링크가 적용되어 있는 웹 페이지는 검색 엔진이 끊임없이 순환하게 됩니다.

　위와 같이 나의 홈페이지 내에 있는 웹 문서를 서로 연결해 주는 내부 링크가 구글 SEO에 도움이 된다는 사실을 알게 된 이후에는 웹사이트 내에 있는 내부 링크들을 서로 연결해 주는 작업을 진행하였는데요. 강의 포트폴리오를 정리해 놓은 '마름모연구소' 강의 사이트가 그 사례에 해당합니다. 해당 페이지 내에는 비교적 도형과 그래픽적인 요소를 제외하고 최대한 핵심을 요약한 '앵커 텍스트'와 '내부 링크'를 통해 메인 페이지를 구성하였고, 실제로 내부 링크가 잘 연결되어 있기 때문에 제가 주력하고 있는 강의 관련 키워드들은 대부분 구글 상단에 노출되고 있습니다. 내부 링크를 활용하여 실제로 구글 SEO의 효과를 보게 된 사례를 첨부합니다.

▲ 내부 링크가 적용된 마름모연구소 웹 페이지

02

[인터뷰] 링크 빌딩 전략을 활용한
오가닉 유입 30% 개선 사례
- 먼데이닷컴 파트너사 SPH 김보민 매니저 -

1. 간단하게 현재 직무와 주요업무에 대해 소개해주시기 바랍니다.

저는 글로벌 협업툴 '먼데이닷컴'의 국내 유일 플래티넘 파트너사인 SPH의 마케팅팀 매니저로 근무하고 있습니다. 먼데이닷컴의 '퍼포먼스 마케팅', '콘텐츠 마케팅'이나 온라인, 오프라인 행사를 기획업무까지 담당하고 있고, 전체적인 마케팅을 모두 담당하는 올라운더(All-rounder) 마케팅 담당자로 근무하고 있습니다.

2. 현재 다양한 콘텐츠들을 꾸준히 업로드하고 있는데 '구글SEO'를 어떤 목적으로 진행하고 있는지?

구글 SEO를 포함해서 저희 마케팅 조직의 최우선 목적은 잠재고객 창출(Lead Generation)입니다. 양질의 잠재고객을 발굴할 수 있는 바탕이 되는 마케팅 활동이 '콘텐츠 마케팅'이라고 생각해서 구글 SEO를 활용한 콘텐츠 마케팅을 진행하고 있습니다. 그리고 국내 협업툴 시장에서 '먼데이닷컴'의 인지도가 국산 협업툴에 비해 부족한 부분이 있다고 생각하여, 브랜딩을 보강하는 목적으로도 SEO를 활용하고 있습니다.

3. 현재까지 구글 SEO를 진행하면서 가장 의미 있다고 생각하는 경우는 어떤 것들이 있는지?

마케터의 입장에서는 주로 영업담당자에게 고객들의 피드백을 받는 경우가 많습니다. 고객들이 제가 발행한 '협업툴 비교 콘텐츠'를 보고 상담문의 후 최종 계약을 결정하신 경우가 있었는데, 이 사례가 가장 기억이 나고 영업팀을 통해 들어오는 고객 피드백들이 업무를 하면서 위로가 되기도 하고 용기가 되기도 합니다.

그리고 저희가 SEO를 통해서 대기업 상담문의가 들어온 사례가 있습니다. 그리고 최근에 해당 고객사가 최종 계약으로 전환이 되었습니다. 그런데 계약 전에 영업팀에서 고객 인터뷰를 진행해 보니 검색광고 외에도 SEO로 노출되어 있는 콘텐츠를 대부분 검색해 보셨더라고요. 저희 블로그 글을 대부분 확인해 보고 구매 결정을 내리신 것입니다. 해당 사례는 구글 SEO로 유입되어 계약까지 진행되었던 대기업 계약 건이라 특히 기억에 남습니다.

4. 비즈니스와 관련된 웹 페이지를 2개 운영하고 있는데 장점과 단점이 있다면?

현재 2개의 웹 페이지를 운영하고 있는데, 최근 관리 리소스가 많이 소요돼서 기존의 워드프레스는 없애고 1개의 웹 페이지로 운영하는 방안에 대한 논의가 이루어졌었습니다. 그런데 2019년부터 홈페이지 외에 추가로 워드프레스를 활용해 콘텐츠를 발행하다 보니, 워드프레스에 계속 트래픽이 쌓여가고 있어서 웹 페이지를 삭제하는 것이 어려운 상황이었습니다. 그래서 현재는 웹 페이지를 2개 운영하는 것으로 결정했습니다.

단점이라고 한다면? 운영 공수가 두 배로 소요된다는 부분이고, 장점은 트래픽이 양쪽에서 들어온다는 부분인데, 장단점이 명확한 것 같습니다.

▲ 먼데이닷컴 웹 페이지
https://monday.sphinfo.com/

▲ 먼데이닷컴 블로그 페이지
https://blog.sphinfo.com/

5. SPH의 경우 국내 '먼데이닷컴' 파트너사 중에서는 업력이 꽤 쌓여가고 있는데 이로 인한 이점이 있다면?

아무래도 저희 회사가 '먼데이닷컴' 비즈니스를 좀 빨리 시작했다 보니 이점은 많이 있습니다. 다른 경쟁사 분들은 2021이나 2022년에 비즈니스를 시작했거나, 심지어 올해 시작하신 분들도 있는 것 같습니다. 저희는 기존에 쌓여 있는 콘텐츠들이 이미 구글에도 많이 노출되고 있고, 또 의도하지는 않았지만, 네이버 웹 문서 영역에도 콘텐츠들이 노출되어 있는 경우가 많습니다. 전체적으로 보았을 때는 구글검색으로 유입되는 고객들의 계약전환이 더 높기는 하지만, 네이버에서도 간혹 문의가 많이 들어오는데 계약까지 이루어지는 경우도 꽤 있습니다. 아무래도 업력이 길면 쌓여 있는 콘텐츠도 많고, 네이버든 구글이든 검색 엔진최적화도 잘 이루어져 있기 때문에 구글 SEO면에서도 많은 이점이 있는 것 같습니다.

6. SEO를 성공적으로 진행할 수 있는 SPH만의 노하우가 있다면?

마케팅팀과 세일즈팀이 긴밀히 협업해서, 세일즈팀에서 고객사의 니즈를 잘 파악해 줍니다. 구체적으로 세일즈 부서에서 미팅 중에 고객들에게 얻는 정보들을 잘 피드백 해주는데, 영업팀에서 듣는 정보와 웹 페이지 데이터 분석을 함께 진행하여 마케팅의 효율을 높이고 있습니다. 업무적으로 세일즈팀과 협업이 원활하게 진행되는 구조라 마케팅하기에도 비교적 수월합니다.

7. 가장 최근에 얻었던 구글 SEO의 성과는 어떤 것들이 있나요?

최근에 추가로 발행하는 글들에 내부 링크와 외부 링크를 모두 반영했습니다. 그리고 링크 빌딩의 중요성을 몰랐을 때 발행했던 과거의 콘텐츠들도 모두 수정해서 링크 빌딩을 진행하였는데, 워드프레스 블로그 개편하면서 유실되었던 트래픽들이, 이후에 새롭게 링크 빌딩 전략을 진행하면서 30% 이상의 트래픽이 늘었습니다.

8. 요즘 새롭게 주력하고 있는 마케팅 활동이 있다면?

예전에 저희 회사에서 '먼데이닷컴' 페이스북 한국 유저 커뮤니티를 운영했었는데, 요즘에는 페이스북 채널이 많이 죽기도 했고, 그 당시 충분한 리소스를 투자하지 못하여, 성공으로 이끌지 못했던 경험이 있습니다. 그런데 요즘의 마케팅 트랜드가 'CRM'이나 '커뮤니티' 형태의 흐름으로 넘어가고 있기 때문에 내년에는 '슬랙'이나 기타 플랫폼들을 고려하여 다시 유저 커뮤니티 운영을 계획하고 있습니다.

9. 구글 SEO에 도전하고자 하는 마케터 분들에게 한마디 하자면?

'Take time!' 여유를 갖고 시도하라고 말씀드리고 싶습니다. 저도 원래 성격이 급한 편이라 예전에 구글 SEO 강의를 듣고, 바로 링크 빌딩을 적용하고, 테크니컬 SEO를 개선하기 위해 저희 내부 개발자들에게 홈페이지 페이지 스피드나 최적화 지수에 대한 개선 사항들을 꾸준히 요청했습니다.

그렇게 꾸준히 개선하고 모니터링하면서 수정과 피드백을 반복했고, 지금도 꾸준히 개선하는 단계입니다. 그 당시에는 당장 개선했으니 빠르게 결과가 나왔으면 했고, 저도 약간의 조바심이 있었습니다. 그런데 이제는 SEO 작업이 당장 개선한다고 해서 빠르게 성과가 나오는 것이 아니라는 것을 알기 때문에, 만약 구글 SEO를 시도하신다고 한다면 시간을 갖고 천천히 지켜보면서 진행해야 할 것 같습니다.

현실적으로 개선 후 원하는 성과를 얻기까지는 3개월에서 6개월 정도 소요될 것 같고, 만약 제로베이스에서 콘텐츠 발행을 시작한다고 하면 하루에 1건씩 발행하여 약 50건은 발행해야 소정의 성과가 나오지 않을까 싶습니다.

03

404 에러와 301 리다이렉팅
이해하기

HTTP 응답 상태 코드는 웹 서버가 웹 브라우저로부터 발생하는 요청에 대해 어떻게 대응할지를 알려주는 표준화된 약속 방식을 말합니다. 이러한 상태 코드들은 1996년 처음으로 도입된 HTTP/1.0 사양에서 정의된 이후에 현재까지도 업계에서 두루 사용되고 있습니다. 아마 웹개발자가 아니라면 아래에 소개되어 있는 HTTP 응답 상태 코드를 모두 다 알지 못하더라도 대부분 '404 에러'라고 표시되어 있는 에러 페이지를 한 번쯤 경험해 보셨을 것입니다. 대략 어떤 코드들이 있는지 아래의 표를 확인해 보시기 바랍니다. 아마 익숙한 메시지도 있고 개발자가 아니라면 처음 접해보는 코드들도 있을 것입니다.

<HTTP 상태 코드 요약정리>

상태코드	설명
1xx 정보 응답	
100	Continue: 요청을 계속 진행할 수 있음
101	Switching Protocols: 프로토콜 전환 요청 수락
102	Processing: 요청을 받았으나 데이터 처리 중

2xx 성공

200	OK: 요청 성공
201	Created: 요청이 성공하고 새로운 리소스가 생성됨
202	Accepted: 요청을 받았으나 처리가 완료되지 않음
203	Non-Authoritative Information: 비공식 정보 응답
204	No Content: 내용 없음
205	Reset Content: 사용자 에이전트의 내용을 리셋해야 함
206	Partial Content: 일부 내용만 전송됨

3xx 리다이렉션

300	Multiple Choices: 다중 선택
301	Moved Permanently: 리소스가 영구적으로 이동됨
302	Found: 임시적으로 리소스가 이동됨
303	See Other: 다른 URI에서 리소스를 가져야 함
304	Not Modified: 리소스가 수정되지 않음
305	Use Proxy: 프록시를 사용해야 함(더 이상 사용되지 않음)
307	Temporary Redirect: 임시 리다이렉트
308	Permanent Redirect: 영구 리다이렉트

4xx 클라이언트 오류

400	Bad Request: 잘못된 요청
401	Unauthorized: 인증 필요
403	Forbidden: 서버가 요청을 거부함
404	Not Found: 리소스를 찾을 수 없음
405	Method Not Allowed: 허용되지 않는 메소드
406	Not Acceptable: 요청된 리소스가 요청한 내용의 조거을 만족하지 못함
407	Proxy Authentication Required: 프록시 인증 필요

408	Request Timeout: 요청 시간초과
409	Conflict: 요청 충돌
410	Gone: 리소스가 영구적으로 삭제됨
411	Length Required: Content-Length가 필요함
412	Precondition Failed: 사전 조건 실패
413	Payload Too Large: 요청 데이터가 너무 큼
414	URI Too Long: URI가 너무 김
415	Unsupported Media Type: 지원하지 않는 미디어 타입
416	Range Not Satisfiable: 범위를 만족할 수 없음
417	Expectation Failed: 실패가 예상됨
5xx 서버 오류	
500	Internal Server Error: 내부 서버 오류
501	Not Implemented: 구현되지 않음
502	Bad Gateway: 잘못된 게이트웨이
503	Service Unavailable: 서비스 이용 불가
504	Gateway Timeout: 게이트웨이 시간 초과
505	HTTP Version Not Supported: 지원하지 않는 HTTP 버전

위의 다양한 코드 중에서 구글 SEO를 진행하면서 반드시 알아야 할 코드가 3가지 있습니다. 위의 표에 **노란색**으로 표기한 항목들입니다.

- **200번 상태코드**: 웹 페이지에 접속이 성공했을 때 뜨는 정상 코드입니다. 대부분의 페이지에서 200번 상태코드가 떠야 정상이라고 보시면 될 것 같습니다.

- **301 리다이렉트(Moved Permanently)**: 301 리다이렉트는 특정 웹 문서가 영구적으로 새로운 위치로 이동했음을 구글 검색 엔진에 알릴 수 있는 상태코드입니다. 해당 코드를 통하여 검색 엔진은 색인정보를 업데

이트하고 있습니다. 301 상태코드는 해당 페이지로 접근하는 모든 트래픽을 새로운 URL로 이동시키게 되므로 웹사이트 구조 변경이나 URL 변경 시 활용하면 SEO 최적화에 많은 도움을 줄 수 있습니다.

- **404 Not Found**
웹 서버에서 사용자가 요청한 페이지를 찾을 수 없을 때 발생하는 오류입니다. 주로 잘못된 URL을 입력했거나, 웹사이트의 구조가 변경되어 해당 페이지가 다른 위치로 이동했거나 삭제된 경우 발생합니다.

그리고 301 리다이렉트 외에 307 리다이렉트가 있습니다. 301 리다이렉트는 영구적으로 도메인 변경을 검색 엔진에 알리는 것이기 때문에 SEO에 영향을 줍니다. 다만 307 리다이렉트는 임시적으로 트래픽을 이동하는 역할을 하므로 트래픽만 이동시켜 줄 뿐 SEO에는 영향을 주지 않습니다. 307 리다이렉트를 설정하는 시간이 길어지게 되면 구글 검색 노출에도 영향을 줄 수 있으니 서버 점검 등의 특별한 이슈가 있는 경우에만 짧게 활용하는 것이 좋습니다.

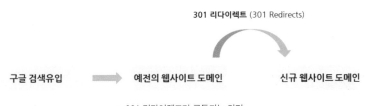

▲ 301 리다이렉트가 구동되는 원리

301 리다이렉트를 설정하는 방법은 여러 가지가 있습니다. 워드프레스 플러그인을 활용하여 특정 도메인에 도착했을 때 다른 URL로 이동시켜주는 경우도 있고, 호스팅에 도메인이나 코드를 삽입하는 경우도 있습니다. 저는 '고대디(GoDaddy)'나 '호스팅KR'과 같은 도메인 구입 사이트에 있는 기능을 활용하시는 것을 추천 드립니다.

실제로 제가 '허브스팟' 비즈니스를 진행하는 웹 페이지 URL은 아래와 같습니다.

- https://hubspot.marketingmm.co.kr/

그리고 고대디(GoDaddy) 사이트 내의 기능을 활용하여 301 리다이렉트를 통해 아래의 도메인에 접속하더라도 위의 웹 페이지로 이동할 수 있도록 하였습니다.

- 허브스팟.com

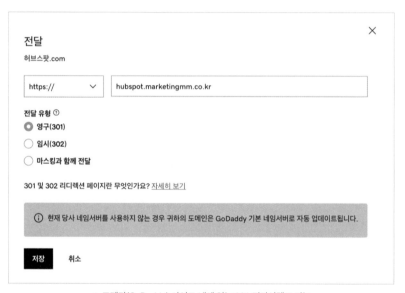

▲ 고대디(GoDaddy) 사이트 내에 있는 301 리다이렉트 기능

원칙적으로 301 리다이렉트는 아래와 같이 3가지의 상황에서 사용하는 것이 일반적입니다.

- **웹 페이지 URL 변경**: 웹사이트가 새로운 URL로 이전됐을 때, 방문자와 검색 엔진이 올바른 페이지로 이동할 수 있도록 기존 URL에서 새로운 URL로 영구적으로 리다이렉트 설정하는 방법입니다.
- **도메인 병합**: 두 개 이상의 웹사이트가 병합될 때 각 웹사이트의 도메인

에서 유입한 고객들을 새롭게 통합하는 도메인으로 영구적인 리다이렉트를 설정합니다.

- **URL 구조변경**: 웹사이트의 URL 구조를 최적화하거나 변경할 때 기존의 URL에서 새로운 URL로 이동할 수 있도록 리다이렉트를 설정합니다.

구글이 공식적으로 인정하고 있지는 않지만 301 리다이렉트를 SEO에 활용하게 되면 강력한 효과를 얻을 수 있습니다. 실제로 저는 한글 도메인 이름이 검색어와 정확히 일치하는 EMD(Exact Match Domain)를 301 리다이렉트 설정하여 일부 트래픽을 흘려보낸 뒤 성과가 있음을 체감하고 있습니다.

- **EMD(Exact Match Domain)**: 허브스팟.com
- **301 리다이렉트 도메인**: https://hubspot.marketingmm.co.kr/

따라서 일부 SEO 컨설턴트들은 노출하고자 하는 키워드가 포함되어 있는 다양한 EMD(Exact Match Domain)와 PMD(Partial Match Domain)를 활용하여 10건 ~20건 정도 301 리다이렉트를 시키는 경우도 있습니다.

그러나 저는 과도하게 301 리다이렉트를 활용하는 것보다 보조 도메인 정도를 활용하여 웹 페이지 접근성을 높이는 용도로 사용하는 것이 좋다고 생각합니다. 구글 SEO에서 과도한 대응은 화를 부르는 경우가 많기 때문에 301 리다이렉트를 약방의 감초라는 생각으로 적절하게 사용한다면 소정의 성과를 얻을 수 있다고 생각합니다.

404 에러가 구글 SEO에 주는 영향은?

일명 깨진 링크라고 알려진 404 에러 페이지는 구글 SEO에 부정적인 영향을 미칠 수 있으나, 피해의 정도에 대해서는 의견이 분분합니다. 아래에 소개된 내용들은 크게 이견이 없는 부분이기 때문에 참고해 보시기 바랍니다.

- 404 에러는 검색 엔진이 사이트를 크롤링하는 것을 어렵게 만들 수 있으며, 이는 순위 하락으로 이어질 수 있습니다. 트래픽이 많거나 백링크

가 있는 중요 페이지에서 특히 404 에러가 발생하는 경우에는 검색 엔진의 순위하락을 가속하게 됩니다.

- 404 페이지는 접속한 유저들의 높은 이탈을 만듭니다. 구글에 따르면, 기술적인 SEO 관점에서 404 에러는 사이트의 순위에 영향을 미치지 않는다고 하지만, 이로 인하여 404 에러 페이지 접근 후 뒤로가기로 다른 포스트로 진입하게 되는(포고 스티킹)이 발생하기 때문에 장기적인 관점에서 구글 SEO에 영향을 주게 됩니다.

요약하자면 404 에러가 SEO에 직접적인 영향을 주지는 않지만, 홈페이지 체류시간을 줄이고 이탈을 늘리기 때문에 간접적으로 검색 노출 순위에 영향을 주게 됩니다. 따라서 깨진 페이지를 관련되어 있는 다른 페이지로 리다이렉트 하거나 콘텐츠를 복원하는 방법으로 해결하는 것이 좋습니다.

깨진 링크를 관리하고 모니터링 할 수 있는 방법은 어떤 것들이 있을까?

손상된 링크를 모니터링하는 방법은 여러 가지가 있지만 초보자 입장에서는 전문적인 웹사이트 크롤링 도구를 사용하는 것을 추천 드립니다. 실무에서는 Screaming Frog SEO Spider, Ahrefs, Semrush와 같은 소프트웨어를 주로 사용하고 있습니다. 그 외에도 웹 페이지 분석툴이나 크롬확장프로그램을 사용하는 경우도 있는데 앞서 언급한 3개의 소프트웨어를 사용하는 것이 일반적이기 때문에 해당 방법으로 진행해 보신 후 부족한 사항이 있다면 다른 방법을 보완해 보시는 것을 추천 드립니다.

04

한국에서 백링크를
구축할 수 있는 **현실적인 방법**

　백링크를 구축하는 것은 매우 많은 시간과 노력이 필요합니다. 또한 국내에는 워드프레스 이용자가 매우 적기 때문에 백링크를 구축하기 매우 어려운 것이 현실입니다. 그럼에도 여기까지 글을 읽으셨다면 '백링크'의 중요성에 대해 인식하셨을 것이라 생각됩니다. 그렇기에 아래의 내용에서 백링크를 구축할 수 있는 방법을 소개해보도록 하겠습니다.

방법 1 　백링크 영업과 지인 네트워크를 활용하기

　우선 초기에는 워드프레스 웹 페이지를 운영하는 지인들에게 최대한 부탁하여 백링크를 만드는 것이 좋습니다. 아니면 업계에 있는 지인들과 백링크 교환 네트워크를 만들어 서로의 웹 페이지를 링크 시켜주는 것도 도움이 됩니다. 저도 초기에 백링크를 구축하고자 업계에 계신 많은 마케터분들과 네트워킹을 만들어 백링크 교환을 했는데, 실제로 그 효과는 상당했습니다. 또한 비슷한 트래픽이 만들어지는 웹 페이지에서 백링크를 받을 경우에 효과가 더 높아지기 때문에 이를 시도해 보시는 것이 좋습니다.

방법 2 **Guest post**

　해외 프리랜서 마켓에서 활동하는 구글 SEO 컨설턴트에게 게스트 포스트를 의뢰하여 백링크를 만드는 방법입니다. 한화로 백링크 1개당 약 20~30달러 정도면 괜찮은 백링크를 생성할 수 있습니다. 다만, 해외에서 제작한 백링크는 국문이 아니기 때문에 국내 웹 페이지에서 발행한 백링크에 비해서는 성과가 덜합니다. 그럼에도 불구하고 초기에 색인 문제를 해결하거나 도메인 지수를 높이기에 괜찮은 방법입니다. 장기적으로 활용하는 것보다는 초기 '붐업'* 용도로 사용하는 것을 추천 드립니다. 왜냐하면 아레프스 기준으로 도메인 지수가 약 15 정도가 넘어가게 되면 게스트 포스트로 도메인 지수가 올라가지 않는 정체현상이 생기게 됩니다. 또한 게스트 포스트 백링크는 메인 페이지로만 링크하더라도 도메인 지수 상승에 한계가 있습니다. 따라서 메인 페이지와 다른 페이지에 골고루 링크를 적용해 줘야 하는데, 백링크 수량이 많아질수록 비용 부담도 있기 때문에 초기에만 적절히 활용하는 것을 추천 드립니다. 다만 유료 광고로 매월 상당 부분의 광고비를 투자하시는 상황이라면 메인 페이지와 서브 페이지에 매월 적정 금액을 게스트 포스트로 사용하시는 방법도 추천 드립니다. 한번 클릭 후 소진되는 유료 광고에 비해 지속시간도 길기 때문에 나름 합리적인 투자라고 생각하지만, 경영진이 SEO의 가치에 대해 모르는 상황에서 이를 설득하는 일이 어렵기 때문에 많은 기업에서 게스트 포스트를 활용한 백링크를 꾸준히 사용하지 못하는 상황입니다.

방법 3 **커뮤니티 백링크**

　한국에는 게시판 형태의 다양한 커뮤니티들이 있습니다. 해당 커뮤니티에 게시물을 작성하면서 앵커 텍스트(Anchor text)와 하이퍼링크(hyperlink)를 지정하게 되면 백링크와 똑같은 효과를 얻을 수 있습니다. 커뮤니티 게시물을 작성하는 것은 비용도 들지 않기 때문에 한 번 시도해 보시는 것도 좋습니다. 다만 국내 커뮤니티는 특성에 따라 어떤 커뮤니티는 백링크가 적용되기도 하고 (Do follow) 간혹 어떤 커뮤니티들은 백링크의 지수가 다른 웹 페이지로 빠져나

---

*　일시적으로 퍼포먼스를 높여주는 행위

가지 못하도록(No follow) 처리가 되어 있는 경우도 있으니 테스트를 해보는 것이 좋습니다. 실제로 커뮤니티는 아니지만 '위키피디아'의 경우에는 모든 링크에 'No follow'가 적용되어 백링크의 영향력이 외부 웹 페이지로 나가지 않도록 설계되어 있습니다. 저는 커뮤니티에 백링크 생성 게시물을 작성하더라도 스팸성으로 진행하거나 지나치게 광고성 포스팅을 진행하지 않고 최대한 정보성 콘텐츠로 제작하고 있습니다.

방법 4 PBN(Private blog networks)

PBN 전략은 앞에서도 말했다시피 링크 빌딩을 위해 다수의 웹 페이지를 운영하는 것을 말합니다. PBN 웹사이트의 경우에도 워드프레스를 활용하는 경우가 많지만, 요즘에는 쇼피파이(shopify)나 기타 CMS의 활용도도 꾸준히 높아지고 있는 추이입니다. 온라인 비즈니스는 트래픽이 모든 것을 결정하게 됩니다. 특정 개인이나 단체에서 여러개의 웹 페이지를 운영한다고 하더라도 전혀 문제되는 부분이 없습니다. 다만 어떤 콘텐츠를 발행하고 어떻게 웹 페이지를 운영하는지가 가장 중요합니다. 앞서 언급한 인공지능 생성 콘텐츠에 대한 구글의 공식 입장도 '인공지능이 콘텐츠를 생성하더라도 유익한 콘텐츠면 된다.'는 식의 인공지능이 생성한 콘텐츠를 수용하는 태도를 보이고 있기 때문에 이를 적절하게 활용해 보시는 것도 괜찮습니다. 그리고 여러 곳의 고객사를 인터뷰하던 과정에서 일명 오가닉 PBN(Organic Private blog networks)을 활용하고 있는 기업들도 다소 있었습니다. 대표적으로 한 회사에서 여러 비즈니스를 진행하는 경우인데요. 다양한 제품이나 서비스를 총판사(유통사)와 같이 한 개의 웹 페이지에 담아 운영하는 경우도 있었지만, 시장이나 타겟의 특성을 고려하여 각각의 제품마다 개별 웹 페이지를 운영하는 경우도 많았는데 이 경우에는 다수의 웹 페이지의 링크들이 유기적으로 연결되어 일종의 PBN 효과와 구글 SEO 방면에서도 괜찮은 성과를 만들어내고 있었습니다.

05

[인터뷰] 3개의 워드프레스를 활용하여 '구글 SEO'를 진행했던 실무 노하우

- 비즈니스캔버스 김가은 매니저 -

1. 간단하게 현재 직무와 주요업무에 대해 소개해주시기 바랍니다.

현재 비즈니스캔버스에서 사업개발 및 마케팅을 진행하고 있습니다. 주요 업무는 블로그 마케팅, 퍼포먼스 마케팅, 검색광고 등의 마케팅 실무 업무를 담당하고 있습니다.

2. 현재 '구글 SEO'를 어떤 목적으로 진행하고 있고 어떤 콘텐츠를 제작하고 있는지?

마케팅 퍼널을 크게 네 부분(Awareness, Consideration, Convert, Engage)으로 나누어서 관리하고 있습니다. 구글 SEO는 네 가지 퍼널에 모두 기여한다고 생각합니다.

- **Awareness**: 고객들이 우리 페르소나가 무엇인지 알기 위해 검색할 때 노출되는 정보성 콘텐츠
  Ex) 팀 컬쳐, 팀 문화에 대한 콘텐츠
- **Consideration**: 고객 성공 사례, 고객 사용 사례 콘텐츠, 제품의 철학이 담긴 콘텐츠

Ex) 리캐치를 만든 이유

- **Convert**: 기능 소개, 영상 콘텐츠, Usecase 콘텐츠, 교육용 콘텐츠
- **Engage**: 제품 교육용 콘텐츠, 사용 가이드

3. 비즈니스캔버스의 경우 웨비나(Webinar), 오프라인 세미나 등의 이벤트를 활용한 마케팅을 적극적으로 활용하고 있는데 구글 SEO를 활용한 콘텐츠 마케팅이 어떤 연계 효과를 주고 있는지?

비즈니스캔버스가 주력하고 있는 기업용 소프트웨어의 특성상 웹사이트를 통해 정보취득이나 계약이 이루어지기 때문에, 유저들이 PC 환경에서 검색하는 경우가 많습니다. 따라서 대부분의 콘텐츠는 PC를 활용하는 업무 중에 필요한 콘텐츠인 경우가 많습니다. 또, 비즈니스캔버스에서 출시한 제품이 추구하는 것은 기업에서 일하는 '프로세스'에 해당합니다.

세일즈 SaaS 리캐치(re:chtch)는 세일즈맨의 액션과 세일즈 파이프라인을 자동화하여 관리해 주고, 파운더스(Founders)는 스타트업의 경영 계획 수립과 비즈니스 의사결정을 도와줍니다. 대부분의 기업용 SaaS는 배우는 시간이 길고 복잡하기 때문에, 제품에 대해 애정을 갖고 작성한 콘텐츠가 없으면 고객의 마음을 얻기가 쉽지 않습니다.

비즈니스캔버스에서 마케팅의 역할은 고객들이 우리가 만든 서비스를 좋아하게 만들고, 우리의 철학이 무엇인지 알려주고, 그 철학에 공감하고 철학을 제품에 녹여냈다고 알려주는 것입니다. 결국 이 과정을 통해서 고객들이 쉽게 제품을 배우고 사용할 수 있도록 합니다. 그리고 이런 가치들을 모두 콘텐츠로 제작하여 웹 페이지에 업로드하고 해당 콘텐츠는 구글 검색유입을 통해 주로 유입되고 있습니다.

현재 타입드(Typed)는 2년, 나머지 리캐치와 파운더스는 출시된지 채 1년도 되지 않은 초기 제품입니다. 꾸준히 축적되는 양질의 SEO 콘텐츠는 온라인 리

드창출과 인바운드 마케팅 & 세일즈에 많은 도움을 주고 있습니다.

4. 비즈니스와 관련된 워드프레스를 3개나 운영하고 있는데 '장점'과 '단점'이 있다면?

워드프레스에 대한 이해도가 쌓여가고, 워드프레스 플러그인에 대한 이해도가 높아져서 CMS를 능숙하게 다룰 수 있게 됩니다. 다만, 워드프레스의 경우에는 구글 검색 엔진에 대한 적합성이 높아 네이버 SEO를 일부 놓칠 수도 있다는 것이 단점일 수도 있기 때문에, 구글 SEO를 위한 콘텐츠를 먼저 발행하고, 반응이 좋은 콘텐츠는 일부 수정하거나 재편집하여 브런치에 발행하는 방식으로 다소 부족한 네이버 SEO 영역을 보강하고 있습니다. 브런치에 발행한 콘텐츠는 네이버와 구글에 모두 노출되고 있습니다.

5. 의도치 않게 여러 개의 워드프레스 블로그를 활용하여 자체 PBN(Private blog network)의 효과를 낼 것으로 예상되는데 실제로는 성과가 어떤지?

예리한 질문으로 실제로 프레이머로 제작한 회사 웹사이트와 제품 관련 블로그 3개를 운영하면서 링크 빌딩을 진행했기 때문에 이로 인하여 예상치 못하게 매우 긍정적인 효과를 발휘하고 있습니다. 링크 빌딩으로 인하여 구글 SEO에도 많은 도움이 되었지만, 다수의 브랜드 블로그에서 발행한 콘텐츠들이 서로 융합되면서 브랜딩 측면에서도 긍정적인 시너지 효과를 만들어내고 있습니다.

<현재 운영하고 있는 채널들>

▲ 회사 웹사이트(프레이머)
https://www.business-canvas.com/

▲ 리캐치 블로그(워드프레스)
https://www.recatch.cc/ko/

▲ 파운더스 블로그(워드프레스)
https://founders.company/blog/

▲ 테크 블로그(워드프레스)
https://tech.business-canvas.com

6. 구글 SEO를 활용하여 리드수집이나 계약전환에 도움이 되었던 사례 가 있는지?

실제로 구글 SEO는 잠재고객 창출에 많은 도움이 되고 있고, 고객들을 추적해보면 10% 이상의 유입경로가 구글 검색 노출로 들어오는 유저들로 집계됩니다. 이 비중은 계속 늘어나고 있습니다. 콘텐츠를 활용한 구글 SEO는 인바운드 잠재고객을 창출할 수 있는 투자 대비 성과가 가장 높은 마케팅 채널입니다. 인건비 외에 실질적인 광고비는 0원이기 때문입니다.

또, 비즈니스캔버스의 '마케팅 퍼널'과 '세일즈 퍼널'은 매우 체계적으로 설계되어 있는데, 가장 앞단의 역할을 담당하는 것이 콘텐츠를 활용한 '구글 SEO' 영역이라고 볼 수 있습니다.

7. 콘텐츠 마케팅을 활용한 구글 SEO의 성과를 체감할 수 있었던 사례 가 있는지?

인바운드 리드의 최초 유입 경로가 구글 SEO였던 사례가 많이 있고, 'B2B 벤치마크 리포트' 발행을 통한 콘텐츠 마케팅 캠페인은 실제 유료 고객을 만들었습니다.

8. 현재 유료 광고를 사용하고 있는지? 그리고 유료 광고와 구글 SEO를 활용한 콘텐츠 마케팅은 어떤 차이점이 있다고 생각하시는지?

네이버 검색광고를 사용하고 있고 구글 검색광고는 현재 전략적으로 준비 중입니다. 페이스북이나 링크드인(LinkedIn) 광고는 활용 목적이 조금 다른데,

단기적인 잠재고객 창출보다는 브랜딩의 관점에서 길게 바라보고 꾸준히 투자하려고 노력하고 있습니다. 그리고 구글 SEO로 유입되는 고객들의 온도(브랜드 우호도)가 더 높아 계약 전환에 더 많은 기여를 하고 있습니다.

9. 구글 SEO를 진행하면서 가장 어려웠던 부분은 어떤 부분이 있는지?

쓰기 쉬운 콘텐츠와, 쓰고 싶은 콘텐츠, 그리고 고객들이 좋아하는 콘텐츠가 각각 다르다는 것을 느끼게 되었습니다. 가급적 체류시간이 긴 콘텐츠와 검색량이 많아 유입이 많은 콘텐츠를 생산하기 위해 노력하고 있는데, 초기에 기획했던 대로 결과가 잘 흘러가지 않을 경우에 간혹 어려움을 느끼고 있습니다.

10. 구글 SEO를 시도하려는 마케터 분들에게 한마디 하자면?

콘텐츠 마케팅은 모든 팀원이 함께할 수 있는 투자 대비 성과(ROI)가 가장 높은 마케팅 활동입니다. 길고 어려운 길이지만 우리 같이 도전해봅시다!

06

잘나가는 SEO 컨설턴트들이
활용한다는 **PBN 구축 노하우**

국내에서 구글 SEO 전문가로 활동하시는 분들은 크게 3가지 관점으로 분류하실 수 있습니다. 첫 번째로는 웹에이전시에서 워드프레스(Wordpress)나 웹플로우(Webflow)와 같은 외산 CMS 플랫폼을 중심으로 홈페이지 제작 서비스를 해왔던 분들입니다. 이분들은 주로 홈페이지의 속도를 최적화하고 가독성을 좋게 하여 '테크니컬 SEO'적인 부분을 개선하시는 분들입니다. 두 번째로는 콘텐츠 마케터의 관점에서 '구글 SEO'를 접근하시는 분들이 있습니다. 보통 가독성 있는 글쓰기와 본문 HTML 최적화를 중심으로 교육 및 컨설팅 서비스를 제공하는데, 글쓰기의 영역은 단시간에 개선되는 부분이 아니기 때문에 성과가 나오려면 장기간의 학습이 필요합니다. 그리고 마지막으로는 링크 빌딩을 중심으로 구글 SEO 컨설팅을 진행하시는 분들입니다. 다른 웹 페이지에서 내 웹 페이지를 링크시키는 '백링크 전략'은 구글 SEO에 많은 도움이 됩니다. 따라서 링크 빌딩을 중심으로 구글 SEO 최적화를 진행하시는 분들은 대부분 개인 PBN(Private Blog Network)을 가지고 활동하고 있습니다.

백링크 활용에 대한 '해외'와 '국내'의 인식 차이

국내에서는 구글 SEO에 대한 관심이 이제 막 높아지고 있는 단계입니다. 그리고 실무 마케팅 현장에는 '구글 SEO'를 경험했던 수많은 마케터분들과 창업자분들이 있지만, 아무것도 없는 제로베이스에서 시작하여 콘텐츠를 작성하고 링크 빌딩을 진행하는 SEO의 전과정을 경험해 본 사람은 제가 만나본 사람 중에는 한 손에 뽑을 정도로 극소수였습니다. 실제로 구글 SEO를 경험해보았다고 하는 유경험자들도 단순히 워드프레스나 고스트와 같은 블로그를 기획과 구축 경험만 있거나 아니면 이전 담당자가 구축해 놓은 블로그에 콘텐츠만 성실하게 발행해 본 경우가 대다수였습니다.

구글 SEO를 하시면서 기본적인 개념과 이해도가 있다면 트래픽을 발생시킬 수 있는 기간을 단축할 수 있고, 또 그동안 발행되었던 콘텐츠들의 수정을 통해 최대 30% 가까이 트래픽을 증가시킬 수도 있습니다. 그중 하나가 바로 백링크 전략입니다. 아무리 워드프레스가 구글 SEO에 유리하다고 하더라도 기업에서 운영하는 웹 페이지를 새롭게 제작하거나 리뉴얼하는 것은 많은 시간과 비용이 발생하기 때문에 쉽게 결정할 수 있는 부분이 아닙니다. 현실적으로 구글 SEO를 위해 홈페이지를 리뉴얼 하는 것보다는 당장 개선할 수 있는 '백링크' 등의 링크 빌딩을 진행해 보고 추후 홈페이지 리뉴얼에 대한 니즈가 있을 때 워드프레스와 같은 CMS를 고려해 보시는 것이 좋습니다.

국내에서는 백링크(Back link)라면 다소 부정적으로 인식하는 경향이 있습니다. 인위적으로 대량의 스팸 링크를 달아주는 블랙햇(Black Hat SEO)과 혼동하는 경우인데, 백링크는 앞서 다양한 자료를 통해서 설명 드렸듯이 도메인 신뢰도를 높여서 구글 검색 상단에 노출할 수 있도록 도와주는 매우 중요한 요소입니다. 문제는 백링크의 품질입니다. 양질의 백링크는 당연히 SEO에 도움이 되겠지만 스팸성 백링크는 당연히 좋지 않습니다.

따라서 다수의 웹 페이지를 활용한 개인 PBN(Private Blog Network)은 인프라를 어떻게 구축 했느냐에 따라서 성과가 달라질 수 있습니다. 개인 PBN을 활용한 SEO 전략은 구축하는 난이도는 매우 높지만, 백링크를 발행하는 웹 페이지의 품질과 콘텐츠를 개인이 모두 통제할 수 있다는 점에서 매우 매력적이기도 합니다. 그리고 국내에는 개인 PBN을 활용하고 있는 컨설턴트가 매우 적지만 해외의 경우에는 SEO 컨설턴트가 소유하고 있는 PBN 리스트로 컨설턴트의 실력을 평가하기도 합니다. 이번 글에서는 SEO 고수들이 활용한다는 개인 PBN을 구축할 수 있는 노하우를 소개해 보도록 하겠습니다.

전략 1 도메인 선정은 30% 이상 영향을 주게 됩니다.

PBN을 구축하는 방법도 일반적으로 워드프레스를 최적화하는 방법과 매우 흡사합니다. PBN이라는 것은 개인이 운영하는 다수의 웹 페이지의 집합이기 때문입니다. 따라서 본 도서에 소개된 도메인 선정 방법에 따라 다수의 웹 페이지에 적용할 도메인들을 하나하나 구입하는 것이 좋습니다. 다만, 저는 과도하게 비용을 투자하여 EMD(Exact Match Domain)나 PMD(Partial Match Domain)를 구매하는 것은 권장하지 않습니다. 전문적인 SEO 컨설턴트로 활동하기를 희망하거나, 기존에 유료 광고로 사용하는 비용이 크기 때문에 장기적인 관점에서 비용을 투자할 수 있는 경우가 아니라면 가급적 도메인 1개 당 10만 원 미만의 금액으로 구입하는 것을 추천 드립니다. PBN으로 활용하는 도메인의 경우에도 초기에 노출이 안되는 샌드박스 기간이 똑같이 적용될 수도 있기 때문에 가급적 1년 이상의 도메인을 활용하시는 것이 좋습니다.

전략 2 이후에는 CMS를 활용하여 웹 페이지를 구축해야 합니다.

일반적으로 PBN을 구축할 때 10~20개 정도의 수량까지는 대부분 워드프레스를 활용하고 있습니다. 이유는 총 2가지가 있습니다.

• **워드프레스가 구글 SEO에 가장 유리하다.**

앞서 다양한 자료들을 통해 소개한 바와 같이 워드프레스는 구글 SEO에 가장 효과적인 CMS입니다. 결국 PBN의 경우에도 트래픽에 해당하는 링크 주스(Link juice)가 흘러 들어가는 것이 유리하기 때문에 결국 PBN을 구축할 때도 '워드프레스'가 가장 합리적입니다.

- **다수의 PBN을 관리하려면 1개의 CMS를 활용하는 것이 유리하다.**

PBN을 활용하는 경우에는 적게는 10개 미만부터 많게는 100개 이상의 수량을 사용하는 경우도 있습니다. 따라서 많은 숫자의 PBN을 관리하려면 1개의 CMS를 활용하는 것이 사용법과 관리 면에서 효율적이라고 보실 수 있습니다. 다만 10개 이상의 다수 PBN을 운영하는 경우에는 다른 CMS와 일부 혼용하여 사용하는 경우도 있습니다. 워드프레스를 PBN으로 사용하는 경우 대부분 'GeneratePress'와 같은 다소 가벼운 워드프레스 테마를 사용하는 경우가 많은데 10개가 넘는 다수의 웹 페이지가 모두 똑같은 테마로 이루어져 있다면, 간혹 구글에서 부정 트래픽으로 인식하는 경우가 있기 때문입니다. 그러나 일반적으로 스타트업이나 중소규모의 비즈니스에 PBN을 적용하는 경우에는 10개 미만의 PBN으로도 성과를 얻을 수 있기 때문에 PBN을 활용하여 SEO와 관련된 비즈니스를 진행하는 경우가 아니라면 크게 염두하지 않아도 되는 부분입니다.

워드프레스 외에 PBN으로 활용하는 플랫폼은 비교적 가격이 저렴한 WIX나 고대디에서 제공하는 기본 CMS 등을 사용하기도 합니다. 최근에는 워드프레스 외에도 쇼피파이(shopify)나 인블로그(inblog)등 SEO를 효과적으로 진행할 수 있는 CMS들도 있습니다만, PBN으로 사용하기에는 다소 가격이 나가기 때문에 가장 저렴한 플랫폼으로 시작하시는 것이 경제적입니다.

전략 3 링크 빌딩을 어떻게 진행할 것인지 계층구조 만들기

PBN(Private Blog Network) 전략을 효과적으로 사용하려면 PBN의 계층 구조를 잘 활용해야 합니다. 복습하는 의미로 다시 한번 구글 특허에 나와 있는 백링크의 구조에 대해 설명하고 넘어가겠습니다. 아래의 이미지를 보시면 특정 웹 페이지에서 다른 웹 페이지로 언급한 경우 도메인의 영향력이 다른 도메인으로 전달됩니다. 해당 원리를 활용하여 피라미드식 계층 구조를 만드는 것이 PBN 구축 전략의 핵심이라고 보실 수 있습니다.

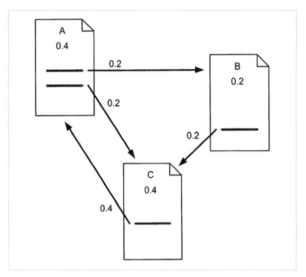

▲ 구글 특허에 공개되어 있는 백링크의 영향력에 대한 특허

저도 개인적으로 약 7~8개의 PBN을 운영하고 있습니다. 그리고 제로베이스에서 다양한 시도를 해본 결과 테크니컬 SEO, 콘텐츠 SEO, 오프-페이지 SEO라고 불리는 '링크 빌딩' 전략을 모두 적절하게 사용했을 때 검색 최적화가 진행된다는 사실을 많은 시행착오를 통해 경험하게 되었습니다.

웹 에이전시 인프라를 기반으로 테크니컬 SEO를 진행하는 컨설턴트와 이야기를 나누어 보면 기술적으로 웹 페이지를 최적화하면 나의 웹 페이지가 검색 상단에 올라갈 것 같은 상상에 빠지게 됩니다. 많은 백링크를 발행할 수 있는 PBN 인프라를 기반으로 구글 SEO를 진행하는 컨설턴트와 이야기를 나눌 때도 백링크만 달아주면 금방 구글 검색 엔진에서 내 웹 페이지가 상위노출이 될 것 같은 상상에 빠지게 됩니다. 하지만 구글 SEO는 그렇게 간단하게 작동하지 않습니다. 다양한 백링크가 모니터링된 이후에 효과가 나타나기까지는 빠르면 1~2주에서 어떤 경우에는 적용 후 1~2개월이 지나야 감지되는 경우도 있기 때문에 백링크의 성과가 언제 나타날 수 있을지는 미지수입니다. 웹 페이지 개선과 간단한 백링크 작업만으로 구글 상단에 모든 웹 페이지를 노출할 수 있다면 모든 기업이 구글 SEO에 성공해야 할 텐데 현실은 그렇지 않다는 점을 이해해야 합니다.

저는 다양한 백링크를 직접 발행해 보기도 하고, 국내외의 많은 SEO 컨설턴트들에게 백링크 발행 업무를 의뢰해 보며 많은 테스트를 시도해 보았습니다. 백링크 작업은 초기 색인 문제를 해결하는 부분에는 확실히 효과가 있었고 또 일시적으로 퍼포먼스를 높여주는 붐업(boom up)효과도 있었지만, 백링크 그 자체만으로 검색 순위를 높이기에는 한계가 있었습니다. 그리고 PBN을 활용한 경우에도 마찬가지였습니다. 아래의 구조는 제가 초기에 PBN 계층구조를 설계했던 자료를 그대로 첨부해 보도록 하겠습니다.

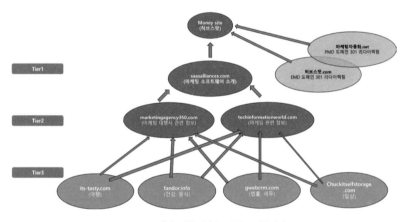

▲ PBN 구축을 위한 계층(Tier)구조 기획하기

Q1 PBN을 구축할 때 계층(Tier)구조를 만들어 줘야 하는 이유는?

A1 개인 PBN을 구축할 때 계층구조를 만들어줘야 하는 이유는 총 3가지 입니다. 간혹 계층구조를 만들지 않고 PBN 전략을 사용하는 경우도 있습니다. 그러나 조금 더 정교하게 SEO 최적화 작업을 진행하기 위해서는 가급적 계층구조를 만들어서 진행하는 것이 좋습니다.

이유 1 트래픽을 그룹화할 수 있다는 장점이 있습니다.

온라인상의 트래픽은 비슷한 성향끼리 뭉치는 습성이 있습니다. 맛집을 소개하는 블로그에서 발행한 백링크는 음식과 맛집이라는 주제가 비슷한 특성의 트래픽이 만들어집니다. 또, 백링크 중에서 가장 효과가 있는 백링크는 나의 웹 페이지와 동질성이 있는 트래픽을 받은 경우입니다. 저와 같이 '마케팅 자동화 솔루션'과 관련된 웹 페이지를 운영하면 '마케팅'이나 '고객관리 소프트웨어'와 비슷한 특성의 웹 페이지에서 발행한 백링크가 영향력이 높습니다. 즉, 계층별로 내가 원하는 동질성 있는 주제의 콘텐츠를 발행함으로써 계층의 가장 상단에 있는 일명 '머니 사이트'로 보내는 트래픽들의 '동질성'을 만들어 줄 수 있습니다.

이유 2 PBN을 다양한 목적으로 확장하여 사용할 수 있습니다.

계층별로 분리하여 만들어진 PBN은 계층마다 특정 주제의 포스트를 발행하기 때문에 트래픽에 어느 정도 동질성이 만들어지게 됩니다. 따라서 해당 주제나 테마와 관련되어 있는 웹 페이지에 백링크를 발행할 때는 백링크를 받는 쪽 웹 페이지와 최대한 비슷한 트래픽이 만들어지는 웹 페이지를 선택하여 사용할 수 있기 때문에 PBN의 확장성이 높아지게 됩니다. 그러나 이는 PBN의 활용 목적에 따라 달라질 수 있기 때문에 초기 기획에 많은 시간을 투자해야 합니다. 내가 만들고자 하는 PBN 사용의 목적에 따라 주제가 달라질 수 있기 때문에 참고해 보시면 좋습니다.

이유 3 PBN에서 문제가 생겼을 때 머니 사이트를 보호할 수 있습니다.

PBN의 계층구조는 일명 다단계와 비슷한 특성을 보입니다. PBN의 하위계층의 웹 페이지들은 상단 계층의 웹 페이지에게 지속해서 백링크를 걸어수는 구조로 운영됩니다. 그리고 PBN을 활용하는 작업 자체가 문제되는 것이 아니고 어떤 PBN에서 발행한 백링크인지에 따라 달라집니다. 즉, 스팸성 콘텐츠만 발행한 PBN에서 만들어진 백링크라면 구글의 규제 대상이 될 수도 있습니다. 다만 정상적인 콘텐츠를 발행한 PBN이라면 백링크 전략을 사용하더라도 크게 문제될 부분이 없습니다. 결국 PBN과 콘텐츠의 품질이 모든 것을 결정하게 되는 것입니다. 간혹 스팸성 콘텐츠만 발행한 PBN을 활용하는 경우에는 머니 사이트에 피해를 주게 되는 경우가 있습니다. 혹시라도 이런 상황이 발생한다면 문제가 되는 웹 페이지에서 발행한 백링크를 모두 삭제함으로써 일명 '꼬리 자르기'와 같은 전략으로 머니 사이트를 보호할 수 있게 됩니다. 따라서 머니 사이트와 직접적으로 연결되어 있는 PBN들은 다소 관리를 엄격하게 해야 할 필요성이 있습니다.

Q2 PBN 구조를 기획했던 경험을 돌이켜 생각해 보면?

A2 PBN을 직접 테스트해 보기 위해 어떤 계층구조를 만들어야 할지 거의 1~2주 기간 동안 고민했던 시기가 있었습니다. PBN으로 활용하는 웹 페이지가 많고 다양하면 더 견고한 구조를 만들 수 있지만 많은 PBN을 운영한다는 것은 비용과 인력 리소스가 부담이 될 수 있습니다. 따라서 저는 제가 모든 업무를 통제할 수 있는 7개의 PBN을 구축하여 SEO 작업을 시작하게 되었습니다. 저는 PBN을 기획하는 시간은 가급적 길게 투자하시는 방향을 추천 드립니다. PBN은 구축하는 시간과 난도가 높기 때문에 많은 기회비용이 존재합니다. 따라서 가급적 오랜 시간 고민해 보고 결정하시는 방향을 추천 드립니다.

07

안전한 PBN을 만들기 위한
계층전략 노하우

실제로 PBN 구축을 시도할 때는 계층별로 고려해야 할 사항이 있습니다. 단계별로 아래의 사항들을 고려하시어 진행해보시면 견고한 PBN 구조를 만드실 수 있습니다.

`Tier 1` 머니 사이트와 직결적으로 연결되어 있는 PBN 웹 페이지들

머니 사이트와 연결되어 있는 PBN 웹 페이지들은 가장 중요하게 관리해야 할 영역입니다. 우선 Tier1에 해당하는 웹 페이지가 몇 개냐에 따라 전체 PBN의 개수가 정해지기 때문에 Tier1의 계층에 너무 많은 웹 페이지를 구축하는 것보다 적게는 1개에서 많으면 3개 정도의 PBN으로 소소하게 시작하는 것이 좋습니다. PBN 구축의 핵심은 백링크를 몰아줄 수 있는 하부구조를 튼튼하게 만드는 것입니다. 제가 구축한 PBN의 경우에도 Tier1에는 1개의 웹 페이지가 있고 Tier2에는 2개의 웹 페이지가 있습니다. Tier3 구조에는 4개의 웹 페이지가 있기 때문에 Tier가 1단계 높아지면서 웹 페이지가 2배수로 늘어나는 형태로 구축이 됩니다. 하부 구조에서 상부 구조로 백링크를 밀어주는 웹 페이지는 많으면 많을수록 좋습니다. 다만 Tier1에 있는 웹 페이지가 1개 드러나면 하부에 있는 PBN들도 더 많아져야 합니다. 실제로 제가 운영하는 PBN의 경우에도 Tier1에 있는 웹 페이지가 2개였다면 전체 PBN 개수는 14개로 2배 더 많아졌을 것입니다. 따라서 Tier1의 웹 페이지는 가급적 1~3개 이내로 운영하시는 것이 관리나 운영 면에서 효율적입니다. 그리고 Tier1에 있는 웹 페이지들은 가급적 머니 사이트와 가장 비슷한 주제의 포스트를 발행하는 것이 머니 사이트에 들어오는 트래픽과 동질성을 유지하기 위해 좋습니다.

`Tier 2` Tier1의 PBN으로 백링크를 몰아주는 역할을 하는 웹 페이지들

Tier1의 PBN이 1개라면 Tier2의 PBN은 적어도 2배 이상의 수량을 확보하는 것이 좋습니다. 그러나 꼭 PBN의 단계가 넘어갈 때 2배수의 웹 페이지를 구축하는 것은 아닙니다. 조금 더 견고하고 튼튼한 PBN을 만들고 싶다면 2배수를 넘어 3~4배수의 웹 페이지를 운영하는 것도 가능합니다. PBN 구조 자체가 피라미드식으로 구성되다 보니 하부구조를 지탱해 주는 PBN이 많으면 많을수록 더 탄탄하게 만들어지는 구조입니다. Tier2에 해당하는 웹 페이지들은 꼭 머니 사이트와 정확히 매칭되는 동질성을 만들어주지 않아도 됩니다. 저의 PBN 계층구조는 Tier1의 웹 페이지가 마케팅 소프트웨어에 대한 주제였다면 Tier2는 대행사 소개나 마케팅 정보와 같이 다소 느슨한 주제로 운영했습니다. 즉 Tier1의 PBN보다는 주제 면에서 머니 사이트와 일부분 연계되는 주제의 포스트를 발행하는 것이 좋습니다. 이는 2가지 이유가 있습니다. 주제를 너무 좁게 잡으면 전체적인 유입자가 적어질 수 있기 때문에 어느 정도 느슨하게 작성하는 것이 좋고, PBN은 특정 주제에 대한 트래픽이 지나치게 몰리지 않도록 최대한 자연스럽게 운영하는 것이 핵심이기 때문에 너무 타이트하지 않게 운영하는 것이 좋습니다. 해당 PBN에 발행하는 콘텐츠는 Tier1만큼의 퀄리티는 아니더라도 어느 정도 글의 수준을 유지하는 것이 좋습니다.

`Tier 3` 외부에서 유입되는 트래픽들과 마주하게 되는 PBN의 최전방

PBN의 계층 구도는 기획하는 사람에 따라 스타일이 매우 달라집니다. 수직으로 높게 쌓아 올려서 수평으로 존재하는 웹 페이지의 수량을 매우 적게 구축할 수도 있고, 반대로 수직으로는 1~2단계를 만들어주고 수평으로 수많은

PBN을 나열하는 경우도 있습니다. 그리고 상황에 따라 원형의 PBN을 구축하여 모든 PBN에서 특정 '머니 사이트'로 백링크를 몰아주는 구조로도 만들 수 있습니다. 제가 구축했던 PBN 기획 방법은 업계에서 가장 무난하게 사용되고 있는 피라미드 방식으로 리스크와 운영의 효율성을 모두 충족하는 가장 기본적인 방법이라고 보실 수 있습니다. 3단계 계층구조의 PBN을 구축할 때, Tier3의 웹 페이지들은 외부에서 유입되는 트래픽들과 처음 마주하는 최전방에 해당합니다. 그리고 간혹 외부의 검증되지 않은 트래픽과 백링크들을 모두 마주해야 하는 계층의 PBN이기도 합니다. PBN 구조의 핵심은 계층별로 이루어진 웹 페이지의 백링크를 발행하여 받는 쪽 웹 페이지의 도메인 지수를 높여주는 것이 핵심이기 때문에 하부조직일수록 다양한 웹 페이지들과 백링크로 긴밀하게 연결됩니다. 간혹 Tier3에 있는 웹 페이지들이 외부 트래픽이나 백링크로부터 문제가 생기는 경우도 있습니다. Tier3에 있는 웹 페이지들이 구글로부터 제재를 받는 등의 문제가 생기는 경우에는 Tier3에서 발행하는 백링크를 제거하거나 발행한 포스트를 삭제하기도 하고, 도메인을 버리고 새로 웹 페이지를 구축해야 하는 상황도 생기는 것이 Tier3에 있는 웹 페이지들입니다.

따라서 Tier3에 있는 웹 페이지들은 매우 러프하게 관리하는 경우가 많습니다. 챗GPT와 같은 생성형 인공지능으로 글쓰기를 하거나, 아니면 워드프레스 플러그인과 챗GPT를 연결하여 정해진 주제로 세팅된 시간 간격에 따라 자동으로 포스트를 생성하고 발행하는 경우도 있습니다. 그러나 러프하게 관리한다고 하더라도 이 정도 수준이 마지노선이라고 생각합니다. 간혹 Tier3에서 발행한 콘텐츠에 '앵커 텍스트'와 '백링크'만 추가하여 스팸성으로 운영하는 경우도 있는데, 너무 백링크 발행 용도로만 운영하는 경우에는 구글로부터 제재를 받을 수도 있기 때문에 스팸성 콘텐츠만 발행하는 것보다는 챗GPT를 활용하더라도 어느 정도 형식은 맞추어 발행하는 것이 좋습니다.

Tier3의 구조 아래로도 더 많은 계층구조를 만들 수도 있습니다. 이는 기획자의 상황과 선택에 달려있습니다. 그러나 공통적인 것은 가장 하부구조에 있

는 웹 페이지들은 'fiverr'와 같은 프리랜서 마켓에서 활동하는 SEO 컨설턴트
들에게 의뢰하여 최대한 다양한 백링크를 받아야 합니다. 특정 주제에 대해 글
을 작성한 게스트 포스트(Guest post)가 가장 품질이 좋지만, 시간의 공수와 비
용의 공수를 고려한다면 '품질'보다는 양에 집중하여 다양한 백링크를 활용하
여 하부구조 웹 페이지의 도메인 지수를 높여 놓는 것이 좋습니다. Tier3에서
받은 백링크들은 다소 정제가 안 된 링크들도 있지만, 역시 상위 계층으로 올
라가면서 여러 단계를 거치기 때문에 머니 사이트에 직접 연결해도 문제가 없
는 양질의 백링크가 만들어지게 됩니다.

Q1 어떤 페이지에 백링크를 연결해 줘야 할까? 초보자를 위한 백링크 구
축 노하우

A1 다양한 링크 빌딩을 진행해 보면서 백링크를 만들어주는 것도 경험과
노하우가 필요하다는 것을 알게 되었습니다. 입문자분들과 초급자분
들이 활용하시면 좋은 백링크 구축 방법을 알려드립니다.

우선 개인 PBN을 활용하거나 아니면 'Fiverr'와 같은 해외 프리랜서 마
켓을 활용하더라도 백링크는 만들 수 있지만, 어떤 페이지 URL에 백
링크를 적용해야 하는지, 어떤 앵커 텍스트를 사용해야 하는지는 누
구도 알려주지 않습니다.
아레프스(ahrefs)에서 측정되는 도메인 지수인 'Domain Rating'를 기준으
로 도메인 지수를 향상할 수 있는 방법들에 대해 설명 드리도록 하겠
습니다.

초급 단계 **도메인 지수 0에서 15까지**

국내에 있는 대부분의 사업자 웹 페이지 도메인 지수는 10미만에 해당
합니다. '구글 SEO'와 '링크 빌딩'에 대해 인지하지 못하기 때문입니다.
간혹 홈페이지 도메인 지수가 높은 경우가 있으나, 이는 의도했다기보
다는 연관되어 있는 협력업체나 특히 공공기관이나 대학교에서 발행

한 백링크가 적용되어 도메인 지수가 높은 경우가 많습니다. 똑같은 백링크라고 하더라도 'go.kr'과 같은 정부 기관의 도메인이나 'edu'와 같이 교육기관에서 발행한 백링크는 더 높은 가산점을 주기 때문에 간혹 백링크 수량은 적더라도 지수가 높게 측정되기도 합니다.

링크 빌딩을 처음 시도한다면 우선 메인 URL로 백링크를 추가하시면 됩니다. 이때 사용해야 하는 '앵커 텍스트'는 브랜드나 서비스명, 그리고 자신이 비즈니스를 진행하고 있는 카테고리를 지칭하는 키워드들을 추가하시면 됩니다. 저의 경우에는 '마름모연구소', '허브스팟', '마케팅 자동화'와 같은 키워드가 이에 해당합니다. 이와 같은 방법으로 도메인 지수 15 정도까지는 무난하게 상승시킬 수 있습니다. 다만 도메인 지수 15가 넘어가면 외부 백링크를 적용하더라도 도메인 지수에 변화가 없거나 상승하는 데이터가 미비한 상황이 생기게 됩니다. 이때는 다른 전략을 활용해야 합니다.

중급 단계 도메인 지수 15에서 30까지

아레프스(ahrefs) 기준으로 도메인 15에서 30 미만은 단순히 메인 URL에만 백링크를 만들어서는 쉽게 상승하지 않습니다. 이 경우에는 메인 페이지 외에 서브 페이지나 다양한 블로그 포스트에도 백링크를 생성해 줘야 블로그 지수가 높아집니다. 도메인 지수 15 이상부터는 예전과 같이 지수의 상승이 가파르지 않고, 도리어 백링크 생성 후 1~2주가 지나야 서서히 지수가 오르는 현상이 생깁니다. PBN이나 게스트 포스팅을 활용하여 상승시킬 수 있는 도메인 지수는 대략 30 정도인 것 같습니다. 물론 그 이상의 점수도 상승하기는 하지만 전체적인 콘텐츠 퀄리티나 수량보다 지나치게 도메인 지수가 높은 경우에는 구글로부터 페널티를 받을 수 있기 때문에 과도하게 백링크를 만들어 주는 것은 피하는 것이 좋습니다.

글로벌 기업이나 대기업, 그리고 시장 내에 브랜딩이 되어 있는 유명 제품이나 브랜드를 제외하면 현실적으로 도메인 지수가 30이 넘는 경우는 소수입니다. 제가 경험해 본 경우 도메인 지수가 가장 높았던 웹 페이지들은 대부분 외국계 회사의 한국 홈페이지였습니다. 구글 SEO 에 대한 이해도가 높은 글로벌 회사들은 하나의 웹 페이지를 각 국가 언어별로 번역하여 제작하는 다국어 홈페이지 방식으로 제작하는 경우가 많았습니다. 이는 영문 홈페이지의 도메인 지수는 그대로 유지하면서 각 국가의 언어에 알맞은 다국어 홈페이지에 주기적으로 콘텐츠를 발행하여 구글 검색유입을 늘리는 전략을 활용하고 있습니다. 그리고 기술적으로는 <hreflang> 이라는 태그를 사용하여 다국어 홈페이지에 생성된 지역별 웹 페이지 URL로 연결해 주고 있습니다.

Hreflang란 무엇인가?

'hreflang'은 다국어 웹사이트에서 사용되는 HTML 태그 중 하나로, 검색 엔진에서 각 언어 또는 지역별로 어떤 버전의 페이지를 제공하는지 알려줍니다. 해당 작업을 통해서 국가별로 검색 엔진 최적화를 진행할 수 있고, 사용자 경험을 개선하는 데 도움이 됩니다.

hreflang 태그는 〈link〉 요소 안에서 rel 속성을 활용하여 기재할 수 있고, 일반적으로 아래와 같은 형식을 통해서 기재하고 있습니다.

〈예시〉
```
<link rel="alternate" hreflang="언어_또는_지역코드" href="대
상_페이지_URL">
```

rel="alternate"
대체 버전을 나타내는 것으로 검색 엔진에서 이것이 현재 페이지의 대체 버전임을 알려줍니다.
hreflang="언어_또는_지역코드"

페이지의 언어 또는 지역을 나타냅니다.
언어 코드는 일반적으로 ISO 639-1 코드이며, 지역 코드는 ISO 3166-1 알파-2 코드입니다.

href="대상_페이지_URL": 대상 언어 또는 지역의 페이지 URL을 지정합니다. 실제로 이런 방법은 탁월한 성과를 보이고 있었습니다. 특정 분야에 글로벌에서 인지도가 있는 외국계 회사들의 홈페이지 도메인 지수는 적게는 50에서 많게는 90점이 측정되는 경우도 많았고, 다수의 웹 페이지를 리서치해본 결과 도메인 지수가 약 70점 이상에 도달한 경우에는 장기간 콘텐츠를 발행하지 않았더라도 구글 상단 영역에 장기간 노출되는 사례를 적지 않게 발견할 수 있었습니다.

Q2 도메인 지수가 높다고 해서 꼭 구글 검색 노출에 유리할까?

A2 본 글에서 언급하고 있는 도메인 지수는 아레프스(Ahrefs)를 기반으로 측정한 지수입니다. 아레프스는 페이지의 체류시간이나 트래픽을 고려하지 않고 연결된 링크를 기반으로만 측정되는 데이터라는 점을 고려했을 때, 도메인 지수만 높다고 해서 구글 검색 상단에 노출되는 것은 아닙니다. 다만 백링크가 도메인 지수 상승에 도움이 된다는 것은 공공연한 사실이고, 아래의 레포트와 같이 전체의 웹 페이지 중에서 약66%의 웹 페이지가 백링크가 1개도 생성되어 있지 않다는 점을 고려했을 때, 적어도 백링크를 1개라도 구축하게 된다면? 66%의 웹 페이지보다는 우위에 있다고 가정할 수 있습니다. 따라서 저는 워드프레스 운영초기에는 적절한 링크 빌딩이 검색 노출 최적화를 돕는다고 생각합니다.

08

블랙햇 SEO가
작동되는 원리는?

블랙햇 SEO가 이루어지는 원리는 기본적으로 '링크 빌딩' 전략입니다. 가장 많이 문제가 생기는 경우는 대부분 저품질 백링크를 대량으로 만들어주는 경우입니다. 온라인을 통해서 대량의 백링크를 저렴한 비용으로 구매하거나, 아니면 블랙햇 SEO를 진행해 주는 워드프레스 플러그인을 활용하여 대량의 백링크를 생성해 주는 경우가 이에 해당합니다.

블랙햇 SEO를 활용하여 검색 노출 최적화를 진행하는 경우에도 일시적으로는 효과를 볼 수 있습니다. 그러나 구글의 스팸 방지 시스템이 갈수록 고도화되기 때문에 장기적인 관점에서는 대부분 구글의 제재 대상이 됩니다. 그럼에도 불구하고 꾸준히 블랙햇 SEO를 진행하는 사람들은 어떤 이유 때문에 시도하는 것일까요? 이유는 간단합니다.

블랙햇 SEO를 진행해야 하는 경우에는 일명 제도권 시스템 아래에서 정상적으로 광고를 집행할 수 없는 불법적인 서비스인 경우가 많습니다. 해당 서비스는 주기적으로 서버나 도메인을 옮겨가며 웹 페이지 제작과 폐쇄를 반복하기 때문에 지속성장성보다는 일시적으로 상위노출(어뷰징, abusing) 되는 것만으로도 소정의 성과를 달성했다고 보실 수 있습니다. 따라서 장시간 견고하게 SEO에 대한 가치를 만들어 나가는 것이 아니라 짧은 시간에 백링크를 다량으로 생성하여 상위노출 시키는 전략을 활용하고 있습니다.

블랙햇 SEO로 의심을 받을 수 있는 대표적인 사례들

- 해외 백링크 구매사이트나 워드프레스 플러그인을 활용하여 짧은 시간에 지나치게 많은 백링크를 생성하는 경우
- 웹 페이지의 전체적인 구조에 영향을 주는 〈Head〉 영역이나 〈Footer〉에 의도적으로 다수의 '앵커 텍스트'와 '백링크'를 추가하는 경우
- 의도적으로 웹 문서에 링크들을 숨겨서 다수의 링크를 포함하는 경우
  - 글꼴 크기를 0으로 하는 경우
  - 배경색과 폰트 컬러를 같아지게 하여 링크로 식별이 안 되게 작성하는 경우
- 댓글에 스팸성 백링크를 지속해서 추가하는 경우
- 본문에 과도하게 '앵커 텍스트'와 '백링크'를 사용한 경우
  - 보통 포커스 키워드도 전체 분량의 3~5%를 사용하기 때문에 '앵커 텍스트'와 '백링크'는 매우 제한적으로 사용하는 것이 일반적입니다.
- 콘텐츠를 표절 혹은 복제하여 지속해서 발행하는 경우
  - 해외 콘텐츠 번역의 경우에는 문제가 안되지만 단순히 복사+붙여넣기 콘텐츠는 블랙햇 SEO로 간주합니다.
- 특정 웹 페이지 접속 시 다른 웹 페이지로 리다이렉트 하는 경우
  - 브릿지 페이지, 점프 페이지, 게이트웨이 페이지를 활용하여 의도적으로 리다이렉트(Redirect) 하는 경우

위에서 소개한 사례 외에도 이도저도으로 사용하는 블랙햇 SEO는 구글 검색 엔진이 똑똑해지는 만큼 더 고도화되고 있습니다. 다만 국내는 여러 번 언급한

바와 같이 아직 구글 SEO에 대한 방법론이 자리 잡혀 있지 않습니다. 더불어 양질의 백링크를 활용하는 경우도 극히 일부에 해당하기 때문에 블랙햇 SEO 를 활용하는 경우는 앞서 언급한 정상적으로 마케팅을 진행할 수 없는 불법적 인 요소가 포함되어 있는 비즈니스일 확률이 높습니다.

09

구글 SEO를 위해 알아야 할
Google 검색 순위 시스템 17가지

이전의 글에서는 '블랙햇 SEO'에 대해 알아보았습니다. 갈수록 구글 검색 엔진은 똑똑해지고 있다고 하는데 도대체 어떤 시스템들이 활용되고 있을까요? 또 구글이 스팸성 콘텐츠를 필터링하기 위해 사용하고 있다는 'SpamBrain'에 대해서 간단하게 소개했는데, 그 외에 활용되고 있는 구글 검색 순위 시스템 17가지에 대해서 소개해 보도록 하겠습니다.

시스템 1 BERT

BERT(Bidirectional Encoder Representations from Transformers)는 Google에서 사용되는 AI 시스템으로, 단어가 포함하고 있는 의미와 의도를 파악하여 검색 순위에 반영하고 있습니다.

시스템 2 위기 정보 시스템

Google에서는 위기 상황과 자연재해 또는 그 외의 광범위한 위급상황에 도움이 되는 정보를 신속히게 제공하기 위한 시스템을 운영하고 있습니다.

- **개인 위기**: Google 시스템은 사람들이 개인적인 위기 상황에 관한 정보를 찾고 있는지 여부를 파악하기 위해 노력합니다. 이는 자살, 성폭력,

독극물 섭취, 성별에 따른 폭력, 약물 중독과 관련된 특정 검색어를 입력했을 때 신뢰할 수 있는 조직에서 제공하는 콘텐츠를 표시하기 위함입니다.

- **재난 알림**: 자연재해 또는 광범위한 위기 상황에서 Google의 재난 알림 시스템은 지역, 국가, 국제기관의 업데이트를 표시합니다. 이 업데이트에는 긴급 연락처, 웹사이트, 지도, 유용한 문구 번역, 기부 기회 등이 포함되어 있습니다.

시스템 3 중복 삭제 시스템

Google에서 검색하면 수천 개 또는 수백만 개의 일치하는 웹 페이지를 찾을 수 있습니다. 그중 일부는 서로 아주 유사할 수도 있습니다. 이 경우에 Google 시스템은 가장 관련성이 높은 결과만 표시하여 불필요한 중복 노출을 방지합니다.

중복 삭제는 추천 스니펫에서도 발생합니다. 웹 페이지 목록이 추천 스니펫까지 올라간 경우 Google에서는 나중에 검색결과 첫 페이지에 등록 정보를 반복하지 않습니다. 이렇게 하면 검색결과가 정리되고 사람들이 관련 정보를 더욱 쉽게 찾을 수 있습니다.

시스템 4 일치검색 도메인 시스템

Google의 순위 시스템은 도메인 이름에 포함된 단어를 다양한 요소 중 하나로 고려하여 콘텐츠가 검색어와 관련이 있는지 판단합니다. 하지만 일치검색 도메인 시스템은 특정 검색어와 정확히 일치하도록 설계된 도메인에서 호스팅되는 콘텐츠에 과도한 크레딧이 부여되지 않도록 합니다. 예를 들어 사용자는 도메인 이름의 모든 단어가 순위를 높이도록 도메인 이름을 만들 수 있습니다. Google 시스템은 이를 조정합니다.

시스템 5 　최신 정보 시스템

Google에서는 사용자가 최신 콘텐츠를 기대하는 경우 검색어에 대하여 최신 콘텐츠를 제공할 수 있도록 '검색결과를 최신 상태로 유지하는' 시스템을 갖추고 있습니다. 예를 들어 최근에 개봉한 영화를 검색하는 사용자가 있다면 프로덕션이 시작되었을 때의 이전 기사가 아닌 최근 리뷰가 필요할 것입니다. 다른 사례로는 '지진'을 검색하면 지진에 대비하는 방법 및 리소스에 관한 자료가 표시되는 경우가 많습니다. 그러나 최근에 지진이 발생했다면 뉴스 기사 및 최신 콘텐츠가 표시될 것입니다.

시스템 6 　유용한 콘텐츠 시스템

Google의 유용한 콘텐츠 시스템은 검색 엔진 트래픽 확보 목적의 콘텐츠가 아니라, 사람들이 다른 사람들을 위해 발행한 유용한 콘텐츠가 검색결과에 잘 노출될 수 있도록 설계되었습니다.

시스템 7 　링크 분석 시스템 및 PageRank

Google은 페이지의 내용을 파악하고 검색어에 해당하는 가장 유용한 페이지를 결정하기 위해 페이지가 서로 연결되는 링크 구조를 식별하는 시스템을 보유하고 있습니다. 그중에서는 Google이 처음 출시되었을 때 사용된 핵심 순위 시스템 중 하나인 'PageRank'가 있습니다. PageRank의 작동 방식은 지금까지 크게 개선되어 왔으며 여전히 Google의 핵심 순위 지정 시스템 중 하나입니다.

시스템 8 　지역 뉴스 시스템

Google은 '주요 뉴스'와 '지역 뉴스' 기능을 통해 필요할 때마다. 현지 뉴스 매체를 파악하여 노출할 수 있는 시스템을 갖추고 있습니다.

시스템 9 　MUM

멀티태스킹 통합 모델(MUM)은 언어를 이해하고 생성할 수 있는 AI 시스템입니다.

시스템 10 **신경망 검색**

신경망 검색은 Google에서 검색어 및 페이지에 포함된 개념이 어떻게 표현되는지 이해하고 문맥의 의미를 서로 매칭할 때 사용하는 AI 시스템입니다.

시스템 11 **원본 콘텐츠 시스템**

Google은 원본성 보고서 등 검색결과에서 원래 콘텐츠를 인용하기만 한 콘텐츠보다 원본 콘텐츠를 더 위에 표시하기 위한 시스템을 갖추고 있습니다. 여기에는 특수 표준 마크업 지원 기능이 포함되는데, 페이지가 여러 위치에 중복되어 있다면 콘텐츠 제작자는 이 기능(캐노니컬 태그)을 사용해 Google에서 어떤 페이지가 원본 페이지인지 파악하는 데 도움을 줄 수 있습니다.

시스템 12 **삭제 기반 순위 내리기 시스템**

Google은 특정 유형의 콘텐츠 삭제를 허용하는 정책을 시행하고 있습니다. Google에서 특정 사이트와 관련하여 다수의 삭제 요청이 발생하는 경우 검색결과를 개선하기 위한 신호로 인지합니다. 구체적인 방법은 다음과 같습니다.

- **법적 삭제**: 특정 사이트와 관련되어 저작권 삭제 요청이 다수 접수될 경우, 검색결과에서 해당 사이트에 발행되어 있는 다른 콘텐츠의 순위를 강등할 수 있습니다. Google은 명예 훼손, 위조품 신고, 법원 명령에 따른 삭제 신고 등 다른 신고에도 유사한 강등 신호를 적용합니다. 아동 성적 학대 콘텐츠(CSAM)가 발견되는 경우 Google은 해당 콘텐츠를 삭제 후 해당 사이트 내에서 발행된 모든 콘텐츠 순위를 내립니다.

- **개인 정보 삭제**: Google에서는 불합리한 금전을 요구하는 사이트와 관련된 사이트에 있는 콘텐츠의 순위를 강등합니다. Google에서는 다른 사이트에서도 동일한 행동 패턴이 발생하는지 확인하며, 그 경우에 해당되는 페이지의 콘텐츠도 강등시킵니다. 또한 동의 없이 공유된 선정적 개인 이미지와 특정 사용자 이름과 관련된 검색어에서 높은 순위에 오르지 않도록 자동 보호 기능을 사용합니다.

- **문구 순위 시스템**: Google에서 특정 페이지가 검색어와 얼마나 관련성이 높은지 이해하기 위하여 웹 페이지의 개별 섹션이나 문구를 식별할 때 사용하는 구글의 AI 시스템입니다.

시스템 13 RankBrain

RankBrain은 콘텐츠 안에 포함되어 있는 문맥의 관계를 이해하는 데 도움을 주는 AI 시스템입니다. 즉 콘텐츠가 다른 단어 및 개념과 관련이 있다는 것을 이해하면 검색에 사용된 단어가 본문에 포함되어 있지 않더라도 관련 콘텐츠를 노출합니다.

시스템 14 신뢰할 수 있는 정보 시스템

공신력 있는 페이지를 노출하고 저품질 콘텐츠를 강등하거나 콘텐츠의 품질이 높은 콘텐츠를 장려하는 등 신뢰할 수 있는 정보를 표시하기 위해 여러 시스템이 작동합니다.

시스템 15 리뷰 시스템

리뷰 시스템은 주제를 잘 아는 전문가 또는 애호가가 작성한 고품질 리뷰와 콘텐츠에 관한 보상을 강화하는 것을 목표로 삼고 있습니다.

시스템 16 사이트 다양성 시스템

사이트 다양성 시스템은 구글 상위 검색결과에 동일한 사이트에서 제공된 웹 페이지 콘텐츠가 2개 이상 표시되지 않도록 합니다. 해당 시스템으로 인하여 하나의 웹 페이지에서 모든 상위 검색결과를 차지하지 않도록 할 수 있습니다. 하지만 Google 시스템에서 특정 검색과 관련해 관련성이 높은 것으로 판단하는 경우에는 두 개 이상의 콘텐츠를 표기하는 경우도 있습니다.

사이트 다양성 시스템에서는 대체로 하위 도메인을 루트 도메인의 일부로 취급합니다. 즉 하위 도메인(subdomain.example.com) 및 루트 도메인(example.

com)의 등록 정보는 모두 동일한 하나의 사이트에서 제공된 등록 정보로 판단합니다. 그러나 간혹 콘텐츠의 다양성이 인정되는 경우에는 하위 사이트를 별도의 사이트로 취급하는 경우도 있습니다.

시스템 17 스팸 감지 시스템

Google 검색은 스팸이라는 문제에 직면하고 있습니다. 인터넷에는 어마어마한 양의 스팸성 콘텐츠가 존재하며 이를 제대로 대응하지 않으면 관련성이 높은 검색결과를 표시할 수 없습니다. 구글은 SpamBrain을 비롯한 다양한 스팸 감지 시스템을 활용하여 Google의 스팸 정책을 위반하는 콘텐츠에 대응하고 있습니다.

▲ 구글 검색센터 – Google 검색 순위 시스템 가이드

SEO 최적화를 이룰 수 있는 다양한 고급 꿀팁들을 소개합니다.

01

나의 웹 페이지를 튼튼하게 만들어 줄 수 있는
기둥 페이지(Pillar contents) 만들기

구글 SEO에서 트래픽을 꾸준하게 만들 수 있는 요소는 바로 '양질의 콘텐츠'입니다. 콘텐츠를 제작하는 방법은 사람마다 차이가 있으나 초기에 제가 선택한 방법은 '질'보다는 '양'을 늘리는 것이었습니다. 처음부터 콘텐츠를 잘 작성하는 사람은 없습니다. 구글 SEO에서 성과를 내지 못하는 유형 중 한 가지가 지나친 완벽주의 성향을 갖고 있는 분들입니다. 구글 SEO는 장거리 마라톤으로 생각해야 하므로 초기에 다소 부족한 부분이 있더라도 꾸준히 콘텐츠를 발행하는 것이 더 중요합니다.

콘텐츠를 하나하나 정성 들여 만들더라도 콘텐츠 마케팅을 하다 보면, 아쉬운 부분이 생기기 마련입니다. 대표적으로 체류시간과 사용자경험(UX)에 대한 부분입니다. 아무리 정성스럽게 콘텐츠를 제작한다고 하더라도 웹 페이지 체류시간이 1분 30초를 넘기는 브랜드는 손에 꼽을 정도였고 그 해답은 사용자경험(UX)에서 찾을 수 있습니다.

웹 페이지의 체류시간을 늘릴 방법은 크게 3가지 정도가 있습니다.

- 콘텐츠의 양을 최대한 길게 쓰는 방법

- 연관성 있는 콘텐츠를 링크로 연결해서 웹 페이지 내 체류시간을 높이는 방법
- 콘텐츠의 정보성을 높여서 유저들이 몰입하게 만드는 방법

콘텐츠의 정보성을 높여서 유저들이 몰입하게 만드는 방법은 접근성이 다소 모호합니다. '정보성'이나 '품질'을 높인다는 것 자체가 '감각'의 영역이기 때문에 학습한다고 해서 누구나 빠르게 개선되는 영역이 아닙니다. 또 콘텐츠의 평가에 대한 기준도 개인마다 차이가 있기 때문에 이를 객관화시켜 콘텐츠에 반영한다는 것도 매우 어려운 부분입니다.

따라서 저는 우선 홈페이지의 기둥이 될 수 있는 콘텐츠들을 제작하기 시작했습니다. 웹 페이지 내에서 기둥이 되는 콘텐츠들을 해외에서는 필러 콘텐츠(Pillar content)라고 부릅니다. 기둥이 되는 콘텐츠들은 내용이 길고 주제가 포괄적이며 주요 주제를 다룬 핵심 콘텐츠로서 영향력을 발휘하게 됩니다.

제가 제작했던 기둥 콘텐츠는 허브스팟의 솔루션 중 영업 관리 기능을 지원하는 세일즈 허브(Sales Hub)를 소개하는 글로 한편의 글에 솔루션에서 제공하는 모든 기능들을 담았기 때문에 내용이 길고 방대하다는 특징이 있습니다.

▲ 기둥 콘텐츠 제작 사례

실제로 잘 짜인 기둥 콘텐츠는 구글 SEO에서 많은 성과를 얻을 수 있습니다. 양과 퀄리티를 모두 충족시킬 수 있는 흔하지 않은 콘텐츠이기 때문에, 구글 검색 엔진은 이를 높은 품질의 콘텐츠로 인식합니다. 따라서 해당 콘텐츠는 관련 검색어에서 웹사이트의 순위를 향상시킬 수 있습니다. 다만 콘텐츠를 제작하는 노력과 공수를 고려한다면 모든 콘텐츠를 기둥 콘텐츠로 제작할 수는 없을 것입니다. 따라서 반드시 필요하다고 생각하는 핵심 콘텐츠들만 기둥 콘

텐츠로 만들어 보시는 것을 추천 드립니다.

이렇게 크고 작은 콘텐츠들이 모이면 콘텐츠 허브(Contents Hub)나 콘텐츠 클러스터(Contents cluster)와 같은 형태로 구현할 수 있습니다. 대표적으로 아래의 QR코드로 이동되는 콘텐츠에 해당합니다.

▲ 콘텐츠 허브 사례

위의 사례를 참고해 보시면 수많은 콘텐츠들을 내부 링크를 활용하여 연결해 놓았기 때문에 해당 콘텐츠는 웹 페이지 내에서 강력한 영향력을 발휘하게 됩니다. 다만 한 페이지 내에 너무 많이 적용되어 있는 내부 링크로 인하여 구글로부터 페널티를 받을 우려가 있어서 해당 내부 링크는 노팔로우(Nofollow)를 적용하여 구글 검색 엔진에 영향력이 전달되지 않도록 세팅하였습니다.

02

워드프레스 웹 페이지를 네이버 상단에 **노출할 수 있는 전략**

구글 검색 노출 최적화에 중점을 두는 브랜드들의 가장 큰 고민이 한 가지 있습니다. 바로 '네이버 SEO'에 불리하다는 것인데요. 아무리 구글 검색 노출이 뜨고 있고, 또 구글검색유저들이 특정 서비스에 대한 관여도가 높다고 하더라도 아직은 네이버를 무시할 수 없습니다. 실제로 구글 SEO에 주력하고 있는 기업 마케팅 담당자와 인터뷰를 해보았을 때, 제품에 따라 구글에서 전환되는 경우가 더 많기는 하지만, 여전히 네이버 검색에서도 구매전환이 이루어지기 때문에 구글 SEO에 주력하다 보면 네이버 검색 노출 영역이 다소 부실해지는 상황이 생기게 됩니다.

저는 처음 구글 SEO에 입문하기 전에 네이버에서 상위 0.5%의 블로그를 10년 넘게 운영하며 구글보다는 네이버SEO에 강점이 있었습니다. 그러나 제가 세일즈하고자 하는 CRM 및 마케팅 자동화 솔루션을 구매하고자 하는 고객층은 기술에 대한 이해도가 높아서 네이버보다는 구글 검색에서 계약 전환이 이루어진다는 것을 파악하고 구글 SEO에 '올인'을 하게 된 것이 2023년 초였습니다.

그런데 2023년 하반기로 흘러가면서 네이버에 '허브스팟' 검색 시 제가 운영하는 워드프레스 웹 페이지가 검색 페이지 영역의 가장 최상단에 노출되기 시작했습니다. 해당 노출은 장기간 이어지고 있습니다. 어떻게 국내 허브스팟 파트너사 중에서 가장 후발주자로 진입한 저의 웹사이트가 네이버 '허브스팟' 검색 시 웹 문서영역 1위에 노출될 수 있었을까요? 그 이유는 네이버 검색시스템 업데이트에서 찾을 수 있었습니다.

▲ 네이버 '허브스팟' 검색 시 웹 페이지 영역 1위에 노출되고 있는 자사 웹 페이지

2023년 7월 25일 '네이버 서치 어드바이저'에서도 인덱스나우(IndexNow)를 지원한다는 소식을 소개했습니다. 인덱스나우(IndexNow)는 구글(Google)이나 얀덱스(yandex)와 같은 글로벌 검색 엔진이 활용하는 색인 프로세스이기 때문에 해당 소식을 접하는 순간 저는 네이버도 앞으로 구글과 같은 알고리즘으로 점진적으로 변할 것으로 추측했습니다. 그리고 구글 검색 엔진의 핵심은 링크 시스템이라는 것을 알고 있었기 때문에, 저는 바로 실천했습니다.

▲ 네이버 인덱스나우

장시간 투자를 해서 네이버에 노출되어 있는 콘텐츠 내에서 운영하고 있는 웹 페이지로 링크를 연결해 줄 수 있는 백링크들을 천천히 구축해 나가기 시작했습니다. 우선 제가 활용한 미디어들은 제가 운영하는 네이버 블로그와 제 3자가 발행한 블로그 후기, 브런치 작가 채널, 네이버 카페 등의 콘텐츠들을 적절하게 활용했습니다. 그리고 네이버에서 구축한 백링크들은 인위적으로 만든 것이 아니라 연관성이 있는 주제와 연결성을 고려하여 견고하게 구축해 보았습니다.

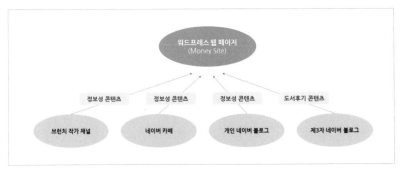

▲ 네이버 검색 생태계에서 구축한 백링크 구조도

- **브런치 작가 채널**

  브런치 작가 채널은 사전에 브런치 작가에게 신청 후 선정된 분들만 글을 작성할 수 있는 글쓰기 플랫폼입니다. 플랫폼에서 추구하는 방향이 검증 과정을 통과한 작가들만 글을 작성할 수 있기 때문에 콘텐츠의 퀄리티와 완성도가 어느 정도 보장되어 있는 채널입니다. 또한 도메인 자체의 신뢰도도 높아서 브런치에 작성한 글들은 네이버든 구글이든 비교적 상단에 노출되고 있습니다. 다만, 브런치 자체적으로도 발행되는 콘텐츠들이 많아서, 브런치에 발행한 글들이 네이버와 구글에 노출되기까지는 1개월에서 3개월까지 소요되었습니다.

- **네이버 카페**

  처음 네이버 카페에 글을 쓰기 시작한 것은 꼭 링크 빌딩 때문이 아니었습니다. 개인적으로 저는 'B2B 영업사원 모임'에서 활동하고 있기 때문에 모임에 활동하면서 다양한 글들을 카페에 업로드 하였고, 그중 저의 워드프레스 홈페이지에 있는 내용들을 인용하면서 자연스럽게 카페에 백링크가 형성되게 되었습니다. 그리고 B2B 영업사원이라는 동질성 있는 집단이 활동하는 카페인만큼 트래픽이 많지는 않지만, 소수의 트래픽이 저의 워드프레스 웹 페이지로 흘러 들어가고 있습니다.

- **개인 네이버 블로그**

  네이버 블로그를 10년 동안 운영하고 있었기 때문에 '허브스팟'과 관련된 사업을 시작하면서 네이버에 다양한 글들을 꾸준히 올렸고, 비즈니스와 관련된 내용들을 워드프레스 웹 페이지로 링크했습니다. 단, 네이버 블로그의 경우 너무 많은 외부 링크는 페널티를 줄 수 있기 때문에 너무 많은 링크를 발행하는 것은 좋지 않습니다. 저는 네이버 블로그에서 '허브스팟'과 관련된 링크 외에는 다른 링크를 발행한 적이 없기 때문에 균형을 유지하여 적절하게 활용하였습니다.

- **제3자 네이버 블로그**

  실제품이 아니라 무형의 서비스나 솔루션을 판매하는 경우 제3자 블로그에 후기를 만드는 것이 현실적으로 쉽지는 않습니다. 다만, 저는 주문 후 제작되는 POD(Publish On Demand) 도서의 형태로 허브스팟 가이드북을 발간했기 때문에 실제로 서비스와 관련된 실물이 있었습니다. 해당 책을 구매하거나 열람 후 후기를 남겨 주신 분들이 있었기 때문에 저는 '가이드북 도서'라는 매개체를 통하여 네이버 검색 엔진 내에서 제3자 블로그를 활용한 링크들을 구축할 수 있었습니다.

▲ 허브스팟 가이드 도서

지난 2023년 7월, 네이버에서 인덱스나우(IndexNow) 프로세스를 도입한다는 발표를 접하고 네이버 검색 생태계 내에서 다양한 백링크들을 적용했을 때 검색 로직 변화와 실행력이 더해져서 좋은 성과를 얻을 수 있었습니다. 검색 엔진과 같은 SEO의 영역은 살아있는 유기체적인 특성이 있습니다. SEO 최적화 작업을 시도하기 전에는 개선 사항과 문제점이 눈에 보이지만 특정 이슈가 해결된 이후에는 정확히 어떤 개선 작업으로 성과가 발생했는지 추적하기가 어렵습니다. 따라서 SEO 작업을 성공적으로 이끌기 위해서는 다양한 시도를 해봐야 합니다.

저는 단순히 진단에 그치는 것이 아니라 실제로 이를 검증하기 위해 다수의 콘텐츠를 발행하고 다양한 테스트를 진행했습니다. 따라서 단순히 링크전략 때문만이 아니라 링크전략을 통해서 양질의 트래픽이 흘러 들어갔기 때문에 얻은 결과라고 생각합니다. 즉, SEO 작업은 단순히 백링크를 구축하거나, 테크니컬적인 요소를 단면적으로 개선하는 작업만으로 개선되지 않고 다양한 요소들이 복합적으로 작용된다는 부분을 반드시 고려해야 합니다.

03

브레드크럼(Breadcrumb) 활용하기

브레드크럼(Breadcrumb)은 웹 페이지 제작에 있어서 중요한 기능을 합니다. 해당 기능을 활용하여 웹 페이지 사용자가 스스로 웹 페이지 어디에 위치하는지 이해할 수 있도록 도와줍니다. 브레드크럼(Breadcrumb)은 마치 빵 부스러기를 따라가듯이 사용자가 웹사이트 어느 영역에 위치해 있는지를 시각적으로 나타내 주기 때문에 붙여진 이름입니다. 다만 처음 듣는 낯선 용어라고 해서 어려워할 필요가 없습니다. 아래의 이미지와 같이 적용되어 있기 때문에 용어만 몰랐을 뿐 실제로는 많은 분들께서 경험해 보셨을 것입니다.

브레드크럼(Breadcrumb) 적용 예시

홈 · 마케팅강의 · 해외 바이어 발굴을 위한 B2B 수출 마케팅 교육 (코트라/kotra)

해외 바이어 발굴을 위한 B2B 수출 마케팅 교육 (코트라/kotra)

ⓐ BK 📅 April 15, 2023

▲ 브레드크럼(Breadcrumb)이 적용된 웹 페이지 사례

브레드크럼은 일반적으로 웹 페이지 상단 혹은 내비게이션 바 아래에 작은 가로막대 형태로 표시되며, 가로막대에는 사용자가 방문한 페이지의 사이트의 위치나 구조가 표시됩니다. 해당 표시에 따라서 사용자도 웹 페이지의 어떤 페이지에 있는지 쉽게 식별할 수 있게 되고, 검색 엔진의 웹 크롤러(web crawler)가 홈페이지를 탐색할 때도 브레드크럼(Breadcrumb)을 기준으로 웹 문서를 식별하게 되기 때문에 더 편리하게 문서를 식별하실 수 있습니다.

지금은 대부분의 CMS가 구글 검색 노출 최적화를 염두하고 서비스를 출시하고 있고, 구글 검색 엔진도 점점 더 스마트해지고 있기 때문에 예전에 비해 브레드크럼의 영향력은 다소 줄어 들었습니다. 그럼에도 불구하고 구글 SEO는 상대평가로 진행되기 때문에 사소한 부분이지만 개선을 해보신다면 구글 SEO에 도움이 되실 수 있습니다.

브레드크럼(Breadcrumb)을 적용하는 방법도 크게 어렵지는 않습니다. 워드프레스 기본 테마에 해당 기능이 포함된 경우도 있고, 요스트SEO 혹은 Rankmath와 같이 SEO에 도움이 되는 도구들을 통해서 손쉽게 구현하실 수 있습니다.

04

Google Web Stories 활용하기

구글 웹스토리(Google Web Stories)는 모바일 환경에서 더 풍부한 콘텐츠를 담을 수 있는 웹 기반의 콘텐츠입니다. 이것은 주로 모바일에서 활용되고 있으며 각 스토리는 이미지, 텍스트, 비디오 등 다양한 미디어들로 구성됩니다. 소셜미디어와 유튜브에서 '숏폼' 콘텐츠들이 유행하면서 구글에서도 이를 활용하기 위해 구글 웹스토리(Google Web Stories)를 출시했습니다.

온라인상에 대부분의 검색 플랫폼은 신규로 출시한 기능들을 활용하는 경우 비공식적으로 가산점을 부여하고 있습니다. 이는 구글뿐 아니라 국내 검색 생태계에 해당하는 '네이버'도 마찬가지입니다. 따라서 구글 웹스토리(Google Web Stories)의 경우에도 새로 출시한 서비스의 이용률을 높이려는 구글의 인센티브 전략으로서, 이를 적용할 시에는 구글 검색 노출 최적화에 일부 도움이 되는 것으로 알려져 있습니다. 다만 구글 웹스토리는 모바일 기반으로 작동하기 때문에 워드프레스를 활용하시는 경우에 〈Web Stories〉와 같은 플러그인을 활용하시어 구현하시는 것을 추천 드립니다.

구글 웹스토리는 국내에서는 다소 저평가되어 있기 때문에 이커머스 기반의 소비재 마케팅을 진행하는 곳에서는 한번 시도해볼만 합니다. 아무래도 경쟁자가 적다 보니 적은 공수로도 높은 조회수를 얻을 수 있는 효과적인 전략이 될 수도 있습니다. 구글 웹스토리에 대해 더 자세한 정보를 원하신다면 아래의 QR코드를 통해서 정보들을 열람해 보시기 바랍니다.

▲ 구글 웹스토리

구글 SEO의 트렌드는
어떻게 흘러가고 있을까?

Search. 🎤 📷

01

2023년 구글 SEO에 반영되고 있는 다양한 요소들

아래의 이미지는 'firstpagesage'에서 발표한 2023년 기준으로 구글 검색 노출 알고리즘에 영향을 주는 요소들을 도식화한 자료입니다. 실제로 그동안 배운 내용들을 복습하면서 어떤 사항들이 알고리즘에 영향을 주고 있는지 체크해보시는 것도 좋습니다.

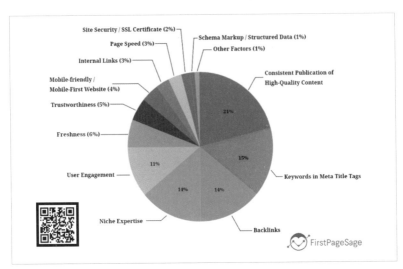

▲ The 2023 Google Algorithm Ranking Factors – firstpagesage

위에 소개되어 있는 도식을 표로 변환하여 항목별로 분석해 본다면 아래와 같은 인사이트를 얻을 수 있습니다.

카테고리	항목	비중
콘텐츠	고품질 콘텐츠와 일관성 있는 콘텐츠 발행	21%
	콘텐츠의 신선함	6%
	콘텐츠의 신뢰성	5%
	세부 분야에 대한 전문성 있는 콘텐츠 발행	14%
	소계	46%
HTML 구조	스키마 마크업(Schema Markup) 구조화된 데이터(Structured Data)	1%
	메타 제목 태그의 키워드	15%
	기타 세부 요소	1%
	소계	17%
테크니컬	모바일에 최적화된 웹사이트	4%
	페이지 스피드	3%
	웹 페이지 보안(SSL 인증 등)	2%
	소계	9%
링크 빌딩	백링크(외부에서 내 웹 페이지를 언급하는 링크)	14%
	내부 링크(나의 웹 페이지에 있는 콘텐츠끼리 연결하는 링크)	3%
	소계	17%
사용자 참여	사용자 참여(체류시간, 페이지 이탈, 세션당 페이지 등)	
	소계	11%
총합계		100%

위의 표를 보시면 가장 중요한 것은 콘텐츠 발행입니다. 단일 항목 비중으로 분석해 보더라도 '고품질 콘텐츠와 일관성 있는 콘텐츠 발행'이 차지하는 비중은 21%, 그리고 콘텐츠 전체로 보았을 때는 46%에 해당하기 때문에 '콘텐츠는 왕'이라고 말하는 것에는 나름대로 근거가 있는 것 같습니다.

많은 분이 중요하게 생각하시는 테크니컬 SEO는 전체로 보았을 때 약 9%의 비중을 차지하고 있어서 예상했던 것보다는 매우 낮은 수치로 집계되고 있습니다. 실제로 SSL 인증이나 페이지 스피드 등과 관련이 있는 IT 인프라가 점점 더 상향 평준화되고 있다는 점을 감안했을 때, 앞으로는 테크니컬 SEO보다는 콘텐츠 부분이나 기타 경쟁사가 놓치고 있는 부분에서 차별성을 찾아야 한다고 생각합니다.

여전히 링크 빌딩에 해당하는 '백링크'와 '내부 링크'는 구글 SEO에 많은 영향을 주고 있습니다. 백링크의 영향력은 매년 조금씩 줄어들고 있지만, 단일 비중으로 보더라도 14% 정도면 매우 높은 수준이라고 보실 수 있습니다. 그리고 생각보다 많이 간과하는 부분이 나의 웹 페이지 내에 있는 콘텐츠를 서로 연결해 주는 '내부 링크'입니다. 전체적인 비중으로 보면 약 3%에 해당하기 때문에 작지 않은 비중이고, 대부분의 국내 회사 중에서 내부 링크 전략을 활용하고 있는 기업들이 거의 전무하다는 점을 고려했을 때, 저는 내부 링크에서 차별성을 얻을 수 있다고 생각합니다. 내부 링크는 백링크처럼 외부요소를 통해 진행하는 것이 아니고 업무 루틴만 만들어진다면 기업내부에서 충분히 관리할 수 있는 영역이기 때문에 꼭 한번 시도해 보시는 것을 추천 드립니다.

02

구글 알고리즘의
변화 과정

　구글은 1998년 서비스를 출시한 이후로 검색 품질을 향상시키고자 수많은 업데이트를 진행해 왔습니다. 본 글에서는 그동안 구글에서 진행되었던 업데이트 내용 중에서 메이저에 해당하는 14건의 업데이트의 히스토리에 대해 정리해 보았습니다. 아래의 주요 업데이트 사항만 참고하더라도 구글 검색 엔진이 어떤 방향으로 개선되어 가는지 이해하실 수 있을 것입니다.

알고리즘 업데이트	주요 내용	페널티 받은 웹 페이지 특징
Google Panda(2011)	• 검색결과 품질 향상 • 고품질 콘텐츠 강조 • 사용자 경험 개선	• 스팸성 콘텐츠를 발행하는 웹 페이지들 • 저품질 웹사이트
Google Penguin(2012)	• 링크의 품질과 수량에 대한 검증 • 블랙햇 SEO 제재 • 검색결과의 신뢰성 향상	• 인위적으로 링크 빌딩을 시도한 웹 페이지 • 스팸성 링크사용
Googlo Hummingbird(2013)	• 자연어 처리기술 적용 • 복합적인 난어와 분맥에 내한 검색 품질 향상	자연스러운 문맥이 아니라 특성 난어의 조입으로 이무이진 홈페이지

Google Pigeon(2014)	• 국가별 검색의 다양성 강조 • 지역 기반 비즈니스에 노출 기회 제공	–
Mobile-Friendly Update(2015)	• 모바일 최적화 강조 • 모바일 사용자 경험 향상	모바일 친화적이지 않은 웹 페이지
RankBrain(2015)	• 검색 의도 파악 기능 향상 • 단어와 문맥의 해석력 상승	키워드와 검색 의도가 매칭되지 않는 콘텐츠들
Possum(2016)	다양한 지역 비즈니스에 대한 정보제공	–
Fred(2017)	사용자 중심 콘텐츠 강조	• 광고가 많은 웹 페이지 • 사용자를 위한 정보성 콘텐츠가 부족한 웹 페이지
Mobile-First Indexing(2018)	• 모바일 최적화 강조 • 검색 색인 및 순위에서 모바일 버전 우선	모바일 최적화가 안되어 있거나 없는 웹 페이지들
Medic Update(2018)	의료 및 헬스케어와 관련된 웹 사이트에 대한 전문성과 신뢰성 강조	–
BERT(2019)	• 단어와 문맥 검색에 대한 이해도 향상 • 검색결과의 정확성 증가	검색 의도와 다르게 노출되고 있는 콘텐츠들
Page Experience Update(2021)	• Core Web Vitals 강조 • 사용자 경험 개선	• 페이지 로딩 속도 • 페이지 내 세션 수 • 시각적으로 분산되어 있는 웹 페이지
Mobile-First Indexing(2021)	• 모바일 최적화 • 사용자 중심 검색결과 강조	모바일 최적화가 안되어 있거나 없는 웹 페이지들
Product Reviews Update(2021)	제품 리뷰 페이지의 품질 강조	• 조작성 리뷰 • 스팸성 리뷰 • 정보성이 부족한 리뷰

03

구글은 **백링크 시스템**을
포기할 수 있을까?

현업에서 활동하고 있는 구글 SEO 컨설턴트들은 백링크의 효과가 예전에 비해 떨어진다고 입을 모아 이야기합니다. 어떤 컨설턴트들은 백링크의 영향력이 앞으로 더 줄어들 것이라고 말하는 이들도 있습니다. 구글 검색 엔진이 앞으로 어떻게 변해갈지는 아무도 모르는 일이지만, 저는 개인적으로 백링크 시스템은 꽤 오랜 기간 유지될 것으로 생각합니다.

이유 1 **구글이 전 세계에 있는 웹 문서를 통제하기 위한 가장 효율적인 도구**

구글은 전 세계 검색 엔진 플랫폼 1위 기업입니다. 글로벌에서 가장 많은 사용자를 확보한 이를 활용하여 매년 막대한 광고 수익을 얻고 있습니다. 그리고 업계 1위의 위상을 유지하기 위해 웹 데이터 수집과 웹 문서 식별을 위한 서버 등의 IT 인프라를 위해 매년 막대한 비용을 투자하고 있습니다. 결국 검색 엔진이 유지되기 위해서는 전 세계에 있는 웹 문서를 모두 수집하여 데이터화시켜야 하고, 수집한 문서들을 검색 의도에 맞게 필터링 시켜주는 일이 매우 중요하기 때문입니다. 따라서 구글은 현재 비즈니스를 유지하기 위해 막대한 양의 서버 리소스가 필요한 상황입니다.

Storage Statistics	
Total Size of Fetched Pages	147.8 GB
Compressed Repository	53.5 GB
Short Inverted Index	4.1 GB
Full Inverted Index	37.2 GB
Lexicon	293 MB
Temporary Anchor Data (not in total)	6.6 GB
Document Index Incl. Variable Width Data	9.7 GB
Links Database	3.9 GB
Total Without Repository	**55.2 GB**
Total With Repository	**108.7 GB**

▲ The Anatomy of a Large-Scale Hypertextual Web Search Engine – Stanford University

구글의 전신인 백럽(Backrub)의 검색 엔진 알고리즘이 공개되어 있는 스탠퍼드 대학교의 논문에 따르면 구글은 초기에 전체 리소스에 5%도 안되는 3.9GB의 웹 링크 데이터를 중심으로 전체 웹 문서를 관리해왔습니다. 구글이 영리적인 이익을 추구하는 사기업이라는 것을 고려했을 때, 그리고 구글 검색 엔진의 초기 구조를 고려했을 때, 구글은 앞으로도 웹 페이지 링크를 기반으로 웹 문서를 식별하고 페이지의 우선순위를 판단할 가능성이 높습니다. 따라서 백링크의 영향력이 점차적으로 줄어들지는 모르겠으나 꽤 오랜 기간 유지될 것으로 예상됩니다.

이유 2 **인공지능과 같은 콘텐츠 과잉 시대가 오더라도 링크는 결국 사람이 만든다.**

앞으로 인류는 여태까지 경험하지 못한 콘텐츠 공급 과잉 시대를 경험하게 될 것입니다. 오늘날에도 수많은 인공지능과 IT가 결합된 플랫폼에서 많은 양의 콘텐츠가 쏟아져 나오고 있습니다. 그런데 콘텐츠가 많아졌다고 해서 지식의 수준이 높아졌을까 고민해 보면 그렇지 않습니다. 정보는 더 많아졌지만 해당 정보가 신뢰성 있는 정보인지 파악하는 것이 매우 어려워졌기 때문에 결국 지식의 수준은 변하지 않았다고 봅니다.

이를 방증하는 것이 최근 CRM 기반의 마케팅이 급상승하고 있다는 것입니다. 온라인상에 있는 정보의 신뢰성을 검증하기가 어려워지자, 사람들은 신뢰할 수 있는 특정 채널을 구독하는 형태로 콘텐츠를 소비하기 시작했습니다. 그리고 코로나 이후로 본격적인 나노 사회로 진입했지만, 업계에는 역설적으로도 커뮤니티에 대한 니즈들이 꾸준히 존재합니다. 즉, 불특정 다수가 열람할 수 있는 정보보다는 특정 소수를 위한 검증된 정보의 인기가 더 높아지고 있는 것입니다.

이런 맥락에서 분석을 해보았을 때, 앞으로의 콘텐츠 제작은 인공지능의 비중이 높아지더라도 전체적으로 콘텐츠를 검수하고, 연관성 있는 '백링크'나 '내부 링크'를 추가하는 것은 아직 사람이 해야 할 영역으로 남아있습니다. 아마 생성형 인공지능이 더 고도화된다면 콘텐츠와 관련된 링크를 찾고 삽입하는 것도 곧 인공지능으로 대체될 것으로 보이지만, 아직 링크를 식별하고 추가하는 것은 인간의 영역이기 때문에 당분간 링크를 활용한 '백링크 시스템'은 구글에서도 꽤 오랜 기간 유지할 것으로 예상됩니다.

04

구글 음성검색은
어떻게 흘러가고 있을까?

현재 구글은 다양한 변화에 직면해 있는 상황입니다. 챗GPT와 같은 생성형 인공지능을 견제하고자, SGE(Search Generative Experience)라고 불리는 '생성형 인공지능(AI) 기반 검색 서비스'를 적극 도입하고 있고, 웨어러블 디바이스(wearable devices)나 최근 판매량이 급격하게 늘어나고 있는 '스마트 스피커'와 같은 새로운 스타일의 기기들 내에서도 '구글 음성검색'의 서비스 품질을 높이고자 다양한 노력을 하고 있습니다.

구글 음성검색에 대해 처음 언급된 것은 1998년도로 거슬러 올라갑니다. 구글의 전신에 해당하는 백럽(BackRub) 논문인 'The Anatomy of a Large-Scale Hypertextual Web Search Engine'를 정독하다 보면 매우 흥미로운 내용을 찾을 수 있습니다.

중앙 집중식 인덱싱 아키텍처의 확장성

컴퓨터의 기능이 향상함에 따라, 합리적인 비용으로 매우 많은 양의 텍스트를 인덱싱하는 것이 가능해진다. 비디오와 같은 다른 대역폭 집약적인 미디어는 더 널리 퍼질 가능성이 있다. 하지만 텍스트 제작 비용이 비디오와 같은 미디어에 비해 낮기 때문에, 텍스트는 매우 널리 퍼질 가능성이 높다. 또한, 곧 음성을 텍스트로 변환하여 사용 가능한 텍스트의 양을 확장하는 합리적인 작업을 수행하는 음성 인식을 갖게 될 것이다. 이 모든 것은 중앙 집중식 인덱싱을 위한 놀라운 가능성을 제공한다.

[자료출처] 〈The Anatomy of a Large-Scale Hypertextual Web Search Engine〉 - 9.2 Scalability of Centralized Indexing Architectures

해당 논문의 부록에는 구글의 확장성에 대한 내용이 첨부되어 있고, 글로벌에 있는 다양한 웹 문서들에 대한 색인작업이 마무리된 이후에 고객들의 편의성을 높일 수 있는 '음성인식' 기능을 확장할 수 있다는 내용이 이미 기재가 되어 있습니다. 그리고 12년 후인 2010년에 음성검색 기능을 실제로 출시했으니, 구글이 논문에 언급했던 '음성검색'에 대한 부분이 현실화된 것입니다.

구글 음성검색을 가장 많이 활용하고 있는 유저들

The Webmaster에서 발행한 '12 Useful Voice Search Statistics'의 글에 따르면 구글 음성검색은 연령별로는 10대가 가장 많이 사용하는 것으로 조사되고 있습니다. 수년 전 아날로그 세대들이 선호하던 출력된 형태의 종이 문서가 현재에는 대부분 '디지털화' 된 것처럼 음성검색의 편의성을 경험한 현재의 10대들의 사회진출이 시작되면 아마 음성검색은 지금보다 더 많이 활성화가 될 것입니다.

- 10대의 55%는 하루에 한 번 이상 음성 검색을 사용한다.
- 10대의 43%는 누군가에게 전화를 걸기 위해 음성검색을 사용한다.
- 10대의 38%는 길을 묻기 위해 음성을 사용한다.
- 10대의 31%는 과제에 도움을 받기 위해 음성검색을 사용한다.

그리고 구글의 음성검색이 꼭 필요한 사람들이 있습니다. 바로 '시각장애인'입니다. 대부분의 정보가 인터넷에 공유되는 요즘과 같은 시대에 인터넷을 활용하지 못한다는 것은 일상에서 매우 큰 불편함을 초래할 수 있습니다. 따라서 약자에 대한 사회적인 공감대가 잘 형성되어 있는 해외에서는 장애인들도 웹 페이지를 쉽게 이용할 수 있도록 아래와 같은 다양한 법률과 규정을 만들어왔습니다.

- 〈Chapter 508〉
  미국 연방 정부 및 공공 단체를 대상으로 만들어진 법률로, 장애인에게도 동등한 웹 페이지 접근성을 제공하기 위한 웹제작의 표준을 제시하고 있습니다.

- 〈미국 장애인 권리 법(ADA)〉
  미국의 웹사이트는 ADA에 따라 장애인이 쉽게 이용할 수 있도록 접근성을 강화해야 합니다. 시각, 청각, 운동 능력 등 모든 장애 유형을 고려하여 장애인들도 웹 페이지에 편리하게 접근할 수 있도록 다양한 기준을 제시합니다.

- 〈웹 콘텐츠 접근성 지침(WCAG)〉
  국제적으로 채택된 웹 접근성 표준으로 텍스트, 이미지, 미디어 등의 접근성을 향상시킬 수 있도록 다양한 가이드를 제공하고 있습니다.

실제로 구글 검색 엔진도 사회적인 분위기를 고려하여 시각장애인에게도 접근성을 높인 웹 페이지들에 일부 가산점을 주고 있습니다. 대표적으로 이미지의 대체 텍스트에 해당하는 alt text(Alternative text)를 예로 들 수 있습니다.

'alt text'는 HTML에서 이미지에 대한 대체 텍스트를 제공하는 속성입니다. 이미지가 화면에 표시되지 않거나 이미지를 해석할 수 없는 상황에서 이 텍스트는 이미지에 대한 정보를 텍스트로써 대신 제공합니다. Alt 텍스트는 웹 접근성을 향상시키고 검색 엔진 최적화를 위해 중요한 역할을 한다고 알려져 있습니다.

앞서 언급했던 구글 SEO를 시작할 때 가장 먼저 체크해야 하는 부분이 '구글 페이지 스피드 인사이트'입니다. 측정되는 4개의 항목 중에서 접근성은 'Alternative text'에 대한 반영 여부도 일부 담고 있는데요. '구글 페이지 스피드 인사이트'가 구글에서 운영하는 가장 공신력 있는 측정 도구라는 것을 감안한다면, 구글은 오래전부터 장애인을 위해 접근성이 개선된 웹 페이지들에 일부 가산점을 주었다고 보실 수 있습니다.

▲ '구글 페이지 스피드 인사이트'에서 측정되는 접근성 항목

그러나 아직 음성검색은 높은 수준의 정보탐색보다는 간단한 정보취득 위주로 사용되고 있습니다. 실제로 'firstsiteguide'에서 발행한 'Voice Search Statistics, Facts, and Trends(2023)'에 따르면, 소비자의 51%는 레스토랑과 카페를 찾기 위해 지역 음성 검색을 사용하고 있었고, 주된 검색 주제는 식료품점(41%), 음식 배달(35%), 옷 가게(32%), 호텔 또는 B & B(30%) 순으로 집계되고 있습니다.

그리고 음성검색으로 가장 많이 사용하는 기능들은 뉴스와 날씨 확인하기(35%), 간단한 타이핑 대신 음성검색을 활용하는 경우(32%), 문자나 이메일 보내기(31%), 교통정보 및 내비게이션(29%) 등으로 심도 있는 정보보다는 간단한 정보 취득에 '음성검색'을 활용하는 경우가 더 많았습니다. 따라서 현재에는 고관여 서비스보다는 '로컬 SEO'와 같은 영역에서 음성검색의 효과를 얻을 수 있을 것으로 예상됩니다.

구글 음성검색에 대비하기 위해 해야 하는 노력

구글 음성검색의 비중이 매우 높아질 것이라는 것에 대해서는 대체로 동의

하지만 '하이테크놀로지'나 '고관여 서비스'등의 심도있는 정보들까지 구글 음성검색으로 대체되는 데는 시간이 꽤 걸릴 것으로 보입니다. 다만 구글 검색 엔진은 항상 새로운 기술에 대비하는 웹 페이지들에게 가산점을 주었기 때문에 '구글 음성검색'에 대비하기 위한 준비를 하는 것은 매우 의미 있다고 생각됩니다. 우선 구글 음성검색을 대비하고 있다면 간단하게 딱 2가지만 추가해 보시는 것을 추천 드립니다.

- **핵심 키워드를 선정하실 때 음성검색에 유리한 질문형 키워드를 추가해 보기**

  (ex. 마케팅 자동화란?)

- **웹 페이지에 이미지를 추가할 때 alt text를 추가해 보기**

05

구글 SEO에서 '**사용자 경험 최적화**' 지수를 높이는 경우와 떨어뜨리는 경우는?

The 2023 Google Algorithm Ranking Factors – FirstPageSage에 소개된 자료에 따르면 '사용자 경험'에 의한 SEO의 전체 비중은 약 11% 정도로 집계되고 있습니다. 그렇다면 구글 SEO에서 '사용자 경험 최적화'를 어떻게 이해하는 것이 좋을까요? 사용자 경험이라는 요소는 매우 포괄적입니다. 이를 조금 쉽게 설명하자면 〈반응형 디자인〉, 〈성능 최적화〉, 〈콘텐츠 최적화〉 이렇게 3 가지 요소로 분석할 수 있습니다.

사용자 경험이라는 부분은 매우 복합적으로 측정되기 때문에 사용자 조사부터 사용자 피드백 수집까지 매우 다양한 부분들을 고려해야 합니다. 그리고 사용자 경험을 최적화하기 위한 요소들에 대해 알아보면 아래와 같이 고려해야 하는 부분들이 정말 많습니다. 큰 맥락에서는 아래와 같이 〈콘텐츠와 관련된 부분〉과 〈기술적으로 개선해야 하는 부분〉으로 나눌 수 있는데, 우리는 일반적으로 2가지 요소를 모두 포함하여 '사용자 경험'이라고 말합니다.

- **〈콘텐츠와 관련된 부분〉**
  - 콘텐츠를 가독성 높은 단락으로 분리 작성하기

- 가독성 높은 문구를 제목에 활용하기
- 콘텐츠의 흐름을 볼 수 있는 목차 기능 사용하기
- 정보성과 현재 문제를 해결할 방안이 제시되어 있는 콘텐츠 작성
- 그래프와 같은 시각화 요소를 활용하기
- 핵심 내용을 표현할 수 있는 직관적인 이미지 활용

- **〈기술적으로 개선해야 하는 부분〉**
  - 대용량 이미지 제거 및 최적화
  - 모바일 및 태블릿 페이지 접속 환경 테스트
  - CSS 및 JS 스크립트 압축 및 최적화
  - 시선을 혼란스럽게 만드는 웹 페이지 내 기능 제거하기
  - 웹 폰트보다는 가급적 시스템 폰트를 사용하여 페이지 로딩속도 올리기
  - 'Page Speed Insights'를 활용하여 사용자 경험을 높일 수 있는 요소 반영하기

다양한 사용자 경험 개선을 통해서 본질적으로 얻을 수 있는 것들이 무엇일까? 고민을 해본다면 웹 페이지 '체류시간'이라고 생각합니다. 온라인 비즈니스에서 고객들의 체류시간만큼 고객 경험을 직관적으로 측정할 수 있는 항목이 없기 때문입니다.

그렇다면 구글 검색유입을 통한 웹 페이지의 평균 체류시간은 얼마나 될까요? 네이버 블로그 통계자료에 의하면 네이버 블로그 방문자의 전체 평균 체류시간은 약 146초로 집계되고 있습니다. 분으로 환산하면 약 2분 26초 정도가 됩니다.

글로벌 웹 페이지 체류시간에 대한 전체적인 평균값은 'websitebuild erexpert'에서 발행한 〈The Average Time Spent On a Website: Increase Visitor Engagement〉 문서에 의하면 '산업 전반에 걸쳐 한 웹 페이지의 체류시간은 일반적으로 약 53초'로 집계되고 있다고 합니다.

현재 제가 운영하는 웹 페이지의 전체 체류시간 평균은 약 2분 40초 정도로 집계되고 있고, 검색 유입으로 들어오는 Organic search의 경우 약 1분 30초대를 유지하고 있습니다. 이번 책을 준비하면서 다양한 기업들의 마케터들을 만나 인터뷰를 진행해 본 결과 콘텐츠를 활용하여 구글 SEO를 진행하고 있는 기업 홈페이지의 평균 체류시간은 약 1분 30초 정도로 집계됐습니다.

즉 평균 체류시간이 1분 이상이라면 글로벌 평균보다 높은 수준이고, 평균 체류시간이 1분 30초 이상인 경우라면, 일반적인 국내 웹 페이지 체류 시간보다 다소 높은 수준이라고 보실 수 있습니다.

그러나 사용자 경험을 가장 크게 떨어뜨리는 요소는 아래와 같이 검색 유입후 바로 이탈하여 다른 웹 페이지로 진입하는 경우입니다. 이를 글로벌에서는 포고 스티킹(Pogo Sticking)이라고 합니다. 이처럼 특정 유저가 한 키워드로 노출되어 있는 다수의 웹 페이지를 클릭하는 경우에는 체류시간이 가장 높은 웹 페이지에 사용자 경험 최적화가 이루어져서 검색 순위를 높여 주기도 합니다. 따라서 사용자 경험을 최적화하려면 본질적으로 '체류시간'을 높여야 합니다.

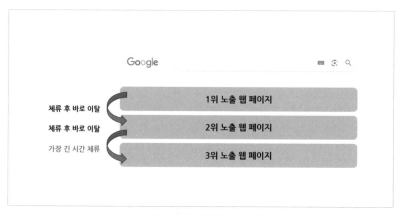

▲ 포고 스티킹(Pogo Sticking) 예시: 검색유입 후 바로 이탈하는 경우 검색 순위가 낮아진다.

06

다양한 상황에 따라 유연하게 콘텐츠를 제작했던 **실전 노하우**를 공유합니다.

본 도서를 집필하는 중에는 거의 '구글 SEO'에 모든 것을 '올인'했던 상황이었습니다. 매일 내가 올린 콘텐츠들의 순위를 조회해 보았고, 도메인 지수와 함께 새롭게 생성된 백링크를 조회해 보기 위해 '아레프스(Ahrefs)'를 수없이 조회했었습니다. 구글 SEO를 시작하는 마케터분들과 인터뷰를 진행해보면 마케터 분들이 가장 어려워하는 부분이 소재 선정 부분입니다. 구글 SEO를 시작하려면 어떤 콘텐츠부터 시작해야 할까요? 저는 가장 쉽게 쓸 수 있는 콘텐츠부터 작성하는 방향을 추천 드립니다.

저도 초기에는 콘텐츠 주제 선정에 많은 어려움을 느꼈지만, 지금은 소재를 정하는 것이 전혀 어렵지 않습니다. 오래 고민하여 완벽한 콘텐츠를 제작하는 것보다는 생각이 날 때마다 다양한 테스트를 통해 개선해 나가는 것이 더 효율적이라는 것을 경험했기 때문입니다.

제가 초기에 허브스팟 웹 페이지에 올리는 정보들은 크게 2가지였습니다. CRM 및 마케팅 자동화와 관련된 콘텐츠와 '구글 SEO' 관련된 콘텐츠였습니다. 허브스팟 콘텐츠만 발행하다가 이후에 구글 SEO와 관련된 콘텐츠를 업로드 하기 시작한 이유는 '허브스팟' 상담문의 고객을 유치하기 위한 마케팅을 '구글 검색유입'으로 진행하다 보니 '구글 SEO'에 대한 노하우가 점점 더 쌓이게 되었고, 직접 실전을 통해서 쌓은 노하우를 정리하여 블로그에 올리게 된 것이 그 시초가 되었습니다. 그렇게 쌓여가는 노하우들을 한곳에 모아 정리한 것이 여러분들께서 읽고 계신 바로 이 책입니다.

  시간을 많이 투자한 콘텐츠가 고객들에게 항상 높은 반응을 얻는 것은 아니었습니다. 콘텐츠와 관련된 다양한 데이터들을 분석해 보면 일정한 패턴이 보이는 것 같기도 하지만, 더 장기간으로 보면 변수가 굉장히 많았습니다. 역설적으로 갑자기 전체 웹 페이지 트래픽이 3배 정도 상승하게 된 콘텐츠는 '챗 GPT와 구글 검색 노출 최적화'와 관련된 글이었습니다. 해당 콘텐츠가 구글에 검색량이 많은 챗GPT 관련 키워드로 노출이 되더니 트래픽이 갑자기 확 뜨기 시작했습니다. 결국 월 방문자 수 1,000명대를 돌파하게 된 결정적인 계기는 챗GPT와 관련된 콘텐츠 덕분이었다고 말할 수 있을 것 같습니다. 아래의 QR 코드로 연결되는 콘텐츠가 바로 해당 콘텐츠입니다.

▲ 챗GPT 관련 포스트

  이후에 저는 콘텐츠 소재를 고민하는 부분에 지나치게 많은 시간을 투자하지 않았습니다. 마케팅과 관련된 다양한 이벤트와 에피소드들을 글로 정리하였고, 최근까지는 '양이 곧 질이다' 마인드로 우선 저의 경험과 관련된 글들을 최대한 많이 작성했습니다. 실제로 요즘의 마케팅은 빠르게 변화하고 있기 때문에 마케팅과 관련된 경험을 콘텐츠화 시키는 것만으로도 꽤 많은 수량의 콘텐츠를 작성할 수 있었습니다.

  은근히 반응이 좋았던 콘텐츠들은 오프라인 행사와 관련된 콘텐츠였습니다. 제가 주기적으로 참여하고 있는 〈IT 세일즈 모임〉에서 진행하는 〈영업인의 밤〉은 B2B 영업인들의 네트워킹을 위해 진행하는 행사입니다. 해당 모임에 대한 후기 영상을 유튜브에 업로드 한 후 간단한 사진+텍스트와 행사 영상을 정리했을 뿐인데 해당 콘텐츠는 매우 높은 반응을 보이고 있습니다.

▲ 영업인의 밤 후기 포스트

위의 콘텐츠는 영상과 사진 텍스트를 병행했다는 점에서 주목해 볼 만합니다. 영상을 인스타그램이나 유튜브 쇼츠 형태로 업로드 하게 되면 순간적으로 유입이 늘어나다가 점점 소강상태가 되는 형태로 흘러 가지만, 콘텐츠를 포스트 형태로 결합하여 제작한다면 해당 콘텐츠는 검색 유입을 통해서 꽤 오랜 기간 고객들을 유입시킬 수 있습니다. 그리고 이렇게 생동감 있는 경험이 포함되어 있는 콘텐츠는 소셜미디어에서 반응도 높아 보너스 노출도 잘 이루어집니다. 결국 해당 콘텐츠가 오래도록 주목받는 이유는 경험을 주제로 한 사진+영상+텍스트의 멀티 콘텐츠의 성과라고 볼 수 있습니다.

이후로는 브랜드와 관련된 모든 콘텐츠를 웹 페이지상에 콘텐츠로 제작했습니다. 대표적으로 제가 운영하는 매월 마지막 주 수요일 SEO에 대해 학습하는 '마수오' 커뮤니티 관련 콘텐츠입니다. 매월 진행되는 콘텐츠는 아래와 같은 형식으로 올라오지만 해당 콘텐츠가 만들어지기까지 총 3가지의 단계를 통해 제작이 이루어집니다.

▲ 마수오 소개 포스트

단계1 웨비나(Webinar) 모객 단계
매월 진행하는 SEO 관련 교육 내용에 대해 티저(Teaser) 형식으로 어떤 주제로 교육을 진행할 것인지 교육에 대한 간단한 소개와 함께 커리큘럼을 업데이트 합니다. 또한 해당 콘텐츠를 통해서 웨비나 참석자를 모객 받습니다. 즉, 웨비나 등록 페이지면서 티저 페이지로 운영하게 되는 것입니다.

단계 2 웨비나(Webinar) 진행 단계

모객 페이지를 통해 진행되는 실시간 웨비나 교육 영상을 녹화하여 그대로 유튜브에 업로드 함으로써 구글 검색영역 외에 유튜브에도 노출이 됩니다.

단계 3 웨비나(Webinar) 종료 후 단계

워드프레스 콘텐츠는 발행 후 수정을 하더라도 큰 문제가 생기지 않기 때문에 티저형으로 올렸던 모객 페이지에 폼(Form)과 일부 내용을 삭제하고 웨비나에 소개한 내용을 포스트의 형태로 작성합니다. 그리고 해당 포스트에는 교육 실시간 유튜브 영상을 첨부하여 업로드 합니다. 이렇게 진행하면 사전홍보, 실시간 강의, 사후 홍보를 한 번에 진행할 수 있기 때문에 이로 인하여 꽤 많은 트래픽이 발생합니다.

위와 같은 방법은 총 2가지의 효과가 있었습니다.

- 꾸준히 콘텐츠를 발행하고 학습할 수 있는 강제 동력을 만들어 주었습니다.
- 웨비나 모객 글이 소셜미디어상에 자연스럽게 바이럴 되어 검색유입 외에 소셜미디어 유입을 높여주는 효과를 얻을 수 있었습니다.

소셜미디어에서 발행된 백링크는 구글에 색인이 되지 않기 때문에 백링크로써 직접적인 효과는 없었지만, 그럼에도 해당 페이지는 꾸준히 외부 유입이 발생하고, 유저들과 상호작용이 발생하기 때문에 다른 페이지에 비해 구글 색인이 빨라지는 효과를 얻을 수 있었습니다. 최근 구글 검색 엔진이 크롬에 즐겨찾기 지정 후 유입하는 유저들까지 추적이 가능하다는 부분을 고려했을 때, 소셜미디어에 유입되는 트래픽들도 간접적으로 구글 SEO에 도움이 된다고 볼 수도 있을 것 같습니다.

마지막으로 저는 종이책으로 발간했던 '허브스팟 핸드북 가이드'의 전체 내용을 웹 페이지에 업로드하여 SEO를 활용한 유입을 만들어주었습니다.

▲ 허브스팟 핸드북 가이드

요즘과 같은 콘텐츠 과잉 시대에 종이책을 출간하는 주된 목적은 인세 수입보다는 브랜딩 측면에서 접근하는 경우가 많습니다. 따라서 종이책에 나와 있는 내용들을 모두 온라인에 공개하여 SEO의 가치를 새롭게 만들어 줌으로써 새로운 고객들을 유입시킬 수 있었습니다.

실제로 글로벌 마케팅의 흐름은 콘텐츠 무료 배포의 형태로 빠르게 전환되고 있습니다. 글로벌에서는 종이책보다는 전자책이 더 보편화되고 있습니다. 꽤 큰 비중의 콘텐츠들이 종이책을 넘어 전자책으로 유통되고 있습니다. 그런데 최근 콘텐츠의 유통 흐름이 또다시 변화하고 있습니다.

그간 잠재고객을 획득하기 위한 e-book 형태의 콘텐츠들을 열람해 보면 실제로 필요한 내용이 매우 일부분에 해당하는 경우가 많았고, 그 정도의 정보를 얻기 위해 개인정보를 입력하는 캠페인에 참여하지 않는 고객들이 점점 더 늘어나고 있습니다.

이미 해외에서는 대부분의 콘텐츠를 웹 페이지에 올려 SEO로 고객들을 유입시키고, 정말 핵심이 되는 콘텐츠들만 압축하여 개인정보를 입력하는 고객들에게 e-book 형태로 배포하는 방법을 통해 잠재고객 수집 활동을 이어가고 있습니다.

지금 시대에는 지식의 수요보다 공급이 더 많기 때문에 대부분의 인사이트는 이미 온라인에 공유되어 있고, 또 예전에 비해 검색 엔진의 성능이 더 많이 개선되었기 때문에 소비자들의 검색 의도에 알맞은 문서를 빠르게 서치(search) 할 수 있습니다.

07

구글 SEO를 시작하는 마케터가 알아야 할
보안과 개인정보 규정

이번 글에서는 구글 SEO를 진행하면서 알아야 할 보안과 관련된 내용들에 대해 소개해 보도록 하겠습니다. 본 글에서 다루는 내용들은 상황에 따라 유용하게 활용할 수도 있으니 참고해 보시는 것을 추천 드립니다.

Q1 **구글에서는 포스트를 발행하는 IP주소를 알 수 있을까?**

A1 네이버 블로그를 운영해 보신 분들은 콘텐츠를 발행하는 IP주소의 중요성에 대해 잘 알고 있을 것입니다. 실제로 네이버 블로그는 예전에 비해 많이 완화되기는 했으나, 게시물을 발행하는 IP까지 디테일하게 관리했던 시기가 있습니다. 그러나 구글 SEO를 진행할 때 게시물을 발행하는 IP는 중요하지 않습니다. 해외는 국내에 비해 개인정보 취급에 대한 가이드가 더 엄격하기 때문인데요. 국가에 따라 IP 정보를 중요한 개인정보로 취급하는 경우가 있기 때문에 구글에서는 IP를 식별하지 않고 있습니다.

Q2 저품질 웹 페이지 신고 대상이 되지 않기 위해 주의해야 할 사항은?

A2 구글은 아래와 같이 저품질 웹 페이지를 신고할 수 있는 고객센터를 운영하고 있습니다. 해당 페이지의 신고 대상은 주로 스팸성 웹 페이지, 사기 페이지, 품질이 낮은 페이지 등으로 분류됩니다. 그런데 상황에 따라서 개인정보를 악용하거나 과도하게 정보를 요구하는 경우에는 신고의 대상이 될 수 있으니 운영하는 웹 페이지는 상식적인 수준에서 운영하시는 것을 추천 드립니다.

▲ 구글 저품질 웹 페이지 신고(로그인 필요)

Q3 해외마케팅을 진행할 때 주의해야 할 개인정보 법령은?

A3 구글 SEO를 시도하고 있는 상당수 기업의 목표는 전 세계를 타겟으로 하는 '글로벌 SEO'인 경우가 많습니다. 그런데 글로벌 SEO는 전 세계를 타겟으로 진행하는 만큼 다양한 국가들의 개인정보 보호법을 준수해야 합니다. 대표적으로 미국의 경우 캘리포니아 소비자 개인 정보 보호법(CCPA)이 있고, 유럽의 경우 유럽 연합 일반 데이터 보호 규칙(GDPR)이 있습니다. 특히 GDPR에 해당하는 유럽 국가는 개인정보 수집 시 '더블 옵트인*' 방식을 채택하고 있기 때문에 각별한 관리가 필요한데요. 글로벌 개인정보 보호법에 대한 가이드가 필요하시다면 아래의 글을 참고해주시기 바랍니다.

▲ 글로벌 개인정보 가이드

---

* 고객의 이메일 주소로 메일을 보내 동의사항을 한번 더 확인하는 것

검색 노출 최적화 이후,
잠재고객의 DB를 3배
향상할 수 있었던 핵심 노하우는?

실제로 구글 SEO를 시작하며 꾸준히 콘텐츠를 발행한 지 약 8개월 정도 시점이 지난 이후에는 제가 발행한 콘텐츠들이 구글 상단에 노출되면서 방문자수가 급격히 늘어나기 시작했습니다. 그리고 해당 시점에 네이버에서도 어느정도 검색 노출최적화가 이루어지면서 기대했던 것보다 고객 유입은 훨씬 더많아지게 되었습니다. 하지만 상담문의와 매출이 늘어날 것 같았던 노출의 효과는 생각만큼 극적이지 않았습니다.

시장 내에 인지도가 있는 브랜드의 마케터와 이야기를 나누어 봐도 마케터들이 고민하는 부분은 비슷합니다. 웹 페이지내에 고객들의 유입은 잘 이루어지지만 정작 상담문의로 이어지지 않고 이탈하는 현상이 발생하게 됩니다. 따라서 이를 해결하기 위해 체류시간을 증가시키려는 다양한 노력을 하고 있지만, 체류시간과 매출과의 상관관계를 입증하기에도 매우 어렵습니다.

마찬가지였던 저의 웹 페이지에 극적인 변화를 만들어준 것은 바로 '퍼널 마케팅(Funnel Marketing)'이었습니다. 양질의 트래픽을 상담문의로 바꾸어 줄 수 있는 '매력적인 콘텐츠'와 '퍼널 마케팅'을 구현할 수 있는 프로세스 도입을 통해서 상담문의 수량을 극적으로 개선할 수 있었습니다.

국내시장은 퍼널 마케팅(Marketing Funnel)의 방면에서 초기 시장에 해당합니다. 퍼널 마케팅이란 고객을 단계별로 파악하고, 단계별로 다양한 고객 행동을 유도하여 최종 구매로 이어지게 만드는 마케팅 전략입니다. 요즘에는 비즈니스의 종류와 상품이 다양하기 때문에 실제로 구현되는 '마케팅 퍼널'도 거의 무한하다고 볼 수 있습니다.

다만 해외에서 퍼널 마케팅으로 가장 높은 인지도를 얻고 있고, 국내에서도 〈마케팅 설계자〉의 저자인 '러셀 브런슨'이 소개한 마케팅 퍼널을 비즈니스에 도입한 이후에 수집되는 상담문의 수량이 매우 빠른 속도로 높아지기 시작했습니다. 제가 〈마케팅 설계자〉라는 도서에서 참고한 것은 '리드 마그넷(Lead

Magnet)' 퍼널이었습니다.

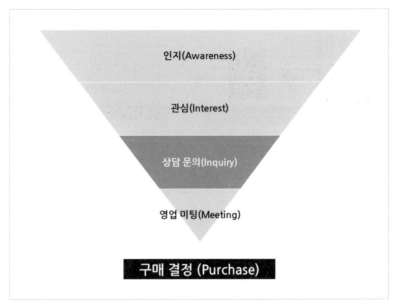

▲ 허브스팟의 구매가 이루어지는 마케팅 & 세일즈 프로세스

　제가 운영하는 '허브스팟' 웹 페이지는 양질의 콘텐츠를 통해 '마름모연구소'라는 브랜드를 인지하고, '관심도'와 '신뢰도'를 높이는 것이 목적이었습니다.

　다만, 이후의 단계에서는 고객들이 단순히 웹 페이지에 접속한 익명의 방문자로 머물러 있는 것이 아니라, 상담문의가 발생하여 직접적으로 세일즈를 하거나, 당장의 구매 니즈가 없더라도 '뉴스레터' 마케팅과 같은 콘텐츠 마케팅으로 꾸준히 소통해야 하는데, 웹 페이지 방문 후 고객들이 상담문의를 남기지 않기 때문에 익명의 방문자 상태에서 웹 페이지를 이탈하는 현상이 지속되어 왔습니다. 결정적으로 상담문의를 남길 수 있는 장치가 필요했던 것입니다. 저는 이러한 문제점을 개선하고자 '리드 마그넷(Lead Magnet)' 퍼널을 도입하였고 그 결과는 성공적이었습니다.

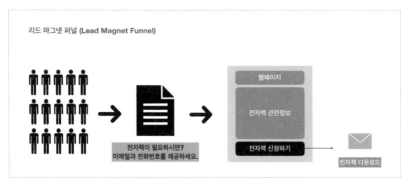

▲ 리드 마그넷(Lead Magnet) 퍼널 구조도

'리드 마그넷(Lead Magnet)' 퍼널의 핵심은 '가치교환'입니다. 고객이 웹 페이지 내에서 개인정보를 직접 기입하는 수고스러움에 대한 '보상'을 제공했을 때 퍼널이 작동됩니다. 저의 경우에는 국내 온라인 서점에 정식으로 입점이 되어 있는 〈허브스팟 핸드북 가이드〉의 PDF 원본 파일을 무상으로 배포하였습니다. 해당 가이드북은 이미 온라인 서점에 1만 5천 원의 정가가 형성되었기 때문에 허브스팟을 도입하려는 잠재고객들이 선뜻 개인정보를 기입 할 수 있는 충분한 가치교환이 이루어집니다.

즉, 저는 현물이 아니라 가치가 형성되어 있는 지식 콘텐츠를 보상으로 제공했기 때문에, 현실적으로는 광고비나 경품과 같은 현물자산을 투자하지 않고도 꾸준히 상담문의를 만들 수 있는 구조를 만들게 되었습니다.

퍼널 마케팅(Funnel Marketing)은 마케팅 자동화(Marketing Automation)와 밀접한 관련이 있습니다. 퍼널 마케팅이 본질적으로 추구하는 방향은 각 프로세스에 알맞은 마케팅 프로세스를 도입하여 사람의 개입을 최소화하는 것입니다. 따라서 퍼널 마케팅을 제대로 구현하려면 마케팅 테크놀로지에 대한 이해가 있어야 합니다. 대표적으로 '허브스팟'과 같은 마케팅 자동화 솔루션을 활용하거나, 아니면 자피어(Zapier)와 같은 자동화 소프트웨어를 활용하여 반복되는 업무를 자동화할 수 있으니 다양한 소프트웨어를 참고해 보시면 좋을 것 같습니다.

▲ 리드 마그넷(Lead Magnet) 퍼널 구현 사례(1)

▲ 리드 마그넷(Lead Magnet) 퍼널 구현 사례(2)

▲ 리드 마그넷 퍼널 예시

01

구글 SEO를 진행하면서
가장 어려웠던 점은?

2023년 초부터 시작했던 구글 SEO 프로젝트는 모든 역량을 집중해서 진행한 결과 약 10개월 만에 극적인 성과를 얻을 수 있었습니다. 제가 구글 SEO 프로젝트를 성공할 수 있었던 이유는 크게 2가지라고 생각합니다.

첫 번째로는 '절실함'이 가장 컸던 것 같습니다.

'마름모연구소'를 창업했던 시기에 제가 할 수 있는 마케팅은 인력 기반으로 할 수 있는 '콘텐츠 마케팅'이 전부였습니다. 그중에서 저는 '검색 노출 최적화'라는 분야에 모든 역량을 집중한 것이고요. 지금 생각해 보면 '허브스팟'을 활용한 마케팅 자동화와 테크놀로지에 대한 막연한 기대감으로 사업을 여기까지 이끌어 올 수 있었던 것 같습니다. 그리고 오늘 포스트를 발행하지 못하면 사업을 접어야 할 수도 있다는 절박한 마음으로 '구글SEO'를 학습하고 콘텐츠를 꾸준히 발행해 왔습니다. 결국 구글 SEO를 꾸준히 시도할 수 있었던 가장 큰 원동력은 '절박함'이었습니다.

두 번째는 '신속함'이라고 볼 수 있을 것 같습니다.

구글 SEO를 진행하다 보면 다양한 문제상황에 직면하게 됩니다. 그러나 저의 경우 제가 '대표자'이자 동시에 '실무자'였기 때문에 구글 SEO를 진행하면서 발생하는 문제점들에 대해 빠르게 의사결정할 수 있었습니다. 만약 기업 내에서 구글 SEO 작업을 하기 위해 소요되는 비용이나 인력 등의 리소스 투자에 대해 설득해야 하는 상황이었다면? 이렇게 빠른 성과를 내지 못했을 것 같습니다. 구글 SEO의 경우 최적화까지 시간도 오래 걸리고 작업 중에 발생하는 다양한 변수가 존재하기 때문에 보수적으로 의사결정을 해야 하는 일반 기업들의 특성상 구글 SEO를 위해 다양한 비용과 시간을 투자하기에는 현실적인 어려움이 있지 않을까 생각을 해봅니다. 결국 제가 구글 SEO 프로젝트를 빠르게 성공할 수 있었던 이유는 '절실함'과 '신속함'의 영향이 컸던 것 같습니다. 언급한 2가지 요소만 충족시킬 수 있다면, 저는 누구든 '구글 SEO 프로젝트'를 성공으로 이끌 수 있다고 생각합니다.

반대로, 구글 SEO 프로젝트를 진행하면서 가장 어려웠던 부분을 뽑자면 크게 2가지였던 것 같습니다.

첫 번째는 성과에 대한 '불안감'이었습니다.

제가 1년 동안 2개의 워드프레스 웹 페이지 발행한 총 포스트 수량은 약 190개 정도됩니다. 콘텐츠를 작성하는 데 투자하는 시간을 최소 2시간으로만 잡아도 380시간이라는 계산이 나옵니다. 해당 시간에는 구글 SEO에 학습하거나 자료조사를 하는 시간을 제외한 순수 콘텐츠 제작에만 소요되는 시간이기 때문에 실제로는 훨씬 더 많은 시간을 투자하였습니다. 하루에 8시간씩 콘텐츠만 작성한다고 했을 때, 해당 업무를 수행하기 위해서는 최소로 잡아도 약 47.5일이 소요됩니다. 제가 가장 힘들었던 시기는 포스트 발행이 130개가 넘어가는데도 불구하고 방문자 수 유입이 늘어나지 않았던 시기였습니다. 그동안 내가 투자했던 시간이 물거품으로 돌아갈 수도 있을 것이라는 불안감이 주는 압박이 상당히 컸던 것 같습니다. 그리고 중간중간 발행한 콘텐츠의 순위를 조회했으나 검색결과 1·2페이시 훨씬 뒤에 노출된 것을 체크했을 때 지금 진행하고 있는 방향이 맞는지 의심이 들기도 했지만, 결국 그 당시 검색결과 5페이지 10페이지에 노출되었던 포스트들도 현재는 대부분 1페이지 상단까지 올라와 있습니다. 페이지 후반부에 노출되었던 문서들이 1페이지 상단까지 노출되는 시간을 유추해 보자면 빠른 경우에는 1~2주 이내로 올라오는 경우도 있지만 가장 길었던 경우는 3~4개월이 걸리는 경우도 있었습니다. 결국 발행한 콘텐츠의 순위가 잊힐 때쯤 조회해 보면 대부분의 콘텐츠가 1페이지 상단에 노출된 것을 확인할 수 있었는데, 구글 검색순위에 웹 문서가 반영되어 상단에 노출되는 시간은 정말 예측하기 어렵기 때문에 긴 호흡을 갖고 진행하는 것이 좋습니다. 다만, 최적화되는 시간이 길다는 것은 오히려 비즈니스에서는 장점이 되기도 합니다. 대부분의 사업자가 똑같은 상황에서 마케팅을 진행하기 때문에 오히려 최적화 시간이 길게 걸린다는 것은 구글 SEO로 성과를 보고 있는 입장에서는 신규 경쟁자의 진입장벽이 될 수도 있기 때문입니다.

두 번째는 잘못된 정보에서 오는 '혼란스러움'이었습니다.

초기에 워드프레스에 발행한 콘텐츠들이 색인이 되지 않는 문제점을 해결하기 위해 많은 전문가를 만나보았지만, 진단과 개선 방향이 제각각이었습니다. 대부분 문제점에 대한 본질을 파악하려는 것이 아니라 단면적으로 업무를 해결하고자 하는 피드백을 수 차례 경험했습니다. 문제의 본질은 똑같지만 '백링크 전문가'는 '백링크'로 해결할 수 있다고 말하고, '웹 페이지 제작 전문가'는 '페이지 개선'을 통해서 해결할 수 있다고 말합니다. 콘텐츠 마케터의 시각에서는 '양질의 콘텐츠'만 꾸준히 발행한다면 어떤 문제든 해결할 수 있다고 말합니다. 이런 답변들은 국내와 해외가 크게 다르지 않았습니다.

결국 해결 방안이 많다는 것은 역으로 명확한 해결 방안이 없다는 것의 방증이기도 하기 때문에 저는 복수의 전문가가 알려준 방법들을 구글 가이드 문서와 대조하고, 실제로 테스트해 보는 방법을 통해서 워드프레스 초기 색인 문제를 해결할 수 있었습니다. 지금 생각해 보면 구글 검색 엔진의 원리만 잘 이해했더라도 크게 어려운 문제도 아니었는데, 도리어 잘못된 정보 때문에 더욱 혼란만 가중되었던 것 같습니다.

다양한 구글 SEO 컨설턴트와 상담을 나누어 보면 검색 노출과 관련된 어떠한 문제에 대해서도 확정적으로 대답해 주는 사람이 없습니다. 대부분 애매한 답변이 많은데요. 결국 구글 SEO를 성공으로 이끌기 위해서는 다수의 정보를 수집하고, 이를 직접 테스트해 보는 부지런함이 필요한 것 같습니다. 고액의 컨설팅을 받는다고 노출 문제가 해결되지 않는다는 사실을 인지하고 직접 테스트를 해보고 성과측정을 해볼 수 있는 적극성이 필요하다고 볼 수 있습니다. 모르면 손해를 본다는 이야기는 모든 비즈니스에 통용되는 것 같습니다.

02

구글 SEO를 통해 성과를 얻기까지의 과정을 소개한다면?

저는 코로나 시기에 온라인상에서 강의상품을 세일즈할 수 있는 온라인강의(LMS, Learning Management System) 기능이 설치되어 있는 워드프레스 템플릿과 워드프레스 온라인 강의 패키지를 200만 원에 구입하는 것으로 '구글 SEO'의 생태계에 입문하게 되었습니다. 그 당시에는 직장인이었기 때문에 해당 비용을 꽤 긴 기간 카드 할부로 결제했던 기억이 생생합니다. 그때 다른 사람들은 웹 페이지 템플릿과 유료 강의를 200만 원이나 주고 구입했다는 것을 의아하게 생각하는 사람들이 많았지만, 저는 워드프레스의 무한한 확장성과 구글 검색 기반 생태계의 잠재력에 대해 인지하고 있었기 때문에 적당한 투자라고 생각했습니다. 그때 워드프레스를 시작하지 않았더라면 저는 지금도 비싼 유료 광고에 마케팅을 의존했을 것입니다.

이후에 단순히 웹 페이지를 구축하는 것으로 끝나는 것이 아니라, 시간이 될 때마다 꾸준히 콘텐츠를 발행했습니다. 초기에는 주에 3~4건씩 콘텐츠를 발행해 왔고, 아무리 바쁘더라도 주 1회 이상의 콘텐츠는 꾸준히 발행해 왔습니다. 많은 구글 SEO 컨설턴트들은 양질의 콘텐츠가 가장 중요하다고 말합니다. 저도 이런 의견에 대해서는 전반적으로 동의하지만, 양질의 콘텐츠를 제작하는 능력은 단시간에 개선되는 것이 아니기 때문에 우선 꾸준히 콘텐츠를 발행하는 것이 더 중요하다고 생각합니다. 이렇게 저는 글을 써도 유입이 되지 않는 웹 페이지에 트래픽을 불어넣기 위해 3~4개월의 시간 꾸준히 콘텐츠를 발행해 왔던 것 같습니다.

그리고 3~4개월 이후에 꽤 다수의 콘텐츠를 발행하여도 구글에 색인이 되지 않자, 전 회사에서 받은 퇴직금을 모두 구글 SEO 컨설팅과 구축에 투자하였습니다. 지금 생각하면 제가 받은 가치나 서비스에 대해 다소 비싸다는 생각이 들 때도 있지만, 구글 SEO에 필요한 '테크니컬 SEO'를 빠르게 학습했다는 점에서는 충분히 의미가 있었고, 무엇보다도 구글에 콘텐츠가 노출되는 시간을 앞당길 수 있었다는 부분에서 소정의 성과를 얻었다고 생각합니다. 그리고 구글 SEO를 하기 위해 저의 퇴직금을 모두 투자했다는 것이 '강제 동력'이 되어 실제로 제가 진행하고 있는 '허브스팟' 사업의 구글 SEO 기반의 마케팅은 성공적으로 진행되고 있습니다. 그리고 덤으로 그동안의 경험과 시행착오들을 엮어서 본 책을 출간할 수 있었고, 구글 SEO 컨설팅이라는 또 다른 전문 분야에 대한 지식을 획득할 수 있었기 때문에 저에게는 많은 이점이 있었다고 생각합니다.

제로베이스에서 시작해서 구글 SEO를 성공으로 이끌어 오기까지 '성실함' 외에 다른 것이 있었나 싶기도 합니다. 본 책에서는 콘텐츠 SEO, 테크니컬 SEO 그리고 링크 빌딩의 중요성에 대해 언급하고 있지만, 사실 가장 중요한 것은 콘텐츠를 꾸준히 발행할 수 있는 '성실함'이라고 생각합니다. 구글 SEO에서 테크니컬 SEO의 비중은 넉넉하게 잡아도 10%를 넘지 못합니다. 테크니컬 SEO만 잘되어 있다고 해서 검색 엔진에 노출이 되는 것도 아닙니다. 실제로 인터뷰를 진행하면서 만나게 된 한 마케터분이 운영하는 워드프레스 웹 페이지는 사이트맵과 같은 기본적인 부분에서도 개선할 부분이 많이 있었지만, 웹 페이지 내에 있는 콘텐츠들끼리의 내부 링크만 잔 구축했을 뿐인데도 대부분의 웹 페이지가 구글에 노출되는 사례도 있었습니다. 테크니컬 SEO 방면에서 완벽하지 않았지만, 콘텐츠와 링크 빌딩만으로 테크니컬 SEO의 효과를 넘어설 수 있었던 것입니다. 다수의 웹 페이지를 조사해 본 결과 테크니컬 SEO 방면에서 완벽하지 않더라도 구글 SEO가 상당히 잘 이루어지고 있는 사이트들도 다수 발견할 수 있었습니다. 해당 페이지들의 공통점은 대부분 콘텐츠를 꾸준히 발행하고 있다는 점이었습니다. 그런데 초기에 저는 구글에 가장 최상의 컨디션으로 노출되는 웹 페이지를 운영하기 위해 테크니컬 SEO에 많은 비용과 시간을 투자했고, 꽤 긴 시간 기술적으로 상당히 높은 컨디션의 웹 페이지를 운영했지만, 해당 컨디션을 지속해서 유지하기란 쉽지 않았습니다. 실제로 테크니컬 SEO 진단에 정석으로 불리는 '구글 페이지 스피드 인사이트'의 경우에도 시간에 따라 측정되는 결괏값이 다르게 나타나고, 지금 저의 웹 페이지는 비즈니스가 성장함에 따라 웹 페이지가 많이 개선되면서 웹 페이지서 유입되는 상담문의는 상당히 늘어났지만, 테크니컬 부분의 점수는 오히려 다소 하락한 상황입니다.

즉 웹 페이지와 온라인상의 생태계는 살아있는 생물과 같은 유기체적 성격을 띠고 있기 때문에 기술적으로 영원히 높은 점수를 유지하기란 애초에 불가능할뿐더러, 기술적으로 높은 수준의 웹 페이지를 구현하는 이유는 결국 상담문의와 같은 상호작용을 통하여 매출을 상승시키는 것이기 때문에 어느 정도 성과가 나오는 상황이라면 지나치게 완벽함을 추구할 필요는 없다고 생각합니다.

그리고 백링크의 성과는 제가 경험한 바로 실제로 효과가 있습니다. 다른 웹 페이지에서 나의 페이지를 언급한 백링크의 경우에는 초기 색인문제가 있을 경우 매우 강력한 해결책이 된다는 것을 경험하였습니다. 다만, 백링크만으로 검색 순위가 높아지는 것도 한계가 있기 때문에 결국 콘텐츠 발행이 반드시 병행되어야 합니다. 구글 검색 엔진은 도메인과 특정 웹 페이지의 신뢰도를 기반으로 노출이 되기 때문에 메인 페이지와 같은 특정 페이지에 다수의 백링크를 만들어준다고 하더라도 그 효과에는 한계가 있었습니다. 따라서 저는 웹 페이지 초기에 색인 문제를 해결하기 위해 일시적으로 백링크를 사용하거나, 아니면 긴 시간을 투자하여 다양한 웹 문서에 백링크를 골고루 적용하는 것이 효과적이라고 생각합니다. 일시적으로 특정 페이지에 백링크를 생성하는 것은 안 하는 것보다는 효과가 있겠지만, 그렇다고 장기간 큰 효과를 기대하기도 어렵기 때문에 목적을 명확하게 하는 것이 좋다고 생각합니다.

　마지막으로, 구글 SEO만큼은 작은 습관과 루틴이 상당히 중요합니다. '요스트 SEO'나 'Rankmath'와 같은 워드프레스 플러그인이 제공해 주는 가이드를 최대한 따라가는 것이 당장의 큰 효과는 없더라도 콘텐츠가 쌓이게 되면서 꽤 큰 성과가 되는 것을 경험하였습니다. 따라서 구글 SEO를 시도할 수 있는 '용기'와 검증된 '인사이트' 그리고 콘텐츠를 꾸준히 발행할 수 있는 '성실함'만 있다면 누구든 성공할 수 있는 분야가 구글 SEO의 영역이라고 생각합니다. 양질의 트래픽을 원하신다면 주저하지 말고 구글 SEO를 시도해 보시기 바랍니다.

03

[인터뷰] 제로베이스에서 매월 오가닉 트래픽 3,000을 만들기까지의 노력을 말하다.

- 국내 최고의 인바운드 마케터 - 최성원 컨설턴트 -

1. 간단하게 현재직무와 주요업무에 대해 소개해주시기 바랍니다.

AI 면접을 만드는 회사에서 B2B 마케팅을 하고 있습니다. 세일즈 프로세스의 자동화 구축, 마케팅 콘텐츠의 세일즈 기여 측정, 홈페이지 기획을 담당하고 있습니다.

2. 국내 기업 중에서는 드물게 구글 SEO를 빠르게 진행해왔는데 그 당시 구글 검색 엔진의 트랜드는 어떠했는지?

대중(마케터)의 관심도가 제로에 가까워서 진입하기에 좋았습니다. '검색해서 상단에 뜨면 좋다'라는 것은 당연히 모두 알고 있는데, '어떻게 하면 뜰까?'는 아무도 모르던 상황이었습니다.

당시 제 주변에 업무 관련 내용을 네이버에 검색해서 찾아보는 사람은 아무도 없었는데, 모두가 네이버는 검색 엔진이라기보다 광고 플랫폼에 가깝다는 것에는 동의했지만, 그렇다고 구글의 검색 엔진은 무엇이고 어떻게 작동하는지를 아는 사람이 없는 것은 아이러니한 일이었습니다.

3. 제로베이스에서 구글 SEO를 시도할 때 가장 중요한 부분이 무엇이라고 생각하는지?

첫째는 UX(사용자 경험)에 대한 이해, 둘째는 공신력 있는 정보 의존이 중요합니다.

구글 SEO는 몇 가지 체크리스트를 만들고 그것만 만족하게 콘텐츠를 만든다고 할 수 있는 것이 아닙니다. 구글이 상단에 노출시키는 가장 큰 원리는 '사용자에게 유용한 정보를 담고 있는가, 즉 사용자에게 좋은 경험을 주는가'입니다.

시장에서 유행하는 정보 보다는 구글이 인정하는 정보를 믿는 것이 가장 중요합니다. 예를 들어 SEO가 어떻게 동작하는지도 모르면서, 광고에서 백링크가 많으면 좋다는 문구만 보고 백링크만 여럿 구매하면 초기에는 좀 뜨겠지만, 저퀄리티 백링크의 지원을 받으며 서서히 홈페이지가 오히려 검색결과에서 배제되는 결과가 생길 수 있는 등의 리스크가 있습니다.

자동차에 대해서는 아무것도 모르는 사람이 자동차를 사려고 하는데, 누가 자동차는 오래 길들일수록 잘 나간다며 10년 이상 된 중고차를 사라고 해서 폐차 직전의 중고차를 사는 것과 같습니다.

4. 콘텐츠 마케팅을 활용한 구글 SEO의 성과를 체감할 수 있었던 사례가 있는지?

첫 회사에선 광고비를 일절 사용할 수 없는 상황이었고, 당시 국내에서 허브스팟을 교육/세팅/컨설팅할 수 있는 사람이 저뿐이었는데, 허브스팟이 강력하게 주창하는 개념이 '인바운드 마케팅'입니다.

콘텐츠를 쌓아 SEO를 잡으면 광고비를 쓰지 않아도 필요한 사람들이 찾아온다는 논리가 인바운드 마케팅입니다. 저의 경우엔 처음 인바운드 마케팅을 했을 때, 3년간 광고비용 0원으로 150건의 콘텐츠 발행으로만 한 개 팀의 3년간 인건비를 상회하는 매출을 올렸습니다. 허브스팟을 사용했으니, 콘텐츠의

<u>매출 기여를 확인하는 것은 어렵지 않았습니다.</u>

5. 과거에 발행했던 콘텐츠 중에서 가장 인기가 좋았던 콘텐츠는 어떤 것들이 있는지?

당시 마케팅 콘텐츠를 많이 만들었는데, 고객사에서 저를 만나기 전부터 마케팅 관련 키워드를 검색하면 제가 쓴 글이 계속 나왔다며 신기하다는 반응이 많았습니다. 마케팅 컨설팅을 제공하기 전 저에 대한 신뢰도를 보여주기에 좋았습니다.

콘텐츠를 작성한 지 이제 4년이 넘어가지만, 아직 구글에 스니펫으로 남아 있는 키워드는 'B2C 사례', '통합 마케팅', '수익 창출 블로그 전략' 등이 있고, '마케팅 계획', '시장 포지셔닝' 등 최상위 노출되고 있는 콘텐츠들도 아직 많이 있습니다.

실무자분들께서 좋아해 주셨던 구글 최상위 노출 콘텐츠들은 '뉴스레터 체크리스트', '사이트 체크리스트' 등 실무에서 활용 가능한 체크리스트 콘텐츠였습니다.

6. 콘텐츠 기획을 효과적으로 할 수 있는 노하우는 어떤 것들이 있을지?

기획, 윤문, 편집까지의 과정은 체크리스트로 만들어 하나도 빠짐없이 체크하는 것이 중요합니다. 콘텐츠는 육하원칙에 따라 기획하고 작성했을 때가 효과가 더 좋았습니다.

- **Who**: 콘텐츠 타겟
- **What**: 유사 제품과의 차별성
- **Where**: 콘텐츠가 업로드되는 채널 특성
- **When**: 콘텐츠 발행주기
- **Why**: 콘텐츠가 해결하는 문제
- **How**: 위 콘텐츠 기획 과정은 어떻게 챙길 것인지?

이 육하원칙에 따라 콘텐츠를 작성하는 것이 너무 당연한 개념처럼 보이더라도, 실제로 이 육하원칙에 따라 콘텐츠를 쓰는 경우는 많지 않습니다.

7. 그동안 경험을 기반으로 구글 SEO에 대한 성과측정을 할 수 있는 노하우가 있다면?

결국 마케팅은 얼마나 솔루션들을 현재 조건 내에서 잘 활용하느냐가 관건이라고 생각합니다.

Google Search Console과 Google Analytics(무료)

Google Search Consol: 특정 기간동안, 어떤 키워드가 몇 번째 순위에 노출되는지 확인이 가능합니다.

Google Analytics: 특정 기간동안, 검색 엔진을 통해 유입된 세션이 얼마나 되는지 확인이 가능합니다.

이 두 가지만 활용하더라도, ① 게재 순위가 높은 키워드가 얼마나 늘었는지, ② 검색 엔진 유입이 얼마나 늘었는지 측정이 가능합니다.

HubSpot(유료)

솔루션 활용이 가능한 경우 HubSpot이 있으면, SEO에 대한 성과 측정이 유입을 많이 늘렸는지가 아닌, 매출을 많이 늘렸는지로 측정이 가능합니다. Google Analytics의 기능 중 일부가 HubSpot에서 제공되기 때문에 검색 엔진을 통한 유입이 얼마나 늘었는지도 확인이 가능하지만, 검색 엔진을 통해 유입된 고객사가 매출로 전환되었는지까지 측정이 가능합니다.

8. 유료 광고와 구글 SEO를 활용한 콘텐츠 마케팅은 어떤 차이점이 있다고 생각하시는지?

유료 광고는 두 가지 특징이 있습니다.

• 유료 광고는 광고를 집행하는 기간에만 효력이 있습니다.
• 광고비에도 인플레이션이 있습니다.

유료 광고 중 검색 광고와 옥외 광고는 특정 기간이 지나면 세상에 없던 것이 됩니다. 신문이나 잡지에 기록되는 지면 광고는 시간이 지나도 인쇄본은 남아있지만, 기간이 지난 신문이나 잡지의 가치는 떨어지므로 이것 또한 정해진 기간 동안에만 효력이 있다고 볼 수 있습니다.

하지만 구글 SEO 콘텐츠는 시간이 지난다고 글이 사라지지 않습니다. 오히려 한 번 최상위 노출이 되고 나면 오랜 시간이 지나도 아래로 잘 내려가지 않습니다. 위에서 무려 4년 전에 발행한 콘텐츠가 아직도 구글 스니펫이 노출되는 예시로 설명 드린 것과 같은 일이 발생합니다.

아래는 한국방송광고진흥공사의 자료입니다.

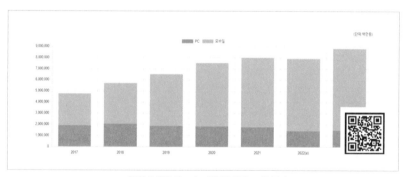

▲ 매체 유형별 광고비 – 한국방송광고진흥공사

2017년부터 2023년까지 온라인 매체 광고비 추이를 보면 꾸준히 상승하고 있습니다. 2021년과 2022년에는 우리가 모두 알고 있는 코로나 사태로 인해, 모든 기업에서 가장 먼저 줄인 것이 마케팅 비용이었습니다. 귀신같이 코로나가 소강세를 보인 2023년 다시 광고비는 증액됩니다.

특히나 검색광고는 입찰 경쟁 방식입니다. 1등 자리를 두고 경매를 하는 것과 같습니다. 누군가 100만 원으로 1등 자리를 차지하고 있다가, 다른 누군가 105만 원을 부르면, 100만 원을 냈던 사람은 2등이 되고, 또 다른 누군가 120만 원을 부르면 이제 1등 자리는 120만 원이 됩니다.

검색 광고비는 지속적으로 상승한다는 것을 매우 쉽게 이해할 수 있습니다. 하지만 앞서 이야기한 것과 같이, 이렇게 경쟁해서 차지한 1등 자리는 특정 기간에만 유지됩니다. 계속 1등을 하려면 계속 더 높은 비용을 지속적으로 소진해야 합니다.

구글 SEO 콘텐츠는 한 번 위로 올려놓으면, 남들이 120만 원 주고 차지해야 하는 1등 자리를 돈도 안 내고 잡고 있을 수 있습니다. 사람들은 본능적으로 광고 아래에 있는 콘텐츠를 더 많이 클릭하기 때문에 효과도 더 좋습니다.

9. 구글 SEO를 진행하면서 가장 어려웠던 부분은 어떤 부분이 있는지?

아직 국내에 구글 SEO를 전문적으로 알려줄 수 있는 공신력 있는 기업/기관이 없어서 정확한 정보를 취득하기가 어렵습니다. 대부분의 SEO 컨설턴트가 팩트보단, 주관과 경험에 의존에 컨설팅하는 실정입니다.

심지어는 구글 SEO 가이드에서 하지 말라고 하는 것을 오히려 적극 권장하는 회사나 컨설턴트도 더러 있습니다. 국내 정보가 없는 상황에선 맞고 틀림을 분간할 수 없으니, 해외 정보 또는 구글 공식 SEO 가이드를 다시 확인해야 하는 번거로움이 있습니다.

특히나, 국내에선 SEO를 콘텐츠적인 시각으로만 편협하게 이야기하는 경향이 많은데, 정작 SEO의 작동 원리를 보면 SEO에 더 중요한 것은 Technical한 영역과 UX적인 영역입니다.

10. 구글 SEO를 통해 실질적으로 성과를 얻기 위해서는 구체적으로 얼마만큼의 시간을 투자해야 하는지?(콘텐츠 수량, 투자 시간, 반응이 나오는 시간)

어떤 키워드를 공략할 거고, 헌제 도네인에서의 핵심 키워드 검색량이 얼마나 발생하는지에 따라 매우 상이하기 때문에 제 경험을 참고로만 말씀드

럽니다.

- **초기~1년**: 주 2~3건의 콘텐츠를 3,000자 이상 고퀄리티로 발행합니다.
  - 주 2건, 월 8건, 연 96건의 콘텐츠가 나옵니다.
  - 콘텐츠 한 건을 작성하는데 반나절이 걸립니다.
  - 이때, 숏테일 키워드보단 롱테일 키워드를 공략합니다.(ex. '강아지 옷'이라는 경쟁도가 높은 키워드보단, '말티즈 겨울옷'과 같이 구체적인 키워드부터 공략합니다.)
  - 6개월째부터, 서서히 구체적인 롱테일 키워드가 상위 노출되기 시작합니다.
    1년째 대부분 원하는 롱테일 키워드 상위노출이 보장됩니다.
- **1년~2년**: 주 1건의 콘텐츠를 1,500자 이상 중급 퀄리티로 발행합니다.
  - 주 1건, 월 4건, 연 48건의 콘텐츠가 나옵니다.
  - 콘텐츠 한 건을 작성하는데 2~3시간이 걸립니다.
  - 이때부턴 숏테일 키워드와 숏테일 키워드의 연관 콘텐츠를 공략합니다.
  - 초기 1년간 롱테일 키워드로 확보한 도메인 신뢰도 영향으로 이제 숏테일 키워드와 연관 콘텐츠에서도 상위 노출이 시작됩니다.
- **이후 지속**: 월 2건의 콘텐츠를 1,500자 이상 중급 퀄리티로 발행합니다.
  - 월 2건, 연 24건의 콘텐츠만 지속적으로 발행합니다.
  - 이때부턴 기존 발행했던 콘텐츠로 꾸준히 고객이 발생합니다.
  - 물론 더 많은 키워드에서 상위노출이 되고자 한다면 더 많은 콘텐츠를 계속해서 발행합니다. 하지만 이미 공략한 키워드에서 상위노출을 보장받았다면 중급 퀄리티의 콘텐츠를 지속해서 발행해 주기만 하면 됩니다.

11. 현재 생성형 인공지능의 인기가 높아지는데, 검색 엔진이 생성형 인공 지능에 대체될 것으로 생각하시는지? 또, 구글 SEO의 미래를 어떻게 예측하시는지?

검색 엔진과 생성형 인공지능은 작동의 '목적'이 다릅니다. 검색 엔진은 '최소한의 클릭으로 원하는 정보를 사용자에게 제공하는 것'입니다. 따라서 검색 엔진에는 UX를 고려하는 정밀한 알고리즘이 들어갑니다. 생성형 인공지능의 목적은 인간보다 빠르고 정확한, 머신러닝에 의한 '연산'입니다. 생성형 인공지능과 머신러닝은 복잡한 개념이므로, 쉽게 생각하면 식을 어떻게 풀 것인지에 대한 규칙을 인공지능이 스스로 학습하고 그 답을 내리는 것입니다.

따라서 생성형 알고리즘이 구글 알고리즘을 학습할 수 있는지 여부에 따라 대체 가능 여부가 달라집니다. 생성형 인공지능이 구글의 알고리즘에 직접 접근할 수는 없으므로, 구글에서의 수많은 데이터와 그 검색결과 노출 순위에 대한 알고리즘을 역으로 인공지능이 계산할 수 있게 된다면 생성형 인공지능이 검색 엔진을 대체할 수 있게 될 것이라 봅니다. 현실적으로 아직은 어렵지만, 언젠가 인공지능이 입력값과 결괏값만으로 그 중간에 들어가는 연산 규칙을 정밀하게 계산할 수 있게 될것이라 생각합니다.

12. 구글 SEO를 시도하려는 마케터 분들에게 한마디 하자면?

구글 SEO를 배우는 것은 종이접기를 배우는 것처럼 가벼운 마음으로 접근하기 보다는 복수전공을 하는 것처럼 진지한 마음으로 접근할 필요가 있습니다. 우리가 학습하려고 하는 것은 구글이 1998년부터 개발하고 매년 500~600번씩 지속적으로 업데이트한 알고리즘입니다. 이 정도 수준의 알고리즘이 한두 달의 학습으로 이해되긴 어려울 수밖에 없습니다.

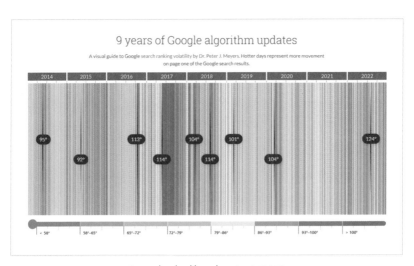

▲ google-algorithm-change - moz.com
(참고 자료: 9년간 구글의 알고리즘 업데이트 횟수(푸른색부터 붉은색으로 갈수록
많은 업데이트가 일어났음을 의미합니다.)

    구글 SEO는 단기간 학습하고 끝나는 개념이 아니라, 마케팅을 하는 동안 계속해서 학습해야 하는 것이라고 생각합니다. 가장 중요한 것은 '소비자는 어떤 정보를 읽고 싶을까?', '구글은 어떤 정보를 소비자들에게 보여주고 싶을까?'에 대한 고민입니다.

04

구글 SEO에 대한 성과를 측정할 수 있는 다양한 방법들을 소개합니다.

구글 SEO를 진행하다 보면 성과측정과 관련된 부분에 대해 고민하게 됩니다. 직장 내에 소속되어 있는 마케터라면 내부 보고를 위해 성과측정이 필요할 것이고, 비즈니스를 경영하고 있는 CEO나, 창업자의 입장에서도 구글 SEO가 매출에 어떤 영향을 주고 있는지 활동들을 체크하고 싶을 것입니다. 본 페이지에서는 구글 SEO의 성과측정을 할 수 있는 다양한 방법들에 대해 소개해 보도록 하겠습니다.

방법 1 키워드 순위 확인

주요 키워드에 대한 순위를 확인하여 검색결과 페이지에서 콘텐츠 노출 위치를 파악합니다. 이를 통해 특정 키워드에 대한 검색 접근성을 파악하실 수 있습니다. 관리해야 하는 키워드가 적다면 전수로 진행하거나 이미지를 캡처하여 관리할 수 있고, 관리해야 할 키워드가 많은 경우에는 아레프스 (Ahrefs)와 같은 SEO 툴을 활용하여 관리하실 수 있습니다. 다만, 눈에 보이는 검색 노출 영역 내에서 측정하는 부분이기 때문에 유저들의 행동을 파악하기에는 한계가 있기민, 가장 식관적인 방법이기 때문에 기업 내에서 여전히 많이 활용되고 있습니다. 마케팅 성과라는 것이 직관적으로 보여야 하기 때문에 특정 키워드 검색 시, 검색 엔진 상단에 노출된다는 것은 그 자체만으로도 하이라이트가 될 수 있습니다.

방법 2 로그 분석 소프트웨어를 활용한 데이터 추적

검색유입에 대한 성과는 노출, 클릭, 체류시간으로 측정할 수 있습니다. 노출과 클릭만을 평가하겠다고 한다면 가장 간단한 '구글 서치 콘솔' 내에서 데이터를 체크할 수 있습니다. 다만, 체류시간까지 측정하겠다고 한다면 '구글 애널리틱스'와 같은 전문 로그 분석 툴을 사용해야 합니다. 저는 노출이나 클릭도 중요하지만 가장 중요한 부분은 체류시간이라고 생각합니다. 체류시간을 분석하기 위해서는 결국 구글 로그 분석과 같은 툴을 사용해야 하고, 구글서치 콘솔과 구글 애널리틱스를 연동하여 사용하게 된다면, 구글에서 유입되는 자연 검색유입 데이터를 체류시간과 같은 고객 행동 데이터를 연관 지어분석할 수 있기 때문에 매우 효율적으로 사용하실 수 있습니다. 그리고 업계에서는 구글 애널리틱스 외에 더 다채로운 기능들이 포함되어 있는 앰플리튜드, 믹스패널 등도 많이 활용되고 있으니 참고해 보시면 좋습니다.

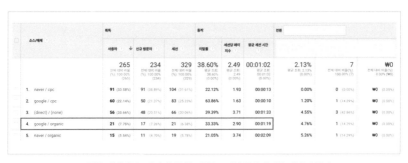

▲ 구글 애널리틱스에서 추적되는 구글 오가닉 유입에 대한 데이터 분석

방법 3 CRM 솔루션을 활용한 전환추적

요즘 국내외 마케팅 트렌드는 CRM 기반으로 흘러가고 있습니다. 모든 마케팅 성과를 고객과 연관 지어 분석하는 것인데요. 상담 문의 후 세일즈가 진행되는 B2B 비즈니스 분석에 탁월한 솔루션은 '허브스팟(HubSpot)'입니다. 허브

스팟에서 제공하는 폼(Form) 기능을 연동하여 사용한다면, 아래의 이미지와 같이 어떤 유입경로를 통해 DB가 생성되었는지 직관적인 데이터를 열람할 수 있습니다. 전체 유입 출처별로 생성되어 있는 컨택들을 직관적으로 분석할 수 있고, 어떤 키워드와 소재에서 DB가 발생되었는지, 어떤 페이지에서 DB가 수집되었는지 고객 DB와 관련된 다양한 데이터를 분석할 수 있기 때문에 매우 효율적인 방법입니다. 구글 애널리틱스는 익명의 방문자에 대한 고객 행동 데이터 분석에 강점이 있고, 허브스팟과 같은 CRM 솔루션의 경우, 누군지 식별할 수 있는 고객과 연관되어 있는 마케팅 데이터를 분석할 수 있기 때문에 추구하는 방향이 같은 듯 다릅니다. 업계에서는 2가지 방법 모두 활발하게 사용되고 있기 때문에 현재 비즈니스 상황에 맞는 소프트웨어를 선택해 보시기 바랍니다.

ALL TIME	FILTERS (1)					
☑	SOURCE	SESSIONS ↓	SESSION TO CONTACT RATE	NEW CONTACTS	BOUNCE RATE	SESSION LENGTH
✓	Organic search	15,925	1.23%	196	60.11%	91 seconds
✓	Direct traffic	8,989	3.98%	358	56.52%	4.2 minutes
✓	Referrals	1,348	2.23%	30	44.51%	4.6 minutes

▲ 허브스팟에서 추적되는 구글 오가닉 유입에 대한 데이터 분석

그리고 허브스팟 솔루션에 대해 궁금하신 분들은 QR코드 링크를 통해서 시중에 1만 5천 원에 판매되고 있는 국내도서의 PDF 전자책을 무료로 다운로드 받으실 수 있습니다. 허브스팟 솔루션이 궁금하신 분들께서는 아래의 링크를 통해 전자책을 열람해 보시기 바랍니다.

▲ 허브스팟 전자책

05

기업 마케팅 담당자를 위한 **국내 최초** **'구글 SEO 커뮤니티'**를 운영합니다.

모든 비즈니스가 온라인으로 이루어지고 있는 요즘과 같은 시기에 구글에 나의 웹 페이지를 가장 상단에 노출할 수 있다는 것은 매우 메리트가 큽니다. 그러나 국내에서 구글 검색 엔진의 원리에 대해 명확하게 설명할 수 있는 사람들은 많지 않습니다. 구글 SEO에 대한 노하우가 쌓여가고 실제로 구글 SEO를 통해 마케팅 효과를 얻으면서 효과적인 정보들을 공유하기 위해 몇 명의 마케터분들이 모이기 시작한 것이 이제는 커뮤니티를 이루고 있습니다.

국내에서 구글 SEO를 시작하려면 우선 정보의 비대칭을 돌파해야 합니다. 국내는 구글과 관련되어 있는 비즈니스의 생태계 정보들이 해외에 비해 압도적으로 부족하기 때문입니다. 그리고 이후에는 정보의 팩트 여부를 확인해야 합니다. 구글 SEO에 대한 정보를 소개하고 있는 분들이 의도적으로 잘못된 정보들을 배포하는 것은 아니지만, 인터넷 비즈니스가 빠르게 변화하는 만큼 구글 검색 엔진의 업데이트 주기도 빨라지고 있기 때문에 예전에는 맞았던 정보들이 지금은 달라진 경우가 많습니다.

기업 마케터분들이나 창업자분들이 겪고 있는 구글 SEO에 대한 고민을 함께 나누고자 2023년 겨울, 구글 SEO 커뮤니티를 처음 시작한 것이 현재는 꽤 많은 분이 함께하고 있습니다. 제가 운영하는 구글 SEO 커뮤니티의 이름은 '마수오' 입니다. 특별한 외부일정이 없다면, 매월 마지막 주 수요일 오후에 줌 (ZOOM)으로 모임이 이루어지고 있기 때문에 붙여진 이름입니다.

▲ 구글 SEO 커뮤니티 '마수오'를 소개합니다.

매월 1회 줌으로 모임을 진행하고 있으며, 카카오톡으로 구글 SEO와 관련된 다양한 소식들을 공유하고 있으니 구글 SEO를 시작하시는 분들이라면 '마수오' 커뮤니티에 참여해 보시기 바랍니다.

▲ 구글 SEO 커뮤니티

2022년 추운 겨울, 웹 문서가 구글에 색인되는 개념을 열심히 설명해 준 저의 멘토인 최성원 매니저와 함께 '구글 SEO'에 대해 학습했던 시기가 떠오릅니다. 그 이후로 저는 제로에서 구글 SEO를 시작한 지 약 1년 만에 구글 SEO로 인한 마케팅 효과는 물론 구글 SEO 관련 국내 도서의 저자가 되게 되었습니다. 이 책은 구글 SEO에 대한 원리를 학습하고 바로 실전에 적용하고, 또 실제로 테스트한 경과들을 엮어서 책으로 집필했기 때문에 구글 SEO를 시작하는 초보자분들이 쉽게 입문하실 수 있는 실전형 도서로 제작되었습니다. 그리고 구글 SEO 관련 정보에 대한 가장 정확한 정보 출처를 제공하기 위해 책의 중간중간에 QR코드를 활용하여 팩트를 체크하실 수 있도록 출처를 기재하였기 때문에 심화 교육에 대한 부분은 구글이라는 검색 엔진이 제공해 주는 '정보의 바다'에서 학습하실 수 있도록 설계되었습니다.

이 책만 쭉 따라가신다면, 누구나 구글 SEO에 대해 쉽게 이해하실 수 있지만, 아무래도 구글 SEO라는 개념 자체가 국내에는 생소하다 보니 그럼에도 불구하고 난이도가 일부 독자분들께는 높을 수도 있겠다는 생각이 듭니다.

다만, 지금 수준에서 난도를 더 낮추기에도 어려움이 있었습니다. 해당 도서는 '꿈'과 '희망'을 제공하는 자기계발 도서가 아니라 구글 SEO에 대한 올바른 지식을 전달해야 하는 '전문 도서'이기 때문에 이 정도의 난이도는 유지해야 독자분들께서 구글 SEO를 통해 실익을 얻으실 수 있겠다는 생각이 들었습니다. 따라서 책을 읽으시면서 기술적으로 이해가 안 되거나 어려운 부분이 있다면, 파고들어 이해하려고 하기보다는 전체적으로 가볍게 읽어본 후 실제 업무에서 필요한 부분이 있을 시 정독하는 방향을 추천 드립니다.

2024년도는 경기가 더 어려울 것으로 전망하고 있습니다. 그러나 경기가 어려워진다고 하더라도 마케팅을 줄일 수는 없을 것입니다. '마름모연구소'를 창업하기 전 광고대행사 에이전트로 10년이 넘는 기간을 거쳐오면서 유료 광고 외에 브랜드에 새로운 '트래픽'을 만들어 줄 수 있는 마케팅 방향에 대해 오래도록 고민해 왔는데, 그에 대한 노하우는 작년에 발간했던 'B2B 마케팅으로 밥 먹고 살기'를 통해 소개할 수 있었습니다. 제가 출간했던 〈B2B 마케팅으로 밥 먹고 살기〉의 핵심은 'B2B 마케팅에 최적화된 마케팅 전략'과 '콘텐츠 마케팅'의 중요성이었습니다. 다만, 어떻게 오가닉 트래픽을 만들 수 있는지에 대한 실전 노하우에 대해서는 아쉬운 부분이 있었는데, 이 책을 통해서 구글 검색을 통해 양질의 트래픽을 만들 수 있는 체계적인 접근방법에 대해 소개할 수 있게 되었습니다.

이 책은 절실함으로 만들어진 책입니다. 창업의 세계에는 생각보다 무자본으로 비즈니스를 개척하신 분들이 많습니다. 지금 시대에 새롭게 비즈니스를 개척 해오신 분들의 공통점을 찾아보면 대부분 '트래픽'을 만들 수 있는 능력이 있었던 분들이었습니다. 즉, 올해 인터넷 비즈니스에서 가장 중요한 것은 양질의 트래픽을 어떻게 만들 수 있느냐가 관건입니다. 트래픽을 만들 수 있는 방법은, 네이버, 유튜브, 페이스북, 인스타그램, 링크드인 등의 다양한 방법이 있지만, 제가 경험해 본 채널 중에서는 높은 수준의 감각이 없더라도 '성실함'만 있다면 성공할 수 있는 분야가 바로 구글 SEO 영역이었던 것 같습니다. 올해에도 비즈니스를 성장시켜야 할 과제에 직면해 있는 많은 마케터분들과 창업자분들이 이 책을 통해서 마케팅 성과를 얻으실 수 있기를 기대합니다.

2024년 1월 12일
인바운드 마케팅 전문가 김보경 드림 -

Search.

부록1

구글 SEO를 시작하는 입문자가 알아야 할 **SEO 용어 학습하기**

- **검색 엔진 최적화(SEO, Search Engine Optimization)**: 웹사이트를 검색결과에서 상위에 표시하는 전략
- **검색결과 페이지(SERP, Search Engine Results Page)**: 사용자에게 표시되는 웹 페이지 목록
- **키워드(Keyword)**: 사용자가 검색하는 단어나 구문 등의 텍스트
- **백링크(Backlink)**: 다른 웹사이트에서 나의 웹사이트로 링크로 연결하는 것
- **앵커 텍스트(Anchor Text)**: 하이퍼링크에서 클릭 가능한 텍스트 영역
- **페이지 랭크(Page Rank)**: 구글 검색 알고리즘에서 사용되는 페이지 순위를 결정하는 지표
- **인덱싱(Indexing)**: 검색 엔진이 웹 페이지의 내용을 수집하고 데이터베이스에 저장하는 과정
- **크롤링(Crawling)**: 검색 엔진이 웹 페이지를 탐색하고 정보를 수집하는 과정
- **사이트맵(Sitemap)**: 웹사이트의 페이지 구조를 나타내는 XML 파일
- **메타 태그(Meta Tags)**: HTML의 헤더 부분에 노출되는 페이지 정보
- **대체 텍스트(Alt Text)**: 이미지에 대한 설명을 제공하는 HTML 속성값 중 한 가지

- **301 리다이렉트(Redirect)**: 특정 URL을 새로운 주소로 연결시키는 방법
- **404 에러(404 Error)**: 찾을 수 없는 페이지 오류
- **롱테일 키워드(Long Tail Keywords)**: 구체적이고 긴 문장 형태의 키워드.
- **캐노니컬 URL(Canonical URL)**: 여러 버전의 중복 웹 문서 중에서 원본 문서를 지정하는 방식
- **로봇TXT(Robots.txt)**: 크롤러에 특정 페이지의 수집여부를 결정하는 파일
- **노팔로우 링크(Nofollow Link)**: 검색 엔진에 특정 링크에 영향력이 전달되지 않도록 선정하는 링크
- **두팔로우 링크(Dofollow Link)**: 검색 엔진에 특정 링크에 영향력이 전달되도록 설정하는 방식
- **인바운드 링크(Inbound Links)**: 다른 웹사이트에서 들어오는 링크.
- **아웃바운드 링크(Outbound Links)**: 본인의 웹사이트에서 다른 웹사이트로 나가는 링크
- **링크 주스(Link Juice)**: 한 페이지에서 다른 페이지로 트래픽이 흘러 들어가는 것
- **링크 빌딩(Link Building)**: 웹사이트에 백링크를 생성하여 도메인의 권위를 높이는 전략
- **자연 검색 유입(Organic Search)**: 특정 유저가 광고 외에 직접 키워드를 검색하여 찾아오는 트래픽
- **이탈률(Bounce Rate)**: 한 페이지만 보고 사이트를 이탈하는 사용자의 비율
- **스키마 마크업(Schema Markup)**: 검색 엔진이 콘텐츠를 이해하는 데 도움을 주는 구조화된 데이터
- **랜딩 페이지(Landing Page)**: 광고나 검색결과로 유입된 사용자가 처음으로 접하는 웹 페이지
- **CPC(Cost Per Click)**: 클릭당 비용
- **CTR(Click-Through Rate)**: 검색결과에서 링크를 클릭한 비율
- **노출(임프레션, Impression)**: 검색결과가 특정 화면에 노출되는 횟수
- **로컬 SEO(Local SEO)**: 지역과 연관되어 있는 비즈니스가 검색에서 노출되도록 최적화하는 것

- **블랙햇 SEO(Black Hat SEO)**: 검색 엔진에 혼란을 주는 불법적인 SEO 방법
- **화이트햇 SEO(White Hat SEO)**: 올바른 합법적인 검색엔진 최적화 방법
- **그레이햇(Grey Hat SEO)**: '블랙햇'과 '화이트햇' 사이의 중간에 있는 SEO 전략
- **알고리즘(Algorithm)**: 검색 엔진이 웹 페이지를 순위를 정하는 규칙
- **페널티(Penalty)**: 웹사이트에 구글이 부과하는 노출 순위 감소와 노출 제한과 같은 제재
- **모바일 최적화(Mobile Optimization)**: 모바일 기기에서 웹사이트가 표시되는 최적화 방법
- **SSL 인증서(SSL Certificate)**: 데이터 통신을 암호화하는 국제적인 보안 프로토콜
- **페이지 속도(Page Speed)**: 웹 페이지의 로딩 속도.
- **사용자 의도(User Intent)**: 사용자가 특정 검색을 할 때 얻고자 하는 정보나 니즈
- **사용자 경험(User Experience)**: 사용자가 웹사이트를 이용하는 동안 느끼는 고객 경험.
- **A/B 테스팅(A/B Testing)**: 두 가지 버전의 웹 페이지를 비교하여 어떤 버전이 더 효과적인지 테스트하는 과정
- **키워드 밀도(Keyword Density)**: 특정 키워드가 콘텐츠에서 나타나는 빈도.
- **도메인 권위(Domain Authority)**: 웹사이트의 전체적인 권위를 측정하는 지표
- **페이지 체류 시간(Time on Page)**: 사용자가 특정 페이지에 머무는 시간
- **브레드크럼(Breadcrumbs)**: 웹사이트 내 페이지 구조를 나타내는 내비게이션 메뉴
- **리치 스니펫(Rich Snippets)**: 검색결과에서 부가 정보가 표시되는 노출 영역
- **시맨틱 SEO(Semantic SEO)**: 검색 엔진이 웹 페이지의 구조를 이해하여 웹 문서를 수집하도록 하는 최적화 전략
- **키워드 연구(Keyword Research)**: 구글 SEO를 하기 위해 적절한 키워드를

탐색하고 분석하는 과정.

- **SEO 분석(SEO Audit)**: 웹사이트의 SEO 상태를 평가하고 개선점을 찾는 분석하는 과정
- **키워드 스터핑(Keyword Stuffing)**: 과도한 키워드를 페이지에 삽입하여 검색 엔진을 혼란스럽게 하는 행위
- **포고 스티킹(Pogo Sticking)**: 사용자가 검색결과를 클릭하고 빠르게 다시 뒤로 돌아가는 행위
- **H1 태그(H1 Tag)**: HTML에서 가장 중요한 제목 태그.
- **H2, H3 태그(H2, H3 Tags)**: 부제목을 표시하는 HTML 태그.
- **키워드 카니발라이제이션(Keyword Cannibalization)**: 동일한 웹사이트 내에서 동일한 키워드가 서로 경쟁하고 있는 상황

부록2

웹에이전시 대표자가 말하는 '테크니컬 SEO'와 '글로벌 온라인 비즈니스'의 모든 것

- 테라픽셀 임채원 대표 -

Q1 테크니컬 SEO를 진행하면서 문제가 생기는 작업 BEST5

A1 워드프레스 홈페이지 제작은 원단으로 맞춤옷을 제작하는 것과 같습니다. 동일한 플러그인으로 세팅하지만, 고객의 니즈에 맞춰 기능 커스텀을 하다 보면, 각각 다른 개인처럼 웹사이트는 특색을 갖게 됩니다. 이는 다양한 테크니컬 이슈들과도 관련 있습니다. 동일한 방법으로 SEO 최적화 기능들을 세팅하지만, 웹사이트 내 플러그인들은 예기치 못한 다양한 방식의 충돌을 일으킵니다. 그중에서도 일반적으로 발생하는 이슈들은 아래와 같습니다.

타 업체 제작 사이트의 최적화

타 사에서 제작한 웹사이트를 SEO 최적화하려면 많은 도전이 필요합니다. 개발자마다 세팅 방법이 상이하기 때문에 육안으로 바로 확인되지 않는 문제들과 문서화되지 않은 다양한 커스텀 사항들을 전수로 파악하여 문제를 개선해야 합니다. 다단계 입체 퍼즐과 같은 복잡성은 문제의 식별과 진단을 특히 더 어렵게 합니다.

한글 폰트 최적화

한글 문자의 UTF-8 인코딩 방식은 다른 알파벳 기반 언어들보다 복잡하고 무겁습니다. 현대 시스템들은 대부분 이를 효율적으로 처리하지만, 간혹 기본으로 제공되지 않는 한글 폰트를 사용할 경우 파일 크기가 커지고 각 문자를 개별적으로 로딩해야 하므로, 웹사이트 성능에 많은 영향을 끼칩니다. 웹 전용 폰트 파일 형식(woff)을 사용하여 이러한 문제를 최소화하는 것이 중요합니다.

모바일 최적화

모바일 사용자의 비중이 높아지면서 디바이스별 반응형 디자인과 모바일 속도 최적화가 필수입니다. 하지만 모바일의 경우 데스크탑과는 다른 최적화가 필요합니다. 예를 들어 각 모바일의 사용 환경별 네트워크 속도, 기기 사양, 캐싱, 브라우저별 보안 등 다양한 변수들이 있습니다.

플러그인 충돌

워드프레스 특성상 테마와 플러그인, 그리고 플러그인 간의 충돌이 빈번하게 발생합니다. 최신 워드프레스 버전에 최적화하여 플러그인 사들도 주기적인 업데이트를 제공하지만, 수백만 개의 타 플러그인들이 충돌하지 않게 하는 것은 사용자의 몫입니다.
플러그인 간의 충돌 문제는 에러 로그로도 확인이 어렵기 때문에 수동으로 하나씩 비활성화하며 문제를 파악할 수밖에 없는 구조입니다.

테마 최적화

테마는 워드프레스 내의 기초 뼈대입니다. 가벼우면서 SEO에 최적화된 테마를 선택하는 것이 웹사이트 부하를 줄이는데 중요합니다. 하지만 독단적인 테마 하나로만 웹사이트를 제작하는 것이 아니기 때문에 다양한 플러그인과의 호환도 고려해야 합니다. 즉 플러그인 간의 충돌만큼이나 테마와의 충돌이 발생할 수도 있기 때문에 플러그인 충돌 이슈가 없는 경우, 테마 변경을 통해서 문제점을 해결할 수 있는 경우도 있습니다.

▲ 시중에서 판매 중인 최적화된 테마들

워드프레스에는 각 비즈니스 분야에 알맞은 다양한 테마가 개발되어 있어서 매력적인 가격에 원하는 테마를 구매할 수 있습니다. 하지만 테마 별 구현 방식이 다르기 때문에 각 테마 매뉴얼을 유심히 학습하지 않으면 오히려 예상하지 못한 문제점들이 발생할 수도 있습니다.

워드프레스의 장점 중 하나는 다양한 플러그인을 쉽게 적용할 수 있다는 부분입니다. 워드프레스 생태계에는 테크니컬 SEO를 위한 플러그인들도 잘 개발되어 있기 때문에 웹 개발 전문가가 아니더라도 일정 수준의 SEO 작업이 가능합니다. 하지만 모든 플러그인과 테마가 완벽한 것은 아니기 때문에 각 사이트의 특성에 맞는 플러그인 호환성 테스트는 꼭 필요합니다.

Q2 국내 호스팅, 해외 호스팅, 클라우드 호스팅 차이점은?

A2 웹사이트 구축에 있어 호스팅 선택은 가장 중요합니다. 집을 지을 때 기초와도 같은 부분입니다. 워드프레스 호스팅은 일반 호스팅과 조금 다릅니다. 각 호스팅 사 별로 바로 워드프레스를 사용할 수 있도록, 매니지드 호스팅(Managed Hosting) 형태로 최적화된 컨디션을 제공하는 경우가 많습니다. 국내외 아주 많은 호스팅 사가 있지만 큰 분류로 보자면 <국내 호스팅>, <해외 호스팅> 그리고 <클라우드 호스팅>으로 나뉘어져 있으며 각 호스팅의 특징을 파악하는 것이 무엇보다 중요합니다.

국내 호스팅(예: 카페24)

국내에서 가장 인지도 높은 호스팅 업체는 카페24입니다. 카페24는 온라인 쇼핑몰 구축에 최적화된 서비스를 제공하지만, 최근 워드프레스에 대한 수요가 늘어나면서 워드프레스 전용 호스팅을 함께 제공하고 있습니다. 국내 호스팅의 특징은 웹 사이트 하나당 비용이 책정되며 여러 웹사이트를 운영한다면 개수만큼 과금되는 형태라는 것입니다.

- **국내 호스팅 장점**
  - **한국어 지원**: 한국 호스팅 사의 가장 큰 장점은 모든 설명이 한국어로 제공되기 때문에 언어의 장벽 없이 사이트 운영이 가능합니다.
- **국내 호스팅 단점**
  - **비싼 사용료**: 국내 호스팅의 특징은 웹 사이트 하나당 비용이 책정되며 여러 웹사이트를 운영한다면 개수만큼 과금 되는 형태입니

다. 또한 아래 표와 같이 한 사이트에 대한 요금도 용량에 따라 과금 되며 이 사용료는 해외보다 상당히 비싸게 측정되어 있습니다.

▲ 국내 호스팅 사 요금제 사례분석

- **기술 지원 한계**: 한국어를 지원하지만 워드프레스로 제작하며 발생하는 이슈에 대한 기술 지원은 제공하지 않습니다. 호스팅 사에서 해결해 줘야 하는 부분조차도 사용자가 직접 해결해야 하는 경우가 대부분이기 때문에 이슈를 스스로 해결하지 못할 경우에는 웹사이트 제작에 큰 장벽을 느낄 수 있습니다.
- **글로벌 확장성 제한**: 워드프레스의 가장 큰 특징은 글로벌 생태계와 연동된다는 부분입니다. 국내 호스팅의 운영환경은 철저하게 국내 비즈니스에 최적화되어 있습니다. 글로벌 전용 홈페이지를 구축할 경우 방화벽 및 보안 문제로 불편을 겪는 사례가 발생할 수 있습니다.

- **해외 호스팅**(예: hostinger)
- 전 세계 CMS 솔루션 중 60%가 워드프레스 기반으로 구축되어 있으며, 해외 호스팅 업체의 주요 서비스는 바로 워드프레스 전용 호스팅입니다. 국내 호스팅 사와 달리 용량별 사용료를 과금

하는 방식입니다. 예를 들어 아래 호스팅어(hostinger) 가격표를 살펴보면 프리미엄 플랜의 경우 100GB 용량 한도 내에 100개까지 홈페이지 구축이 가능하며 무제한 트래픽(Unlimited bandwidth) 서비스를 제공합니다.

- **해외 호스팅 장점**
  - **워드프레스 최적화**: 해외 호스팅 사의 가장 큰 장점은 메인 서비스인 워드프레스에 최적화된 부분입니다. 국내 호스팅에서 발생하는 고질적인 보안 및 연동 이슈들이 해외 호스팅에서 발생하지 않습니다.
  - **경제적인 가격**: 국내 호스팅에 비해 가격이 상당히 저렴합니다. 국내 호스팅 사와 비교할 경우 10GB 용량의 홈페이지를 제작할 경우 국내 호스팅 사는 월 3,300원, 호스팅어는 최저사양이 100GB 용량에 월 15,000원(첫해 프로모션 적용)입니다.

즉, 국내에서는 홈페이지 10개를 세팅할 경우 월 33만 원 호스팅 사용료를 지급해야 하는 반면 해외는 15,000원으로 추가 비용 없이 제작이 가능합니다.

▲ 해외 호스팅 사 요금제 사례분석

문제 발생 시 기술 지원: 해외 호스팅 사에서 제공하는 워드프레스 호스팅은 워드프레스에 최적화된 매니지드 플랜(managed plan)입니다. 즉 서버 전문가가 아니더라도 큰 이슈 없이 워드프레스에 최적화된 사양으로 제공한다는 뜻이며 이슈가 발생할 경우 호스팅 사에서 기술지원을 제공합니다. 일부 호스팅 사는 24시간 실시간 채팅을 지원하기 때문에 웬만한 이슈는 호스팅 사의 도움으로 바로 당일에도 해결할 수 있습니다

- **해외 호스팅 단점**
  - **언어 장벽**: 해외 호스팅의 가장 큰 단점은 언어 장벽입니다. 영어로 소통이 가능하다면 문제가 없지만 모든 페이지가 영어로 구성되어 있기 때문에 영어 용어를 이해하는 것이 중요합니다.

클라우드 호스팅(예: Amazon Web Service)

아마존 웹서비스(AWS)는 글로벌 클라우드 서비스 제공업체로서 광범위한 서비스를 제공합니다. 대규모 웹사이트와 애플리케이션 구축을 위한 다양한 인프라를 제공하는 것으로 유명하며, 기업 고객 외에 개인 고객도 누구나 서비스 사용이 가능합니다. 다양한 서비스를 제로 상태에서부터 직접 구현할 수 있기 때문에 일반 경영 호스팅 사의 사양보다 훨씬 고사양으로 웹 페이지를 구축하실 수 있습니다.

- **AWS 호스팅 장점**
  - **뛰어난 확장성**: 모든 서비스를 직접 구축하여 기능 개선과 추가가 가능하기 때문에 확장성이 무궁무진합니다.
  - **효율적 비용 체계**: 일반 호스팅 사의 임대료 지급 방식은 월간 결제 혹은 연간 단위의 결제입니다. 반면에 아마존 웹서비스의 경우 시간당 사용료를 과금합니다. 실시간 사용 현황 체크가 가능하며 원클릭으로 사양 변경도 가능한 구조입니다.
- **AWS 호스팅 단점**
  - **복잡한 요금 체계**: 매시간 단위 요금 과금은 매력적이지만, 서비

스가 워낙 다양하여 적절한 서비스를 선택하는 것이 매우 중요합니다.

- **전문 지식 필요**: 제로부터 서버를 직접 세팅해야 하기 때문에 초기 설정과 관리를 위한 전문 지식이 필요합니다. 그 외에도 매니지드 워드프레스를 제공하는 해외 일반 호스팅 사와 달리 기술지원을 전혀 제공하지 않기 때문에 서버 세팅 전문가의 높은 기술력을 필요합니다.

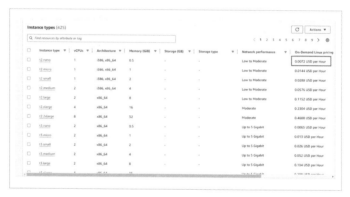

▲ 클라우드 사례분석

〈호스팅 선택 시 고려 사항〉

- **예상 트래픽**: 웹사이트에서 발생하는 예상 방문자와 동시 접속 방문자를 고려하여 충분한 대역폭과 서버 사양을 제공하는 호스팅을 선택해야 합니다.

- **홈페이지 제작 목적**: 웹사이트 내 어떤 기능들을 탑재하느냐에 따라 적절한 용량의 호스팅을 선택해야 합니다. 단순 기업 홈페이지는 저사양으로도 가능하지만, 결제 및 다양한 기능 구현이 요구되는 웹사이트라면 각 플러그인 용량 및 기능 구현에 필요한 페이지가 추가되기 때문에 더 높은 사양이 필요합니다.

- **보안**: 웹사이트 보안은 매우 중요합니다. SSL 인증서, 방화벽, 정기적인 자동 백업, 멀웨어 감염 방지 등 강화된 보안 기능을 제공하는 호스팅 사를 선택하는 것이 중요합니다.

- **확장성**: 웹사이트의 추후 기능 확장에 따라 호스팅 사양도 지속적으로 업그레이드가 필요합니다. 확장성이 용이한 호스팅을 선택하는 것이 장기적 운영에 도움이 됩니다.
- **고객 기술지원**: 워드프레스의 다양한 이슈 발생 시 빠른 지원을 받을 수 있는지 확인해야 합니다.

웹사이트의 목적과 요구사항에 맞게 적합한 호스팅 서비스를 선택하는 것은 중요합니다. 각 호스팅의 특징과 장단점을 고려하여 사이트의 목적과 요구사항에 적합한 호스팅을 선택하는 것이 중요합니다.

Q3 아무도 알려주지 않았던 워드프레스 플러그인 최적화의 핵심은?

A3 워드프레스의 큰 장점 중 한 가지는 다양한 기능들을 마치 '레고(Lego)'처럼 플러그인 형태로 확장할 수 있다는 것입니다. 이러한 유연성은 워드프레스의 강점입니다. 워드프레스의 효율적 활용은 적합한 플러그인 선택과 각 플러그인의 최적화에 달린 것입니다.

플러그인 간의 호환성

워드프레스 플러그인은 기능들을 지속적으로 업데이트 하며, 각종 테마와 플러그인 개발자들은 이에 맞춰 최적화 작업을 진행하고 있습니다. 하지만 워드프레스 생태계에는 수백만 개의 플러그인이 출시되어 있기 때문에 모든 플러그인 간의 완벽한 호환 테스트는 거의 불가능합니다. 따라서 플러그인을 잘못 선택하면 웹사이트의 셧다운, 속도 저하, 기능 오작동 등 다양한 문제가 발생할 수도 있습니다.

문제 해결 방법

플러그인으로 인하여 발생하는 문제를 해결하는 방법은 모든 플러그인을 비활성화한 후, 하나씩 활성화하면 문제를 일으키는 플러그인을 찾는 것입니다. 문제가 되는 플러그인을 찾아 비활성화한 이후에 유사한 기능을 제공하는 다른 플러그인으로 대체하면 대부분 문제가 해결됩니다.

Q4 검증된 플러그인이란?

A4 워드프레스 내에서 플러그인이 충돌되는 현상은 자주 발생하기 때문에 가급적 후기가 많고 업데이트 주기가 빠른 플러그인을 선택하시는 것이 좋습니다.

리뷰가 많은 플러그인

워드프레스 무료 플러그인은 다운로드 횟수 및 리뷰를 투명하게 확인할 수 있습니다. 리뷰가 부정적인 경우는 버그 및 오작동의 리스크가 있으므로 다운로드 횟수가 많고 리뷰 점수가 높은 플러그인 사용하시는 것이 좋습니다.

▲ 워드프레스 플러그인 리뷰분석

Integration 최적화

플러그인의 호환성은 효용성을 결정짓는 중요한 요소입니다. 단순히 포트폴리오 형태의 웹 페이지가 아니라 결제, 예약, 동적 콘텐츠 생성 등 복잡한 기능이 필요한 경우, 플러그인 간의 호환성 문제는 훨씬 더

중요합니다. 플러그인 개발사의 웹사이트에서의 호환 가능한 범위를
확인하고, 사용하고자 하는 플러그인이 기존 사용 중인 플러그인과
호환되는지 사전에 체크해 보는 것이 중요합니다.

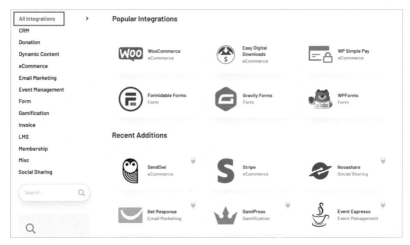

▲ Affiliate wp 플러그인의 호환 가능 플러그인 목록

플러그인 최신 업데이트 날짜 확인

워드프레스의 업데이트에 맞춰 플러그인도 지속적으로 업데이트 하
는 것이 좋습니다. 플러그인의 최신 업데이트 날짜를 확인하여 해당
플러그인이 최근 6개월간 업데이트를 하지 않은 경우 사용을 재고하
는 것이 좋습니다.

▲ 플러그인 날짜 확인

워드프레스 플러그인 최적화의 핵심은 검증된 플러그인의 선택과 지속
적 관리에 있습니다. 사용자 리뷰, 호환성, 최신 업데이트 정보를 꼼꼼
히 확인하여 웹사이트의 안정성과 성능을 유지하는 것이 중요합니다.

Q5 중소기업이 알아야 할 쇼핑몰 SEO의 핵심은?

A5 최근 온라인 비즈니스 트랜드의 가장 두드러진 변화는 SEO의 중요성
입니다. 쿠팡, 스마트스토어 등 대형 플랫폼에 의존하던 실물 판매업
체들이, 점차 자사 몰 운영으로 독립하면서 검색 최적화 노출에 큰 관
심을 보이고 있습니다.

즉, 효율적인 홍보와 오가닉 마케팅을 통한 검색유입 최적화가, 자생
력과 브랜드 가치를 높이는 방법이라는 것을 알고 있기 때문입니다.
그렇다면 쇼핑몰 구축과 운영에서 고려해야 할 SEO 핵심 전략은 무엇
일까요?

적합한 쇼핑몰 플랫폼 선택

카페24, 아임웹, 식스샵, 고도몰 등 다양한 국내 쇼핑몰 솔루션이 있
지만, SEO 측면에서는 워드프레스가 절대적으로 유리합니다. 국내 쇼
핑몰 솔루션은 템플릿 기반 제공이 주요 서비스이지만, 워드프레스는
구글 SEO 최적화를 애초에 염두하고 출시된 서비스이기 때문입니다.
템플릿 기반의 쇼핑몰 플랫폼은 사용은 간편하지만, 기술적인 테크니
컬SEO 최적화하기에는 한계가 있습니다.

SEO 전략과 지속적인 사이트 관리

웹사이트의 검색 엔진 최적화를 위해서는 지속적인 콘텐츠 발행과 백
링크 구축이 필수입니다. 이를 통해 사이트의 지수와 권위를 높이고
검색 엔진에서의 가시성을 향상할 수 있습니다. 키워드와 경쟁사 분
석을 통하여 잠재고객에게 적합한 콘텐츠를 노출하고, 이를 정기적으
로 업데이트하는 것이 중요합니다.

장기적 마케팅 전략과 고객 접점 관리

온라인 비즈니스에서 고객 접점 관리는 매우 중요합니다. 각 고객의 관심도와 니즈에 맞춘 단계별 맞춤형 마케팅 전략을 수립해야 합니다. 검색을 통해 유입된 잠재고객을 실제 구매 고객으로 전환하기 위해서는 <세일즈 퍼널>을 구축하는 것이 매우 효과적입니다. 이메일 마케팅, 소셜 미디어 캠페인, 리타겟팅 광고 등 다양한 채널과 방법을 활용하여, 구매 전환율을 높이는 전략 수립을 해야 합니다.

모바일 최적화

모바일 사용자가 증가함에 따라 모바일 환경에서 <사용자 경험 최적화>가 중요해지고 있습니다. 반응형 디자인과 모바일 친화적 인터페이스는 사용자 만족도를 높이고, 검색 최적화에도 긍정적인 영향을 미칩니다. 모바일 페이지 로딩속도 개선과 쉬운 네비게이션 활용과 같은 작업은 사용자 경험을 향상하고 장기적으로 사이트의 SEO 성능에도 기여합니다.

지역 SEO와 소셜미디어 활용

지역 기반으로 운영 중인 중소기업에게 중요한 요소입니다. 지역 키워드 사용 및 지역 커뮤니티와의 연계 등을 통하여 지역 고객층을 타겟으로 브랜드를 홍보할 수 있습니다.

▲ 구글 지역 관련 콘텐츠 노출 사례

Q6 고수들만 활용한다는 드래그앤 드랍 & 하드코딩을 병행하여 사용해야 하는 상황은?

A6 워드프레스를 활용한 웹사이트 제작은 그 효율성과 확장성 측면에서 전 세계적으로 많은 전문가에게 선택받고 있습니다. 하드 코딩에 비해 워드프레스는 사용자 친화적인 드래그앤 드랍 방식의 편집 툴로 웹사이트 제작이 가능하며, 복잡한 전문 지식 없이도 높은 수준의 웹사이트를 구축할 수 있습니다. 특히 초기 투자 비용이 부담될 수 있는 중소기업 및 개인 사업자에게 매력적인 선택지가 될 수 있습니다.

워드프레스로 제작 가능한 사이트 예시

[예시 1] 전자상거래 플랫폼

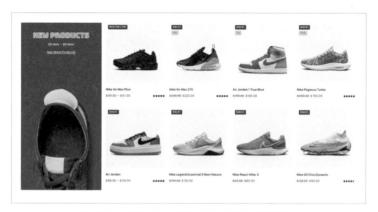

▲ 워드프레스로 제작 가능한 사이트 예시 – 전자상거래 플랫폼

아마존이라 쿠팡과 같은 밴더 입점형 대형 전자상거래 사이트의 기능을 워드프레스로 구현할 수 있습니다. 다양한 테마와 플러그인을 활용하여 유사한 플랫폼 구축이 가능합니다.

[예시 2] 온라인 강의 사이트

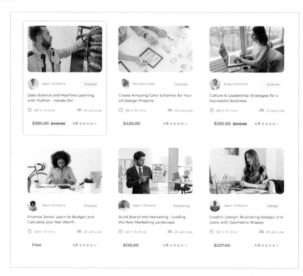

▲ 워드프레스로 제작 가능한 사이트 예시 – 온라인 강의 사이트

유데미, 클래스 101과 같은 온라인 강의 및 전자책 판매 사이트 구축이 가능합니다. 강의 상세 레이아웃 또한 유명 플랫폼과 거의 흡사하게 디자인 가능하며 전자책 및 실물도 함께 판매할 수 있어 확장성이 무궁무진합니다.

[예시 3] 콘텐츠 스트리밍 서비스

▲ 워드프레스로 제작 가능한 사이트 예시 – 콘텐츠 스트리밍 서비스

넷플릭스, 멜론, 팟캐스트와 같이 영상 및 미디어 스트리밍 서비스가 기본적으로 가능한 구조입니다. 또한 정기 구독권 결제로 회원 전용 서비스 플랫폼으로로 구축할 수 있습니다.

[예시 4] 온라인 예약 시스템

▲ 워드프레스로 제작 가능한 사이트 예시 – 온라인 예약 시스템

에어비앤비, 호텔닷컴, 하나투어와 같이 호텔 및 장소 예약 시스템 구축이 가능합니다. 날짜 및 시간 지정과같이 복잡한 예약 조직도 워드프레스로 구현이 가능합니다. 사용자가 쉽게 예약할 수 있는 인터페이스를 제공함으로써 고객에게 브랜드인지도를 높일 수 있습니다.

[예시 5] 멤버십 및 구독 서비스

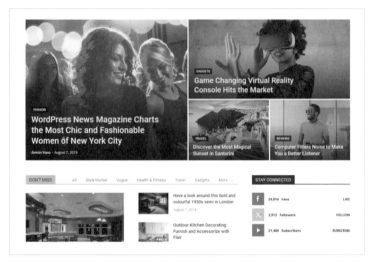

▲ 워드프레스로 제작 가능한 사이트 예시 – 멤버십 및 구독 서비스

매거진 및 콘텐츠를 회원제 전용 서비스로 제공이 가능합니다.
다양한 등급별로 콘텐츠 접근권한을 부여할 수 있습니다.

하드코딩 대비 워드프레스의 효율성

- **시간과 비용 절감**

  하드코딩은 전문 개발자들이 제로 상태에서부터 코딩으로 제작하기 때문에 상대적으로 많은 인력과 시간이 소요됩니다. 반면 워드프레스는 빠르고 합리적인 비용으로 구축할 수 있습니다.

- **직관적인 백엔드**

  워드프레스의 드래그앤 드롭 방식은 사용자가 쉽게 웹사이트를 관리하고 업데이트할 수 있도록 지원합니다. 이는 기업 내에서 지속적으로 소요되는 유지비용을 절감함으로써 기업의 고정비 부담을 줄여줍니다.

- **확장성과 유연성**
워드프로세서는 다양한 플러그인과 테마를 통해 기능 확장이 편리합니다. 따라서 추후 사업의 전략 및 기획 변경에 따라 웹사이트를 유연하게 업그레이드할 수 있습니다.

하드코딩이 필요한 경우

워드프레스는 다양한 플러그인으로 많은 기능들을 구현할 수 있지만, 모든 기능을 완벽하게 구현하는 것은 한계가 있습니다. 특히, 고도화된 기능이 필요한 경우 워드프레스에 기본 세팅되어 있는 기능만으로는 충분하지 않을 수 있습니다. 따라서 아래의 3가지 경우에는 하드코딩 방식이 병행되는 것이 좋습니다.

- **고도의 맞춤형 개발**
워드프레스는 기본적으로 다양한 사용자의 니즈를 충족하기 위해 개발된 플러그인을 사용합니다. 하지만, 매우 구체적이고 복잡한 요청 사항의 경우 하드코딩을 통한 1:1 맞춤형 개발이 필요한 경우가 있습니다.

- **정교한 UI 및 UX 디자인**
워드프레스는 기본적인 UI/UX 변경을 구현할 수 있지만, 사용자에게 독특하고 매력적인 효과들을 제공하고자 할 경우 부분적으로 하드코딩 개발이 필요할 수 있습니다.

- **특수한 기능 구현**
특정 업무 프로세스나 복잡한 데이터 처리가 필요한 경우에 하드코딩으로 부분 개발이 필요할 수 있습니다.
워드프레스는 다양한 효과 구현에 탁월합니다. 특히 비용과 인력이 제한적인 상황이라면 유연한 선택지가 될 수 있습니다. 다만 고객의 모든 니즈를 완벽히 충족하기에는 한계가 있기 때문에 고도화된 개발의 경우 하드코딩 방식을 병행하고 있습니다.

하드코딩을 구현할 수 있는 가장 이상적인 접근 방법은 워드프레스의 효율성과 하드코딩의 맞춤 성을 결합하는 '하이브리드' 제작 방식입니다. 제로부터 하드코딩으로 제작하는 것보다 비용과 시간 측면에서 효율적이기 때문에 웹사이트의 80% 정도는 워드프레스로 구축하고 고도화가 필요한 20% 영역은 하드코딩으로 커스텀하여 제작하는 것을 추천 드립니다.

Q7 웹사이트 제작업체 선정 시 고려할 사항

A7 웹사이트 제작업체 선정은 온라인 비즈니스를 시작할 때 매우 중요한 요소입니다.

특히 쇼핑몰, 온라인 강의사이트(LMS), 회원 전용 폐쇄몰, 세일즈 퍼널, 어필리에이트 마케팅 등 복잡한 기능이 요구되는 경우라면 더욱더 신중하게 검토해야 합니다. 대부분의 온라인 비즈니스에서 웹 페이지는 비즈니스의 시작이 되기 때문입니다.

제작 사례 검토

제작 업체가 그간 구축했던 프로젝트들을 열람하시면 업체의 제작역량을 파악하실 수 있습니다. IT 분야는 이론적 지식보다는 실제로 다양한 기능과 디자인을 구현할 수 있어야 합니다. 따라서 제작하고자 하는 웹사이트와 비슷한 유형의 프로젝트 사례를 체크하여 업체의 기술적 능력, 디자인 감각 그리고 프로젝트 운영 능력들을 종합적으로 평가할 수 있습니다. 특히 고난이도 프로젝트의 경험 여부도 중요한 평가 기준이 되기도 합니다. 따라서 다양한 프로젝트를 경험한 업체일수록 안정적인 서비스 제공이 가능합니다.

글로벌 마케팅 트렌드의 이해

국내 온라인 비즈니스의 트렌드는 글로벌 마케팅 트랜드를 따라가는 구조로 흘러갑니다. 해외에서 검증된 전략과 전술들을 제대로 이해하고 이를 국내 사정에 맞게 최적화할 수 있는 업체와 파트너십을 구축하는 것은 비즈니스 성공의 확률을 높여줍니다. 글로벌 최신 마케팅 동향과 전략을 온라인 비즈니스에 바로 적용할 수 있다면 비즈니스의 성공 확률을 높일 수 있습니다.

국내 비즈니스에 알맞은 최적화 능력

워드프레스는 해외에서 가장 많이 사용하는 CMS 솔루션이지만, 국내 비즈니스에 적용할 때는 국내 실정에 맞는 세팅들을 병행해야 합니다. 대표적으로 카카오, 네이버와 같은 국내에서 제공되는 서비스와의 호환성과, 간편페이가 보편화된 해외와 달리 복잡한 PG 결제가 이에 해당합니다. 국내 워드프레스 제작 업체의 80~90%는 단순히 기업 홈페이지 정도를 제작하는 수준으로 서비스를 제공하고 있는 경우가 많습니다. 따라서 단순히 홈페이지를 구축하는 정도를 넘어서 국내 시장에 특화된 SEO 전략 그리고 마케팅 자동화까지 구축할 수 있는 업체를 선택하시는 것이 좋습니다.

워드프레스 강사와 제작업체의 차이 인식

워드프레스 강사들과 실제 웹사이트 제작 업체 간의 차이를 이해하는 것이 중요합니다. 강사는 입문자들을 위한 기본적인 기능과 사용법 교육에 집중하고 있습니다만, 전문 제작 업체는 복잡한 기능, 고도화된 디자인, 특수한 요구사항까지 고객 맞춤형 서비스로 진행됩니다. 즉, 양질의 경험 차이가 크기 때문에 강사를 통해 워드프레스를 배운 경우 워드프레스의 무한한 확장성까지 활용하기에는 다소 한계가 있습니다.

지속적인 의사소통과 신뢰 구축

제작업체와 원활한 의사소통은 프로젝트의 성공을 위한 필수조건입니다. 고객의 요구사항을 정확히 이해 후 반영하고, 정기적인 보고와 피드백 과정 등 프로젝트 진행하면서 발생할 수 있는 문제들을 대처하는 업체의 태도를 확인하는 것이 중요합니다. 특히 웹사이트는 일회성 제작이 비즈니스가 성장하면서 꾸준히 확장해야 하는 플랫폼이기 때문에 신뢰할 수 있는 업체와 장기적인 파트너십 관계를 구축하는 것이 유리합니다.

Q8 워드프레스 웹 에이전시 대표가 주력하는 마케팅 전략은?

A8 워드프레스 제작업체 대표로서, 저희는 다양한 마케팅 전략을 통해 워드프레스의 잠재력을 국내 시장에 널리 알리고 있습니다. 워드프레스가 글로벌 시장에서 널리 사용되는 오픈소스 기반 CMS임에도 불구하고 국내에서는 아직 그 가치를 충분히 인정받지 못하고 있습니다. 단순히 애드센스용 블로그나 기업 홈페이지지용 반응형 홈페이지 CMS로만 이해하는 경우가 많습니다. 지난 4년간 약 500건의 홈페이지를 제작하며 많은 고객과 첫 대면에서 워드프레스에 대한 의문을 질문해 왔습니다. 해외에서는 워드프레스를 활용하여 상상을 초월하는 기능들을 코딩 없이도 구현하는 반면에 한국은 여전히 네이버 블로그에만 의존하며 기업 홈페이지 제작에도 인색한 경우도 더러 있었습니다. 현재 제가 추구하고 있는 워드프레스 기반의 마케팅에 대해 간단하게 소개드립니다.

블로그 마케팅(워드프레스, 네이버)

온라인 비즈니스의 핵심은 가치 있는 콘텐츠를 제공하는 것입니다. 단순히 상위 노출용 블로그가 아니라 특정 분야에 필요한 정보성 콘텐츠를 제공해야 합니다. 저희 고객 중에서 블로그를 통해 제작 의뢰를 하신 분들은 이미 블로그 글을 통하여 회사에 대한 신뢰가 구축된 상태이기 때문에 구매 전환율이 매우 높습니다.

강의와 제작 병행

웹 에이전시로서 업무 노하우를 강의로 오픈하는 것은 큰 도전이지만, 소상공인과 1인 창업자들에게 저렴한 비용으로 직접 제작할 수 있는 솔루션을 제공하고 있습니다. 강의 오픈 시 제작 의뢰가 감소할 것이라는 예측과 달리, 오히려 기존 수강생들이 제작 고객으로 전환되는 경우가 많아 당사와의 긴밀한 파트너쉽 관계를 맺게 되는 중요한 계기가 되고 있습니다.

▲ 현재 제공되고 있는 온라인 강의

유튜브 채널 운영

웹사이트와 같은 입체적인 제작 작업의 경우 텍스트와 종이책만으로 비즈니스를 설명하기에는 한계가 있습니다. 영상을 통해 그 전반적인 프로세스를 시각적으로 보여줌으로써 고객들의 이해도를 높일 수 있습니다. 몇 년이 지난 지금도 처음 올렸던 워드프레스 영상이 누적 조회수 7만을 기록하고 있고 고객들과 많은 인연을 만들게 해주었습니다.

▲ 유튜브에 업로드한 동영상 콘텐츠

동종업계 업체와의 협업

워드프레스로 비즈니스를 해왔던 5년간 500건 제작 업력은, 동종업계에 있는 다양한 파트너와의 협업을 통해 가능했습니다. 동종업계에서 구현하기 어려운 기능들은 당사에 별도로 외주개발자에게 요청합니다. 서로의 전문 분야를 존중하며 협력함으로써, 복잡한 프로젝트들을 효율적으로 수행할 수 있게 되었습니다. 이러한 다양한 전략을 통해 우리는 워드프레스의 확장성과 유연성을 국내 시장에 알리고, 해외 트랜드들을 국내에 소개하고 있습니다. 앞으로의 목표는 많은 창업자들이 대형 플랫폼에 의존하지 않고 자생력 있는, 독립적인 플랫폼을 운영할 수 있도록 워드프레스 진입장벽을 낮추는 것이 목표입니다.

Q9 왜 워드프레스일까?

A9 15년 전 세계1,2위를 다투던 대형마트 브랜드 <월마트>와 <까르푸>가 한국에서 철수를 선언했습니다. 자본력과 글로벌 성공 사례가 많은 대기업들이 유독 한국에서는 맥을 추지 못했던 이유가 무엇일까요? 반면 <이케아>는 어떻게 한국에서 큰 성공을 이루었을까요?

인건비가 비싼 선진국의 서비스 비용은 만만치 않습니다.
마트나 가구도 섬세하게 맞춤형으로 제작한 서비스보다는 거품을 뺀 디자인과 최소한의 서비스로 합리적인 가격에 서비스를 제공하는 것이 고객들에게 선택받습니다.

반면 한국 문화는 독특합니다. 무상으로 케어해 주는 도어투도어(Door to door) 서비스가 일반화 되어있습니다. 매뉴얼은 그저 장식일 뿐 모든 서비스는 서비스팀에서 케어해줘야 비로소 만족스러운 서비스라는 인식이 널리 퍼져있습니다.

▲ 이케아 서비스 요약

이케아 성공 핵심은 바로 현지화였습니다. DIY 철학을 한국 시장에서 만큼은 현지 문화에 맞게 변화하여 배송 및 설치 서비스를 지원하였기 때문에 성공을 거둘 수 있었습니다. 온라인 비즈니스도 마찬가지입니다. 선진국과 한국의 문화 차이를 먼저 이해해야 합니다.

글로벌에서는 워드프레스가 출시되면서 전반적인 웹 제작 시장 자체가 워드프레스 개발 전후로 나뉠 정도로 글로벌 온라인 비즈니스의 큰 획을 만들었습니다. 핵심 철학은 바로 DIY입니다. 철저히 전문가의 영역이었던 IT & 개발 분야를 누구나 매뉴얼대로 제작할 수 있도록 블록화 서비스를 제공하여 일반인의 진입장벽을 낮춘 것입니다.

디지털노마드 라이프 스타일이 글로벌 유행을 발생시킨 것도 워드프레스의 개발과 맞물려 있습니다. 콘텐츠 발행, 검색 엔진 최적화, 그리고 서비스 판매까지 나만의 독립형 플랫폼 내에서 모든 서비스 탑재가 가능해지자 시간과 장소라는 물리적 제약에서 벗어나 인터넷만 가능한 곳이라면 전 세계 어디서든 일할 수 있는 디지털 유목민 생활이 가능해졌기 때문입니다. 이제는 한국에서도 <디지털 노마드>로 일하는 사람들을 손쉽게 찾아볼 수 있게 되었습니다.

한국의 온라인 비즈니스 실정

오늘도 카카오 오픈 채팅방의 홍보 글들로 하루를 맞이합니다. 네이버 블로그 글로 각종 단톡방에 강의 홍보를 하고 댓글로 수강 신청을 받습니다. 무통장 입금 요청 및 입금 확인으로 하루 종일 대댓글만 달고 있습니다. 줌세미나 링크도 수동으로 발송하고 세미나 이후에 리뷰 작성해 주신 분들께 개별로 혜택 메시지를 전달합니다.

네이버와 카카오가 아주 친절하게(?) 케어 해주기 때문에 굳이 별도로 시간과 비용을 투자하여 나만의 웹사이트를 구축하는 것은 어리석은 선택이라고 생각되기도 합니다. 그들이 제공하는 블로그와 카카오 채팅방만으로도 사업이 성사되니 얼마나 편한지 모릅니다. 전형적인 한국형 1인 기업 온라인 비즈니스 형태입니다. 어쩌면 디지털노마드가 아닌 디지털 노예라는 말이 더 적합할지 모르겠습니다.

또, 소규모 사업자들 사이에서는 대형 플랫폼에 입점하는 비즈니스가 매우 일반적입니다. 대형 플랫폼이 로직을 바꾸면 모두다 바뀐 시스템에 허덕이고 일부 비즈니스는 하루아침에 사라지기도 합니다. 대형 플랫폼들의 바뀐 로직을 하루빨리 알아내고 적용하는 것이 비즈니스 생존에 가장 중요한 일이 되어버렸습니다. 더 많은 플랫폼 입점이 마치 성공의 이력이 되는 것처럼 느껴지기도 합니다.

교육 시장 내에는 글로벌 온라인 비즈니스에 대한 근본적인 이해는 없고, 툴 사용법에 대한 강의만 난무합니다. 마치 툴 하나만 배우면 모든 업무를 자동화할 수 있다는 '희망팔이'로 아무것도 모르는 온라인 비즈니스 입문자들을 현혹합니다. 사업주들은 사업 성공을 꿈꾸며 많은 돈을 지불하여 '강의'라는 지푸라기라도 잡아봅니다. 어설픈 강사들의 무책임함과 소명감 부족이 만든 실상입니다.

글로벌 온라인 비즈니스 로직

모든 것을 DIY로 구축하는 선진국형 비즈니스는 국내 실정과 다른 부분이 많습니다. 글로벌에서는 네이버 블로그로 비즈니스를 시작하는 것이 아니라 구글 노출에 유리한 워드프레스 구축을 통해 비즈니스를 시작합니다. 동시에 인스타그램, 핀터레스트, 유튜브 등 SNS 채널을 개설하여, 한가지 콘텐츠를 다양한 채널에 활용하는 방법으로 블로그 포스트를 다양한 채널에 맞게 재발행 합니다. 양질의 콘텐츠가 쌓이면 웹사이트 트래픽이 많아지게 되고 콘텐츠 양이 많아질수록, 각종 채널을 통해 유입되는 트래픽은 기하급수적으로 늘어나게 됩니다. 유용한 정보의 무료 제공을 약속하고, 다시는 못 만날지도 모를 잠재고객의 연락처(DB)를 확보하기도 합니다. 그리고 수집한 고객들의 연락처로 정보성 콘텐츠를 지속적으로 제공함으로써 신뢰를 구축하고 고객과의 지근 거리를 좁힙니다. 이렇게 신뢰가 구축되면 구매 전환율이 높아집니다. 글로벌에서 유행하고 있는 대표적인 온라인 비즈니스 수익모델은 아래와 같습니다.

- **어필리에이트 마케팅**

  블로그 글을 통해 다양한 소프트웨어 및 상품을 소개하고 판매 플랫폼으로부터 소개 수수료를 지급받는 형태입니다. 디지털 노마드들의 가장 흔한 비즈니스 모델이며 모든 판매 플랫폼은 어필리에이트를 적극 활용합니다. 아마존의 경우 판매 상품 금액의 10~15%, 소프트웨어의 경우 최대 50%까지 판매 수수료를 지급합니다.

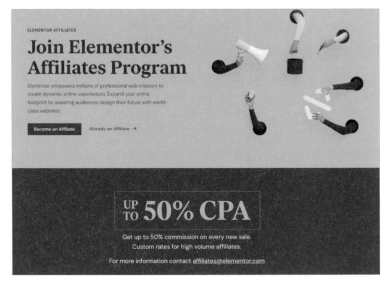

▲ 어필리에이트 마케팅 사례

- **구글 애드센스**

  웹사이트 내에 구글 애드센스를 탑재함으로써 부가 수익을 기대할 수 있습니다. 어필리에이트 보다 수익 금액은 현저히 떨어지지만, 추가 수익이 가능하기 때문에 많은 글로벌 블로거들이 사용하고 있는 추세입니다.

- **강의 및 컨설팅 판매**

  대형 플랫폼 입점이 아닌 나의 워드프레스 블로그에 간편 페이(페이팔, 스트라이프)만 탑재하면 직접 강의 및 컨설팅 판매도 가능합니다. 어필리에이트보다 고가 서비스 판매가 가능하여 서비스 단가를 높일 수 있다는 장점도 있습니다.

보통 해외 디지털 노마드들은 세 가지 방법을 모두 병행하고 있습니다. 제휴 수수료가 높은 어필리에이트 마케팅만으로도 고소득을 달성할 수 있는 이유는 각종 서비스 판매 플랫폼의 어필리에이트 마케팅 허용이 보편화되어 있기 때문입니다.

반면 한국은 아직 어필리에이트 문화에 상당히 보수적입니다. 현재 가장 유사한 형태는 아마존 어필리에이트를 벤치마킹한 쿠팡 파트너스이지만 소개 수수료가 3% 내외로 책정되어 있기 때문에, 이 정도 수익만으로는 해외의 디지털노마드와 같은 수익을 기대하기는 현실적으로 어렵습니다.

기승전 자생력

글로벌 디지털노마드의 삶을 벤치마킹하신 분들이 국내에서 가장 많이 시도하는 것이 '구글 애드센스'와 '쿠팡 파트너스' 입니다. 내 상품 없이도 열심히 글만 발행한다면 수익이 발생하는 구조이기 때문입니다. 제휴 수익 배분이 인색한 한국에서 시도할 수 있는 자동 수익은 '구글 애드센스'와 '쿠팡 파트너스'가 유일한 방법인 것은 사실입니다. 하지만 장기적인 관점에서 진지하게 생각해 봐야 할 부분은 매몰 비용입니다. 직접적인 비용 투자는 없지만 매일 글을 발행해야 하는 시간을 돈으로 계산해 보았을 때 과연 수익성이 있을지 신중하게 계산해 보아야 합니다.

같은 시간을 기술 습득에 매진하고 나만의 브랜드를 구축한다면? 강의와 컨설팅 판매로 더 높은 수익을 기대할 수도 있습니다. 단발성 상위노출을 통해 쿠팡 제품을 홍보해 주는 글 작성보다는 나의 성장과 기술 습득에 도움되는 글을 발행한다면 더 깊이 있는 서비스를 제공할 수 있는 플랫폼으로 발전시킬 수 있습니다.

몇 년 전, 전자책 판매가 붐이던 시절, 전자책 판매를 위해 많은 지식 창업자 분들이 크몽에 입점하였습니다. 판매할 곳이 마땅치 않아 유명한 유튜버들도 본인들의 전자책을 '크몽' 플랫폼을 빌려 판매하였습니다. 판매 건 별 20%라는 높은 수수료를 '크몽'에 지불하면서도 패시브인컴(자동화 수익)이 가능해졌다며 이를 자랑했습니다.

그러나 워드프레스를 통하여 독립형 판매 플랫폼을 구축했다면 수수료 20% 지급 없이도 직접 전자책을 판매할 수도 있고, 추가로 고객 DB도 확보하여 고가의 강의 및 컨설팅이라는 부가서비스 판매도 가능했을 것입니다.

과거에 유명 플랫폼 입점이 곧 성공의 보장이던 시절은 저물어가고 있습니다. 현재는 대형 플랫폼에 입점했더라도 결국 홍보와 마케팅은 직접 해야 하는 시스템입니다. '비즈니스 자생력'이 성공을 위한 길이 되고 있습니다.

2024년 현재, SEO가 많은 기업 사이에서 화두가 되는 부분도 '비즈니스 자생력'이 절실해지고 있음을 방증하고 있다고 생각합니다. 많은 사업자분의 SEO에 대한 관심으로 한국의 온라인 비즈니스 문화가 올바로 안착될 수 있기를 기원합니다.

상위1% 블로거가 알려주는 Google 검색엔진 최적화 핵심 노하우!

구글SEO
상위노출
100일 정복

1판 1 쇄 인쇄 2024년 3월 15일
1판 1 쇄 발행 2024년 3월 20일

___

지 은 이 김보경
발 행 인 이미옥
발 행 처 디지털북스
정   가 25,000원
등 록 일 1999년 9월 3일
등록번호 220-90-18139
주   소 (04997) 서울 광진구 능동로 281-1 5층 (군자동 1-4, 고려빌딩)
전화번호 (02) 447-3157~8
팩스번호 (02) 447-3159

___

ISBN 978-89-6088-452-6 (93000)
D-24-05